westermann

Autoren: Manuela Döbl, Iris Faßbender-Busch, Sven Schauer

Reihenkonzept von: Sabine Dietlmeier, Manuela Schmidt

Sicher vorbereiten und bestehen

Automobilkauffrau/-kaufmann

3. Auflage

Bestellnummer 27417

Die in diesem Produkt gemachten Angaben zu Unternehmen (Namen, Internet- und E-Mail-Adressen, Handelsregistereintragungen, Bankverbindungen, Steuer-, Telefon- und Faxnummern und alle weiteren Angaben) sind i. d. R. fiktiv, d. h., sie stehen in keinem Zusammenhang mit einem real existierenden Unternehmen in der dargestellten oder einer ähnlichen Form. Dies gilt auch für alle Kunden, Lieferanten und sonstigen Geschäftspartner der Unternehmen wie z. B. Kreditinstitute, Versicherungsunternehmen und andere Dienstleistungsunternehmen. Ausschließlich zum Zwecke der Authentizität werden die Namen real existierender Unternehmen und z. B. im Fall von Kreditinstituten auch deren IBANs und BICs verwendet.

westermann *GRUPPE*

© 2021 Bildungsverlag EINS GmbH, Ettore-Bugatti-Straße 6–14, 51149 Köln, www.westermann.de

Das Werk und seine Teile sind urheberrechtlich geschützt. Jede Nutzung in anderen als den gesetzlich zugelassenen bzw. vertraglich zugestandenen Fällen bedarf der vorherigen schriftlichen Einwilligung des Verlages. Nähere Informationen zur vertraglich gestatteten Anzahl von Kopien finden Sie auf www.schulbuchkopie.de.

Für Verweise (Links) auf Internet-Adressen gilt folgender Haftungshinweis: Trotz sorgfältiger inhaltlicher Kontrolle wird die Haftung für die Inhalte der externen Seiten ausgeschlossen. Für den Inhalt dieser externen Seiten sind ausschließlich deren Betreiber verantwortlich. Sollten Sie daher auf kostenpflichtige, illegale oder anstößige Inhalte treffen, so bedauern wir dies ausdrücklich und bitten Sie, uns umgehend per E-Mail davon in Kenntnis zu setzen, damit beim Nachdruck der Verweis gelöscht wird.

Druck und Bindung:
Westermann Druck GmbH, Georg-Westermann-Allee 66, 38104 Braunschweig

ISBN 978-3-427-**27417**-9

Vorwort

Sie stehen kurz vor dem 1. Teil der gestreckten Abschlussprüfung zum Automobilkaufmann oder zur Automobilkauffrau?
Dann ist dieses Prüfungsvorbereitungsbuch genau das Richtige für Sie!

Die Verordnung über die Berufsausbildung zum Automobilkaufmann/zur Automobilkauffrau sieht vor, dass die Abschlussprüfung in einer gestreckten Form durchgeführt wird. Die Prüfung besteht aus einem Teil 1, der ca. nach der Hälfte der Ausbildungszeit stattfinden soll, und einem Teil 2 zum Ende der Ausbildung.

Dieses Prüfungsvorbereitungsbuch soll Sie dabei unterstützen, sich auf den ersten Teil der Prüfung vorzubereiten und den bereits erlernten Unterrichtsstoff zu wiederholen und zu vertiefen.

Der Aufbau dieses Buches orientiert sich am Ausbildungsrahmenplan und den damit zu vermittelnden Fertigkeiten, Kenntnissen und Fähigkeiten während der ersten 13 Monate der Ausbildungszeit.

Welche Themengebiete beinhaltet Teil 1 der Abschlussprüfung?

Der erste Teil der Gestreckten Abschlussprüfung beinhaltet den Prüfungsbereich Warenwirtschafts- und Werkstattprozesse.
Im Rahmen der **Warenwirtschaftsprozesse** sollen Sie nachweisen, dass Sie, mit Kenntnis der gesetzlichen und unternehmerischen Rahmenbedingungen, in der Lage sind, die Beschaffung von Teilen und Zubehör zu planen und durchzuführen. Außerdem müssen Sie unter anderem Maßnahmen bei Lieferungsverzug ergreifen, Wareneingänge und die zugehörigen Rechnungen überprüfen.
Sie sollen die Lagerhaltung unter wirtschaftlichen Gesichtspunkten und unter Einhaltung der Regeln des Umweltschutzes organisieren. Zudem werden Grundkenntnisse in der Präsentation von Teilen und Zubehör sowie der Kundenberatung verlangt.
Im Prüfungsgebiet **Werkstattprozesse** sollen Sie nachweisen, dass Sie als Schnittstelle zwischen Handel und Werkstatt agieren können (§ 4 Abs. 2 Nr. 2).
Das bedeutet, dass Sie zum Beispiel eine Sichtprüfung zur Verkehrs- und Betriebssicherheit durchführen können und fähig sind an Kostenvoranschlägen mitzuwirken. Zudem müssen Sie belegen, dass Sie durchgeführte Reparatur- und Servicearbeiten erläutern können. Schließlich sollen Sie Ihre Kenntnisse im Zusammenhang mit der Entsorgung und dem Recycling von Fahrzeugen aufzeigen.

Wie hilft Ihnen dieses Buch bei der Prüfungsvorbereitung?

Zu den genannten Themen finden Sie Aufgaben und Lösungen, sowie ausführliche Erläuterungen. Viele komplexe Zusammenhänge werden durch Abbildungen anschaulich gemacht.

So können Sie nicht nur Ihr vorhandenes Wissen wiederholen und trainieren, sondern gleichzeitig eventuell vorhandene Verständnislücken schließen.

Auf jeder Seite finden Sie in der Kopfzeile auf der linken Seite das Prüfungsgebiet und auf der rechten Seite das behandelte Thema. Dazu finden Sie auf der Vorderseite mehrere gebundene Aufgaben, bei denen Sie Ihre Lösung direkt eintragen können. In dieser Form werden die Aufgaben auch in der Prüfung gestellt. Wenn Sie umblättern, sehen Sie auf der Rückseite die Lösungen zu den Aufgaben (in grauer Schrift) und die Erklärungen (in schwarzer Schrift).
Häufig finden Sie hier auch Schaubilder, die den Ablauf oder Zusammenhang übersichtlich zusammenfassen.

Am Ende des Buches befindet sich zudem ein Stichwortverzeichnis, in dem Sie gezielt nach Aufgaben und Erläuterungen zu bestimmten Themen suchen können.

Ob Sie die Themen in der Reihenfolge bearbeiten, die das Buch vorgibt, oder einzelne Themengebiete aufgreifen wollen, bleibt Ihnen überlassen.

Auf jeden Fall kann dieses Buch Sie bei Ihrer Prüfungsvorbereitung unterstützen.

Wir wünschen Ihnen viel Erfolg bei Ihrer Prüfung!

Das Autorenteam

P.S.: Sollten Sie bei einer Lösung einmal anderer Meinung sein, so lassen Sie es uns wissen und schreiben Sie uns eine Mail an:
service@westermann.de

Inhaltsverzeichnis

Vorwort 3

Prüfungsgebiet Warenwirtschaftsprozesse

Teile und Zubehör – Den Einkauf planen und Bestellungen durchführen 5

Teile und Zubehör – Verkaufspreise mit vorgegebenen Zuschlagssätzen kalkulieren........................ 19

Teile und Zubehör – Warenlieferungen annehmen und Waren prüfen 23

Teile und Zubehör – Wareneingänge dokumentieren und Waren einlagern 25

Teile und Zubehör – Das Lager unter Berücksichtigung der Sortimentspolitik und der Lagerkennzahlen organisieren ... 31

Teile und Zubehör – Eingangsrechnungen auf Richtigkeit prüfen und Unstimmigkeiten klären 47

Teile und Zubehör – Liefertermine überwachen und Maßnahmen bei Lieferungsverzug einleiten 51

Teile und Zubehör – Kundenwünsche ermitteln 53

Teile und Zubehör – Kunden und Kundinnen unter Nutzung von Produktinformationen beraten 57

Teile und Zubehör – Präsentation von Zubehör planen und umsetzen 61

Prüfungsgebiet Werkstattprozesse

Mechanische, hydraulische, pneumatische sowie elektrische
elektronische Systeme in Fahrzeugen unterscheiden und ihre Funktion erläutern und......................... 63

Termine planen und mit den zuständigen Bereichen koordinieren 81

Werkstattaufträge unter Berücksichtigung von Daten aus technischen Unterlagen und Fahrzeugpapieren erstellen 83

Sichtprüfungen zur Verkehrs- und Betriebssicherheit von Fahrzeugen durchführen 89

Werkstattmitarbeiter/-innen unterstützen und dabei sowohl Arbeitsprozesse und
Fahrzeugtechnologien berücksichtigen als auch technische Standards und gesetzliche Bestimmungen einhalten 97

Rechnungen erstellen und erläutern und Zahlungen entgegennehmen 99

Gewährleistungs- und Kulanzanträge bearbeiten 103

Qualitätsvorgaben im Kundenservice anwenden... 105

Die umweltgerechte Entsorgung und das Recycling von Fahrzeugen und deren Komponenten und
von deren Betriebsstoffen organisieren 107

Einen Unfallschaden abwickeln 109

Prüfungsgebiet Warenwirtschaftsprozesse

Teile und Zubehör – Den Einkauf planen und Bestellungen durchführen

1. Aufgabe

Situation
Sie sind zurzeit in der Einkaufsabteilung eingesetzt. Dort sind Sie überwiegend mit der Beschaffungsplanung von benötigten Teilen und Zubehörartikeln beschäftigt.

1.1 Welche Aufgabe übernimmt der Disponent in einem Kfz-Betrieb?

Tragen Sie die Ziffer der richtigen Aussage in das Kästchen ein.
1. Verkaufsförderung an Wiederverkäufer und Endkunden.
2. Kontrolle der Kostenentwicklung im Teile- und Zubehörbereich.
3. Personalplanung hinsichtlich Urlaubs- und Arbeitszeiten.
4. Aftersales-Betreuung von privaten und gewerblichen Kunden.
5. Bestellung von Ersatzteilen unter wirtschaftlichen Gesichtspunkten.
6. Zuteilung des Finanzierungsspielraums der einzelnen Abteilungen.

1.2 Welche Frage stellen Sie sich **nicht** im Rahmen der Beschaffungsplanung im Teile- und Zubehörbereich?

Tragen Sie die Ziffer der Aussage in das Kästchen ein.
1. Welche Ersatzteile sollen beschafft werden?
2. Bei welchem Lieferanten sollen die Teile bestellt werden?
3. Wie lange liegt der Artikel im Lager, bevor er gebraucht wird?
4. Wann soll die Bestellung getätigt werden?
5. Welche Menge sollte jeweils beim Lieferanten bestellt werden?

1.3 Ordnen Sie die folgenden Begriffe den entsprechenden Beschreibungen zu, indem Sie die Ziffer vor dem Begriff in das jeweilige Kästchen hinter der Beschreibung eintragen.

Beschreibung

a) Diese Teile werden durch Bearbeitung in den Neuzustand versetzt.

b) Diese Teile werden bei der Erstausrüstung des Fahrzeugs verwendet.

c) Diese Teile entsprechen der Qualität der Erstausrüstung und sind mit diesen bau- und funktionsgleich.

d) Für diese Teile eignen sich insbesondere Karosserieteile, Scheinwerfer und Heckleuchten. Sie unterliegen keinen Qualitätsstandards.

e) Diese Teile werden häufig bei zeitwertgerechten Reparaturen eingesetzt. Sie werden speziell für die Fahrzeugmarke entwickelt, können aber auch Austausch- oder Gebrauchtteile sein.

Begriff

1 Originalersatzteile

2 Qualitativ gleichwertige Ersatzteile

3 Qualitativ unterschiedliche Ersatzteile

4 Gebrauchtteile

5 Austauschteile

Prüfungsgebiet Warenwirtschaftsprozesse

Teile und Zubehör – Den Einkauf planen und Bestellungen durchführen

Erläuterungen und Lösungen

1. Aufgabe

1.1 Lösung: 5

Der Disponent im Autohaus hat unter wirtschaftlichen Gesichtspunkten dafür zu sorgen, dass die benötigten Zubehör- und Ersatzteile sowie Neu- und Gebrauchtwagen zur richtigen Zeit, am richtigen Ort und in der benötigten Menge und Qualität zur Verfügung stehen. Er ist somit für einen zeitlich reibungslosen Ablauf im Verkauf und/oder bei den Werkstattprozessen verantwortlich.

1.2 Lösung: 3

Die vier Kernfragen, die man sich bei der Beschaffungsplanung stellt, sind:

1. Was soll gekauft werden? (Sortimentsplanung)
2. Wo soll gekauft werden? (Bezugsquellenermittlung)
4. Wann soll bestellt werden? (Zeitplanung)
5. Wie viel soll gekauft werden? (Mengenplanung)

Die Frage, wie lange die Ware gelagert wird, stellt sich im Rahmen der Lagerplanung. (Lagerkennziffern)

1.3 Lösung: 5, 1, 2, 4, 3

Teilebegriffe im Ersatzteilmarkt

Original-ersatzteile

- Nach den Spezifizierungen des Autoherstellers gefertigt.
- Nach den gleichen Qualitätsanforderungen wie bei der Erstausrüstung (Herstellung des Kfz) gefertigt.
- Nach den Produktionsanforderungen des Herstellers produziert.

Qualitativ gleichwertige Ersatzteile

- Bau- und funktionsgleich mit dem Originalersatzteil.
- In der Zusammensetzung und Qualität identisch mit dem Originalersatzteil.
- Mit dem Logo des Fahrzeugherstellers oder des Teileherstellers.

Qualitativ unterschiedliche Ersatzteile

- Bau- und funktionsgleich mit dem Originalersatzteil.
- Evtl. andere Qualität und Zusammensetzung als das Originalersatzteil.
- Häufig für zeitwertgerechte Reparaturen (Gebrauchtwagen).
- Austausch-/Gebrauchtteile

Beschaffungsplanung

Sortimentsplanung

Festlegung auf *Waren und Dienstleistungen*, die angeboten werden sollen

→ Sortimentskontrolle

→ Sortimentsanpassung

Mengenplanung

Berechnung der **optimalen Bestellmenge**:

→ Liegt dort, wo die Summe aus Lagerhaltungskosten und Gesamtkosten minimal ist

→ Mithilfe der Andler'schen Formel

Zeitplanung

Bestellrhythmusverfahren: *zeitgesteuert*

→ Bestellung in gleichen Zeitabständen

Bestellpunktverfahren: *verbrauchsgesteuert*

→ Bestellung bei Erreichen des Meldebestands

Bezugsquellenermittlung

Bewertung der Lieferanten anhand:

→ *quantitativer Kriterien:* Bezugspreis, Lieferungs-/Zahlungsbedingungen

→ *qualitativer Kriterien:* Qualität, Kulanz, Zuverlässigkeit, Erreichbarkeit usw.

Bestellung

© Westermann Gruppe

Prüfungsgebiet Warenwirtschaftsprozesse Teile und Zubehör – Den Einkauf planen und Bestellungen durchführen

Situation zur 2. bis 5. Aufgabe
Sie sind zurzeit als Vertretung für den Disponenten im Teile- und Zubehörbereich eingesetzt. Ihr Autohaus verfolgt das Ziel, Lagerkosten zu reduzieren. In diesem Zusammenhang sollen Sie für einige neu in das Sortiment aufgenommene Teile die optimale Bestellmenge ermitteln sowie geeignete Zeitpunkte für die Bestellung festlegen.
Sie sind für den Artikel XF-12378 zuständig. Es ergeben sich folgende Daten:
Jahresbedarf: 4 000 Stück

	Bestellmenge in Stück	Anzahl der Bestellungen	Summe der Lagerhaltungskosten in €	Summe der Bestellkosten in €
a)	100	40	200,00	3.200,00
b)	200	20	400,00	1.600,00
c)	250	16	500,00	1.280,00
d)	500	8	1.000,00	640,00
e)	1 000	4	2.000,00	320,00

2. Aufgabe

Wo liegt rechnerisch die optimale Bestellmenge?

Tragen Sie die Ziffer der richtigen Aussage in das Kästchen ein.

1. Sie liegt dort, wo die effektiven Stückkosten am geringsten sind.
2. Sie liegt dort, wo die Summe aus Lagerhaltungs- und Bestellkosten am geringsten ist.
3. Sie liegt dort, wo der zur Verfügung stehende Dispositionsrahmen bestmöglich ausgenutzt wird.
4. Sie liegt dort, wo die Summe aus Lagerhaltungs- und Einstandspreis am geringsten ist.
5. Sie liegt dort, wo der höchste Rabatt erzielt werden kann.

3. Aufgabe

Sie sollen die optimale Bestellmenge für den Artikel XF-125879 bestimmen.

Betrachten Sie die obige Tabelle. Tragen Sie den Kleinbuchstaben vor der richtigen Zeile in das Kästchen ein.

4. Aufgabe

Welche Gründe könnten Sie veranlassen, von der optimalen Bestellmenge abzuweichen und eine höhere Menge zu bestellen?

Tragen Sie die Ziffern der richtigen Aussagen in die Kästchen ein.

1. Durch eine Aktion für Ihre Kunden gehen Sie von einer Absatzsteigerung von 50 % aus.
2. Der Lieferant hat Ihnen mitgeteilt, dass er im nächsten Monat die Preise um 30 % erhöhen wird.
3. Die Trendbeobachtung zeigt, dass der Artikel von Ihren Kunden in der Zukunft kaum nachgefragt werden wird.
4. Sie haben sehr viel freien Lagerraum in Ihrem Lager, der sonst ungenutzt bleibt.
5. Der Lagerzinssatz hat sich erhöht.

5. Aufgabe

Grundsätzlich unterscheidet man bei der Zeitplanung das Bestellrhythmusverfahren und das Bestellpunktverfahren.

Ordnen Sie den unten stehenden Aussagen den entsprechenden Begriff zu.

Aussage	Zuordnung
a) Dieses Verfahren ist zeitgesteuert.	1 Bestellrhythmusverfahren
b) Man legt einen Meldebestand fest.	2 Bestellpunktverfahren
c) Dieses Verfahren ist verbrauchsgesteuert.	
d) Man bestellt in regelmäßigen Zeitabständen.	

Prüfungsgebiet Warenwirtschaftsprozesse

Teile und Zubehör – Den Einkauf planen und Bestellungen durchführen

Erläuterungen und Lösungen

2. Aufgabe

Lösung: 2

Unter der Annahme, dass der Jahresbedarf bekannt und gleichmäßig verteilt ist und die Bestellkosten konstant sind, ergibt sich die optimale Bestellmenge da, wo die Summe aus Bestellkosten (sinken mit steigender Bestellmenge) und Lagerhaltungskosten (steigen mit steigender Bestellmenge) am geringsten ist.

> Die **optimale Bestellmenge**
> liegt dort, wo die Gesamtkosten am geringsten sind.

Lagerkosten:
- **Gebäude** (z. B. Miete)
- **Energie** (z. B. Strom)
- **Personalkosten im Lager**
- **Warenpflege**

+

Bestellkosten:
- **Personal** (z. B. Arbeitszeit zur Bestellungsaufnahme)
- **Material/Gebühren** (z. B. Papier/Porto)

→ steigen mit steigender Bestellmenge → sinken mit steigender Bestellmenge

Häufig in **kleinen Mengen** bestellen:

Lagerkosten ↓ sinken

Bestellkosten ↑ steigen

Selten in **großen Mengen** bestellen:

Bestellkosten ↓ sinken

Lagerkosten ↑ steigen

3. Aufgabe

Lösung:

d) Bei einer Bestellmenge von 500 Stück liegen die Gesamtkosten bei 1.640,00 € und sind damit am niedrigsten.

Berechnung der Gesamtkosten:

Gesamtkosten = Lagerkosten + Bestellkosten

Gesamtkosten = 1.000,00 € + 640,00 € = 1.640,00 €

4. Aufgabe

Lösung: 1, 2

Im Autohaus kommt es immer wieder zu Situationen, in denen es zu empfehlen ist, von der optimalen Bestellmenge abzuweichen.

Gründe für eine höhere Bestellmenge:
- Aufgrund einer Aktion kann mit einem höheren Absatz gerechnet werden.
- Der Lieferant kündigt Preissteigerungen in nächster Zeit an.
- Es handelt sich um einen Saisonartikel, z. B. Scheibenentfroster. Hier ist im Winter mehr zu bestellen.

Gründe für eine niedrigere Bestellmenge:
- Der Absatz ging in letzter Zeit zurück.
- Für das Produkt wird es in kurzer Zeit einen technischen Nachfolger geben.

5. Aufgabe

Lösung: 1, 2, 2, 1

Beim **Bestellrhythmusverfahren** wird in festgelegten, gleichbleibenden Zeitabständen bestellt. Es eignet sich vor allem bei gleichbleibendem Bedarf. Bei schwankendem Bedarf kann es allerdings zu Fehl- oder Übermengen kommen. In diesem Fall ist das **Bestellpunktverfahren** zu empfehlen, bei dem jeweils nur dann bestellt wird, wenn ein vorher festgelegter Bestand (Meldebestand) im Lager erreicht wird.

Bestellpunktverfahren

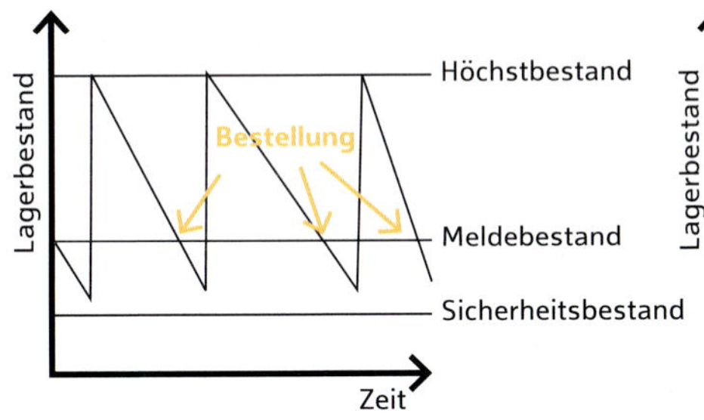

Bestellrhythmusverfahren

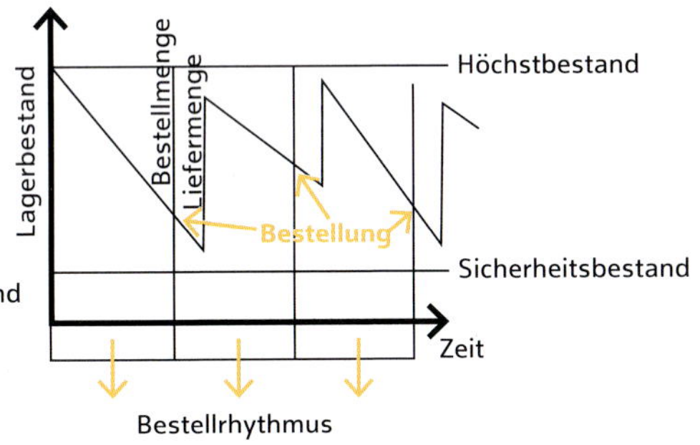

Prüfungsgebiet Warenwirtschaftsprozesse

Teile und Zubehör – Den Einkauf planen und Bestellungen durchführen

Situation zur 6. und 7. Aufgabe
Die Autohaus Schmidt GmbH beabsichtigt, Sitzbezüge neu in ihr Sortiment aufzunehmen. Sie sind damit beauftragt zu recherchieren, welche Lieferanten dafür infrage kommen. Dafür sollen Sie sowohl interne als auch externe Quellen nutzen. Im Weiteren sollen Sie an fünf Lieferanten Ihrer Wahl Anfragen verschicken.

Fortführung der Situation für die 7. Aufgabe
Sie sollen eine Anfrage an alle infrage kommenden Lieferanten verfassen. Diese soll alle wesentlichen Merkmale enthalten, die Sie von den Sitzbezügen erwarten. Außerdem sollen die Lieferanten über ihre Lieferungs- und Zahlungsbedingungen Auskunft geben.

6. Aufgabe

6.1 Bei der Bezugsquellenermittlung unterscheidet man interne und externe Quellen. Ordnen Sie zu, indem Sie die Ziffer 1 oder 2 in die entsprechenden Kästchen eintragen.

a) Bezugsquellendatei ☐   1 intern

b) Besuch von Fachmessen ☐   2 extern

c) Vertreterbesuche ☐

d) Lieferantendatei ☐

e) Onlinerecherche ☐

f) Einkaufsstatistiken ☐

6.2 Welche Aussagen im Zusammenhang mit einer Anfrage sind **falsch**?

Tragen Sie die Ziffern vor der entsprechenden Aussagen in die Kästchen ein. ☐ ☐

1 Eine Anfrage hat keine rechtliche Verbindlichkeit.
2 Eine Anfrage ist eine verbindliche Erklärung zum Abschluss eines Kaufvertrags.
3 Eine Anfrage kann allgemein oder speziell gehalten sein.
4 Eine Anfrage ist formfrei.
5 Eine Anfrage ist eine Aufforderung zur Abgabe eines Angebots.
6 Eine Anfrage wird immer in Schriftform abgegeben.

7. Aufgabe

Welches Merkmal ist nicht zwingender Bestandteil Ihrer Anfrage?

Tragen Sie die Ziffer der richtigen Aussage in das Kästchen ein. ☐

1 Verpackungs- und Versandkosten
2 Vorhandener Lagerbestand und Beschaffungsdauer des Lieferanten
3 Farbe und Muster
4 Qualität und Zusammensetzung
5 Artikelbeschreibung oder Artikelbezeichnung

8. Aufgabe

Bringen Sie die folgenden Arbeitsschritte im Rahmen der Beschaffungsplanung in die richtige Reihenfolge. Tragen Sie dazu die Nummerierung von 1 bis 6 in die Kästchen ein.

Senden von Anfragen an mögliche Lieferanten. ☐

Entscheidung für (mindestens) einen Lieferanten. ☐

Auslösen der Bestellung. ☐

Ermitteln von infrage kommenden Bezugsquellen. ☐

Vergleich der eingegangenen Angebote. ☐

Aussortieren der Lieferanten, die die nötigen Kriterien nicht erfüllen. ☐

Prüfungsgebiet Warenwirtschaftsprozesse

Teile und Zubehör – Den Einkauf planen und Bestellungen durchführen

Erläuterungen und Lösungen

6. Aufgabe

6.1 Lösung: 1, 2, 2, 1, 2, 1

Die Bezugsquellenermittlung ist der letzte Schritt der Beschaffungsplanung. Es gibt verschiedene Möglichkeiten, qualifizierte Lieferanten für den neu in das Sortiment aufzunehmenden Artikel zu finden. Eine interne Informationsquelle ist z. B. die Bezugsquellendatei, die sich aus Lieferantendatei und Warendatei zusammensetzt. Eventuell kann ein bereits bekannter Lieferant den gewünschten Artikel liefern. Daten, die bereits im Unternehmen vorhanden sind, sind interne Informationen. Ansonsten bietet sich als schnelle und günstige Alternative die Onlinerecherche an. Sie gehört zu den externen Informationsquellen, da es sich hier um neue und nicht bereits vorhandene Daten handelt. Alle Daten, die von außen an das Unternehmen herangetragen werden, sind externe Daten.

6.2 Lösung: 2, 6

Eine Anfrage dient der Informationsbeschaffung, zu welchen Bedingungen mögliche Lieferanten bereit sind, eine Ware anzubieten. Sie ist formfrei. Die Anfrage hat keine rechtliche Verbindlichkeit im Zusammenhang mit dem Zustandekommen eines Kaufvertrags. Eine Anfrage verpflichtet nicht zum Kauf. Es gibt allgemeine Anfragen, mit denen man sich nach den generellen Lieferprogrammen erkundigt (Kataloge, Vertreterbesuch), oder spezielle Anfragen, wenn man einen konkreten Artikel sucht.

7. Aufgabe

Lösung: 2

Es handelt sich hier um eine spezielle Anfrage, da wir einen bestimmten Artikel kaufen möchten. Sie sollte möglichst viele Angaben zur verlangten Qualität, zu Preisen sowie Lieferungs- und Zahlungsbedingungen enthalten. Der momentan vorhandene Lagerbestand des Lieferanten und die Beschaffungsdauer sind selten Bestandteil einer Anfrage, die voraussichtliche Bestellmenge und die Lieferzeit hingegen schon.

8. Aufgabe

Lösung: 2, 5, 6, 1, 3, 4

Es handelt sich um eine sachlogische Reihenfolge. Eine andere Abfolge ist aufgrund der dann fehlenden Daten oder Entscheidungen kaum möglich.

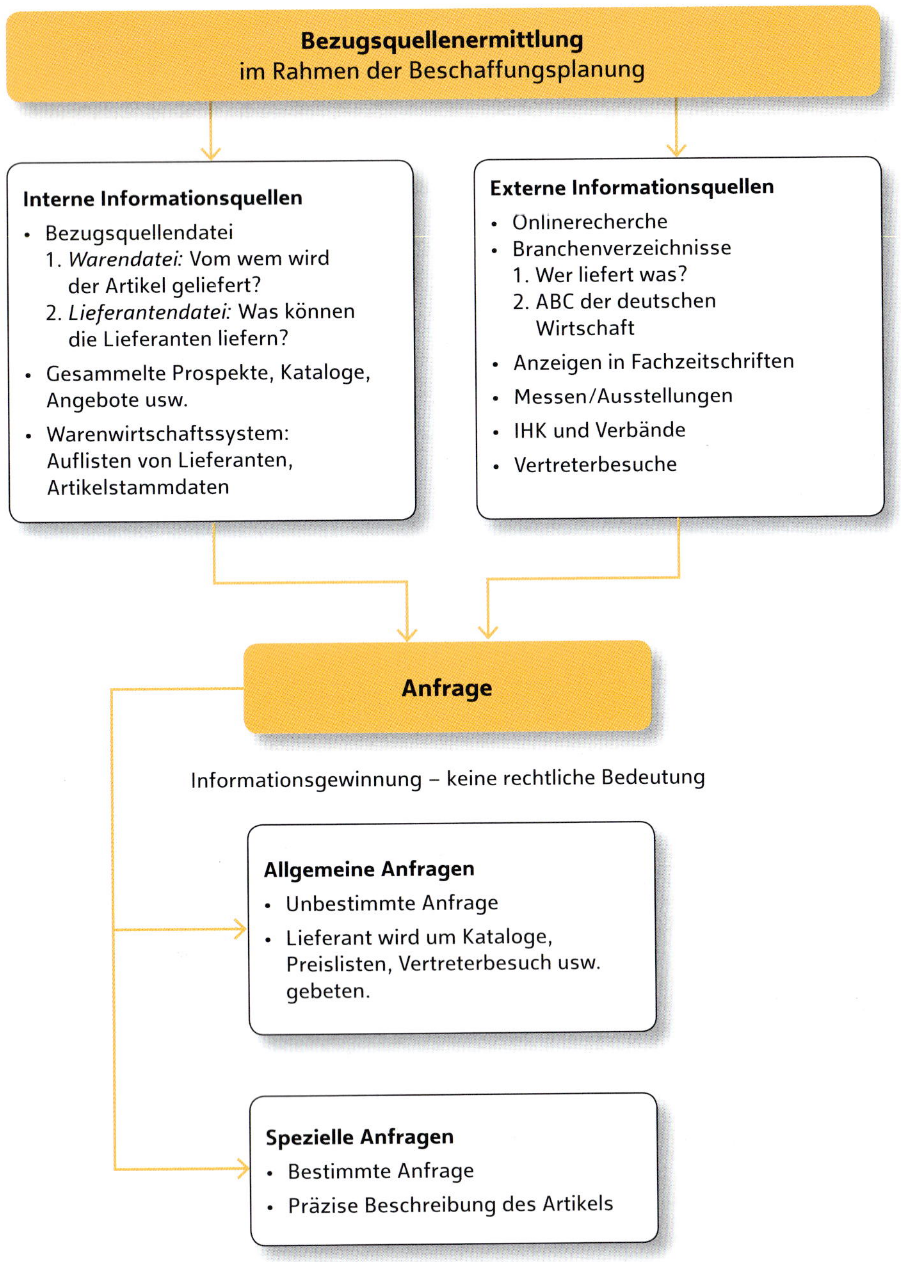

Bezugsquellenermittlung
im Rahmen der Beschaffungsplanung

Interne Informationsquellen
- Bezugsquellendatei
  1. *Warendatei:* Vom wem wird der Artikel geliefert?
  2. *Lieferantendatei:* Was können die Lieferanten liefern?
- Gesammelte Prospekte, Kataloge, Angebote usw.
- Warenwirtschaftssystem: Auflisten von Lieferanten, Artikelstammdaten

Externe Informationsquellen
- Onlinerecherche
- Branchenverzeichnisse
  1. Wer liefert was?
  2. ABC der deutschen Wirtschaft
- Anzeigen in Fachzeitschriften
- Messen/Ausstellungen
- IHK und Verbände
- Vertreterbesuche

Anfrage

Informationsgewinnung – keine rechtliche Bedeutung

Allgemeine Anfragen
- Unbestimmte Anfrage
- Lieferant wird um Kataloge, Preislisten, Vertreterbesuch usw. gebeten.

Spezielle Anfragen
- Bestimmte Anfrage
- Präzise Beschreibung des Artikels

© Westermann Gruppe

Prüfungsgebiet Warenwirtschaftsprozesse

Teile und Zubehör – Den Einkauf planen und Bestellungen durchführen

Situation zur 9. bis 11. Aufgabe
Ihrem Autohaus liegt ein Angebot der Autoteile Anders GmbH über Radlager vor.
Laut der Preisliste des Lieferanten liegt der Preis bei 4,99 € je Stück.
Bei einer Abnahme von mehr als 100 Stück werden 10 % Rabatt gewährt.
Das Zahlungsziel beträgt 30 Tage. Sollte innerhalb der ersten 10 Tage nach Erhalt der Rechnung gezahlt werden, dürfen zusätzlich 3 % vom Zieleinkaufspreis abgezogen werden. Für die Zustellung werden pauschal 0,09 € pro Stück in Rechnung gestellt.

9. Aufgabe

Ermitteln Sie unter der Annahme, dass 150 Radlager bestellt werden sollen, die folgenden Werte:

9.1	Zieleinkaufspreis der Lieferung	€
9.2	Bareinkaufspreis der Lieferung	€
9.3	Bezugspreis der Lieferung	€
9.4	Bezugspreis je Stück	€
9.5	Gesamtrabatt	€
9.6	Gesamtskonto	€
9.7	Bezugskosten der Lieferung	€

10. Aufgabe

Entscheiden Sie in folgenden Fällen, um welche Art von Nachlass es sich jeweils handelt, indem Sie die Ziffern entsprechend zuordnen.

Situationen

a) Da wir vorzeitig zahlen, dürfen wir den Kaufbetrag zusätzlich um einen vorher festgelegten Betrag mindern.

b) Da wir seit Jahren Stammkunden des Großhändlers sind, bekommen wir einen zusätzlichen Nachlass.

c) Da wir einen Mindestumsatz erreicht haben, bekommen wir eine nachträgliche Umsatzrückvergütung.

d) Da wir die bezogene Ware im Teile- und Zubehörverkauf anbieten, bekommen wir vom Hersteller einen Nachlass.

Nachlässe

1 Wiederverkäuferrabatt
2 Treuerabatt
3 Bonus
4 Skonto

11. Aufgabe

Bei welchen der unten stehenden Entscheidungskriterien handelt es sich nicht um ein quantitatives Merkmal?

Tragen Sie die Ziffern der falschen Aussagen in die Kästchen ein.

1 Die angebotene Ware zeichnet sich durch ihre hohe Umweltverträglichkeit aus.
2 Es gibt einen Anbieter, der in direkter Nachbarschaft ansässig ist.
3 Die Angebote unterscheiden sich nicht nur durch die Preise, sondern auch durch die Qualität der Ware.
4 Wir nehmen grundsätzlich das günstigste Angebot in Anspruch.

Prüfungsgebiet Warenwirtschaftsprozesse

Teile und Zubehör – Den Einkauf planen und Bestellungen durchführen

Erläuterungen und Lösungen

9. Aufgabe

Lösung mithilfe des Kalkulationsschemas:

Listeneinkaufspreis	150 x 4,99 =	748,50 €	
– Lieferrabatt 10 %	–	74,85 €	Lösung: 9.5
= Zieleinkaufspreis	=	673,65 €	Lösung: 9.1
– Lieferskonto	–	20,21 €	Lösung: 9.6
= Bareinkaufspreis	=	653,44 €	Lösung: 9.2
+ Bezugskosten	+	13,50 €	Lösung: 9.7
= Bezugspreis (gesamt)	=	666,94 €	Lösung: 9.3
: Stückzahl	:	150 Stück	
= Bezugspreis je Stück	=	4,45 €	Lösung: 9.4

10. Aufgabe

Lösung: 4, 2, 3, 1

a) Wir nutzen das angebotene Zahlungsziel von z. B. 30 Tagen nicht aus, sondern zahlen vorzeitig innerhalb einer bestimmten Frist, z. B. 10 Tagen.

b) Als Stammkunde bekommen wir einen Rabatt für unsere Treue.

c) Erreicht man eine vorher festgelegte Umsatzhöhe, bekommt man nachträglich einen Bonus gutgeschrieben.

d) Als Wieder- bzw. Weiterverkäufer bekommt man diesen Rabatt häufig, da der Hersteller / Verkäufer an einem hohen Absatz interessiert ist.

11. Aufgabe

Lösung: 1, 2, 3

Abgesehen von quantitativen Merkmalen, die mit dem Preis in Zusammenhang stehen, gibt es auch qualitative Entscheidungskriterien bei der Auswahl eines Lieferanten, die berücksichtigt werden müssen (siehe nebenstehende Abb.).

Mögliche Auswahlkriterien von Bezugsquellen

Quantitativ
- Rabatt
- Skonto + Bonus
- Bezugskosten

Qualitativ
- Qualität
- Zuverlässigkeit
- Umweltverträglichkeit
- Kulanz + Service
- Räumliche Nähe

© Westermann Gruppe

Prüfungsgebiet Warenwirtschaftsprozesse — Teile und Zubehör – Den Einkauf planen und Bestellungen durchführen

12. Aufgabe

Situation
Für die Bestellung der Sitzbezüge haben Sie sich für einen Lieferanten entschieden, möchten allerdings für die Autohaus Schmidt GmbH noch bessere Lieferungskonditionen aushandeln. Der Transport soll größtenteils mit der Bahn erfolgen, da der Lieferant in Süddeutschland sitzt.

Folgende Kosten fallen für die Zusendung der Sitzbezüge an:
Rollgeld für die Anfuhr:
5,00 €; Frachtkosten: 35,00 €; Rollgeld für die Abfuhr: 7,00 €.

12.1 Wie hoch sind die Bezugskosten bei folgenden Lieferungsbedingungen? (Mehrfachnennungen möglich)

Lieferungsbedingung		Bezugskosten
a) Ab hier		1 47,00 €
b) Frachtfrei		2 42,00 €
c) Unfrei		3 35,00 €
d) Ab Werk		4 7,00 €
e) Frei Haus		5 5,00 €
f) Frei dort		6 0,00 €

12.2 Wie lautet die gesetzliche Lieferungsbedingung?

Tragen Sie die Ziffer der richtigen Aussage in das Kästchen ein.
1. Der Verkäufer zahlt die Versandkosten bis zur Empfangsstation.
2. Der Verkäufer zahlt die Versandkosten bis zur Versandstation.
3. Der Verkäufer zahlt alle Versandkosten.
4. Der Käufer zahlt alle Versandkosten.
5. Der Käufer zahlt nur die Frachtkosten.

Fortführung der Situation für die 13. Aufgabe
Letztlich möchten Sie mit dem Lieferanten nochmals über die Zahlungsbedingung verhandeln, um auch hier möglichst günstige Konditionen für die Autohaus Schmidt GmbH zu erhalten.

13. Aufgabe

13.1 Bei welcher Zahlungsbedingung wäre für die Autohaus Schmidt GmbH der Jahreszinssatz des Lieferantenkredits am höchsten?

Tragen Sie die Ziffer der richtigen Aussage in das Kästchen ein.
1. Zahlungsziel 30 Tage – 2% Skonto bei Zahlung innerhalb von 10 Tagen
2. Zahlungsziel 60 Tage – 2% Skonto bei Zahlung innerhalb von 20 Tagen
3. Zahlungsziel 60 Tage – 3% Skonto bei Zahlung innerhalb von 10 Tagen
4. Zahlungsziel 90 Tage – 2% Skonto bei Zahlung innerhalb von 30 Tagen
5. Zahlungsziel 90 Tage – 5% Skonto bei Zahlung innerhalb von 20 Tagen

Tipp
Nutzen Sie zur Lösung der Aufgabe die Überschlagsmethode.

13.2 Wie lautet die Zahlungsbedingung, wenn im Kaufvertrag nichts vereinbart wurde?

Tragen Sie die Ziffer der richtigen Aussage in das Kästchen ein.
1. Zahlung bei Übergabe
2. 30 Tage Zahlungsziel
3. Sofort netto Kasse
4. 10 Tage Zahlungsziel
5. 30 Tage Zahlungsziel – 2% Skonto bei Zahlung innerhalb von 10 Tagen

Prüfungsgebiet Warenwirtschaftsprozesse

Teile und Zubehör – Den Einkauf planen und Bestellungen durchführen

Erläuterungen und Lösungen

12. Aufgabe

12.1   Lösung: 2, 4, 2, 1, 6, 4

Die Lösung entnehmen Sie der nebenstehenden Abbildung.

12.2   Lösung: 2

Die gesetzliche Lieferungsbedingung, die grundsätzlich dann gilt, wenn nichts im Kaufvertrag vereinbart wurde, lautet „unfrei". Das bedeutet, dass der Verkäufer die Ware noch bis zur ersten Versandstation bringt und die ab da anfallenden Kosten für den Transport vom Käufer zu tragen sind. Wird die Ware von einem Frachtführer beim Verkäufer abgeholt, fallen die Lieferungsbedingungen „ab Werk" und „unfrei" zusammen.

WICHTIG: Die Lieferungsbedingungen regeln nur den Kostenübergang, nicht den Gefahrenübergang beim Transport.

> **Merke**
>
> *Sobald der Verkäufer die Ware an einen Frachtführer übergibt, trägt er kein Risiko mehr am Transport. Der Verkäufer hat dann seine Verpflichtung aus dem Kaufvertrag erfüllt.*

13. Aufgabe

13.1   Lösung: 1

Skonto ist ein finanzieller Vorteil für den Käufer, den er erlangt, wenn er das angebotene Zahlungsziel nicht ausnutzt. Andererseits könnte man auch sagen, dass der Käufer den Lieferantenkredit in Anspruch nimmt, wenn er das Zahlungsziel ausnutzt. Die Kreditlaufzeit beträgt demnach die Zeit zwischen dem Zahlungsziel und der Skontofrist. Um die gebotenen Skontosätze vergleichbar zu machen, muss man sie auf die gleiche Laufzeit beziehen. Sinnvollerweise sind das 360 Tage.
Steht man vor der Entscheidung, einen Kredit bei der Bank oder beim Lieferanten in Anspruch zu nehmen, kann man so den Bankzins, der sich immer auf ein Jahr bezieht, direkt mit dem Zins, dem der Skontosatz entspricht, vergleichen.

13.2   Lösung: 3

Die gesetzliche Zahlungsbedingung lautet „sofort netto Kasse". Das bedeutet, dass der Käufer den Betrag unverzüglich und ohne Abzüge zu überweisen hat.

Lieferungsbedingungen (Bahntransport)

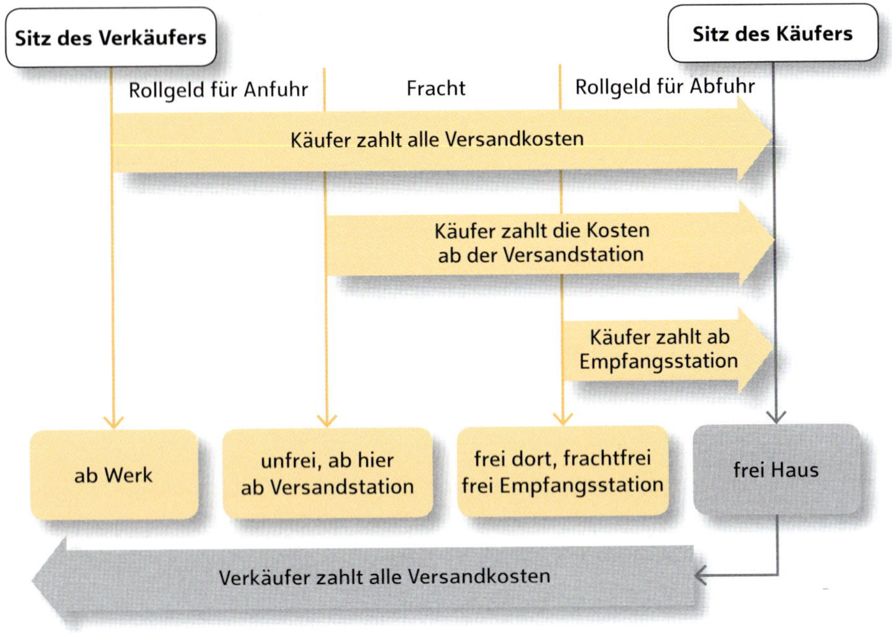

Sitz des Verkäufers   Sitz des Käufers

Rollgeld für Anfuhr   Fracht   Rollgeld für Abfuhr

Käufer zahlt alle Versandkosten

Käufer zahlt die Kosten ab der Versandstation

Käufer zahlt ab Empfangsstation

| ab Werk | unfrei, ab hier ab Versandstation | frei dort, frachtfrei frei Empfangsstation | frei Haus |

Verkäufer zahlt alle Versandkosten

Überschlagsmethode beim Lieferantenkredit (Dreisatz)

Jahresverzinsung für den Lieferantenkredit:

Bedingungssatz: für (Zahlungsziel – Skontofrist) Tage ⟶ Skontosatz %

Folgesatz: für   360 Tage ⟶ x %

Formel:
$$\frac{\text{Skontosatz} \times 360}{\text{Zahlungsziel} - \text{Skontofrist}}$$

Beispiel:
Zahlungsziel 30 Tage – 2 % Skonto bei Zahlung innerhalb von 10 Tagen

$$\frac{2 \times 360}{30 - 10} = 36\,\%$$

© Westermann Gruppe

Prüfungsgebiet Warenwirtschaftsprozesse

Teile und Zubehör – Den Einkauf planen und Bestellungen durchführen

> **Situation zur 14. bis 17. Aufgabe**
> Sie sind zurzeit in der Einkaufsdisposition eingesetzt und verantwortlich für die rechtzeitige Bereitstellung von Teilen und Zubehör im Rahmen von Reparaturen bei älteren Fahrzeugmodellen. In diesem Zusammenhang bittet Sie Ihr Vorgesetzter, im Hinblick auf zeitwertgerechte Reparaturen Angebote alternativer Lieferanten von Ersatzteilen einzuholen und auszuwerten, sowie eine Bestellung auszulösen.

14. Aufgabe

Bringen Sie die folgenden Arbeitsabläufe der Beschaffungsanbahnung und Beschaffungsdurchführung in die richtige Reihenfolge, indem Sie die Ziffern 1 bis 7 entsprechend in die Kästchen hinter den Vorgängen eintragen.

Quantitativer und qualitativer Vergleich der eingegangenen Angebote. ☐

Bedarfsermittlung benötigter Teile mithilfe der Lagerbestandsführung. ☐

Einholung von Angeboten durch Anfragen bei diversen Lieferanten. ☐

Bestellung der benötigten Teile beim ausgewählten Lieferanten. ☐

Ermittlung infrage kommender Lieferanten für die benötigten Teile. ☐

Wareneingangsüberwachung der bestellten Ersatzteile. ☐

Rechnungsprüfung und Zahlung der eingegangenen Teile. ☐

15. Aufgabe

Ordnen Sie den folgenden Aussagen die richtigen Begriffe zu.

Aussage		Zuordnung
a) Es hat keine rechtliche Bedeutung.	☐	1 Angebot
b) Es ist eine unverbindliche Information.	☐	2 Anfrage
c) Es ist eine verbindliche Aussage in Hinsicht auf das Zustandekommen eines Kaufvertrags.	☐	3 Anpreisung
d) Es muss konkret an eine bestimmte Person gerichtet sein, sonst ist es eine Anpreisung.	☐	4 Bestellung

16. Aufgabe

Durch welche der folgenden Handlungen kommt kein Kaufvertrag zustande?

Tragen Sie die Ziffer der richtigen Aussage in das Kästchen ein. ☐

1 Bestellung und Bestellungsannahme zu fast identischen Bedingungen.
2 Zwei übereinstimmende Willenserklärungen, die nur mündlich abgegeben wurden.
3 Bestellung aufgrund eines telefonischen Angebots.
4 Antrag in Schriftform und mündliche Annahme des Antrags.
5 Bestellung zu geänderten Bedingungen und Lieferung der Ware.

17. Aufgabe

Entscheiden Sie, in welchem der folgenden Fälle es sich um ein verbindliches Angebot handelt.

Tragen Sie die Ziffer der richtigen Aussage in das Kästchen ein. ☐

1 Die Autohaus Schmidt GmbH verschickt an ihre Stammkunden einen Werbeprospekt mit aktuellen Sonderangeboten, die den Kunden in dieser Woche eingeräumt werden.
2 Im Verkaufsraum der Autohaus Schmidt GmbH liegen Flyer aus, die die Kunden darauf hinweisen, dass wir nächste Woche mit der Aktion „Fit für den TÜV" starten.
3 Ein Verkäufer der Autohaus Schmidt GmbH macht einem Neukunden ein freibleibendes Angebot für die Inzahlungnahme seines Gebrauchtfahrzeugs.
4 In einer Vitrine in der Nähe des Kassenbereichs stehen Miniaturmodelle der aktuellen Fahrzeugmodelle. An der Vitrine hängt eine Preisliste für die einzelnen Modelle.
5 Ein Auszubildender der Autohaus Schmidt GmbH bietet einem Kunden eine Dachbox mit einem Preisnachlass an.

Prüfungsgebiet Warenwirtschaftsprozesse

Teile und Zubehör – Den Einkauf planen und Bestellungen durchführen

Erläuterungen und Lösungen

14. Aufgabe

Lösung: 4, 1, 3, 5, 2, 6, 7

Zunächst muss ermittelt werden, welche Teile benötigt werden. Durch interne oder externe Quellen können mögliche Lieferanten gefunden werden. Nach Einholung verschiedener Angebote durch Anfragen müssen die Angebote hinsichtlich quantitativer und qualitativer Merkmale ausgewertet werden. Nachdem man sich für einen Lieferanten entschieden hat, erfolgt die Bestellung. Nun muss kontrolliert werden, ob der Lieferant zum vereinbarten Termin liefert. Schließlich erfolgt die Prüfung der Rechnung und deren Zahlung.

15. Aufgabe

Lösung: 2, 3, 4, 1

Anpreisung = allgemeine Informationen über Waren und Dienstleistungen in Form von Werbeprospekten, Zeitungsinseraten, Plakaten, Handzetteln u. v. m.
Anfrage = Aufforderung an einen Lieferanten zur Abgabe eines Angebots für Waren oder Dienstleistungen. Sie hat keine rechtliche Verbindlichkeit in Bezug auf das Zustandekommen eines Kaufvertrags.
Angebot = konkret an eine bestimmte Person gerichtete Offerte, eine bestimmte Ware oder Dienstleistung zu bestimmten Bedingungen zu kaufen. Ein verbindliches Angebot darf keine Freizeichnungsklausel enthalten (siehe auch Seite 18).
Bestellung = verbindliche Erklärung, eine Ware oder Dienstleistung zu den in der Bestellung genannten Bedingungen zu kaufen. Antrag im Sinne des Kaufvertrags.

16. Aufgabe

Lösung: 1

Grundsätzlich ist das Zustandekommen eines Kaufvertrags formfrei, d. h., es kann mündlich oder schriftlich oder sogar durch eine Handlung erfolgen. Wichtig ist, dass es sich um zwei übereinstimmende Willenserklärungen handelt. Da im ersten Fall die Bestellungsannahme von der Bestellung abweicht, ist dies nicht der Fall.

17. Aufgabe

Lösung: 5

Ein Angebot muss konkret an eine Person gerichtet sein. Flyer, Werbeprospekte und Schaufensterauslagen sind nur Anpreisungen (siehe oben 2. Aufgabe). Ein freibleibendes Angebot ist unverbindlich (Freizeichnungsklausel).

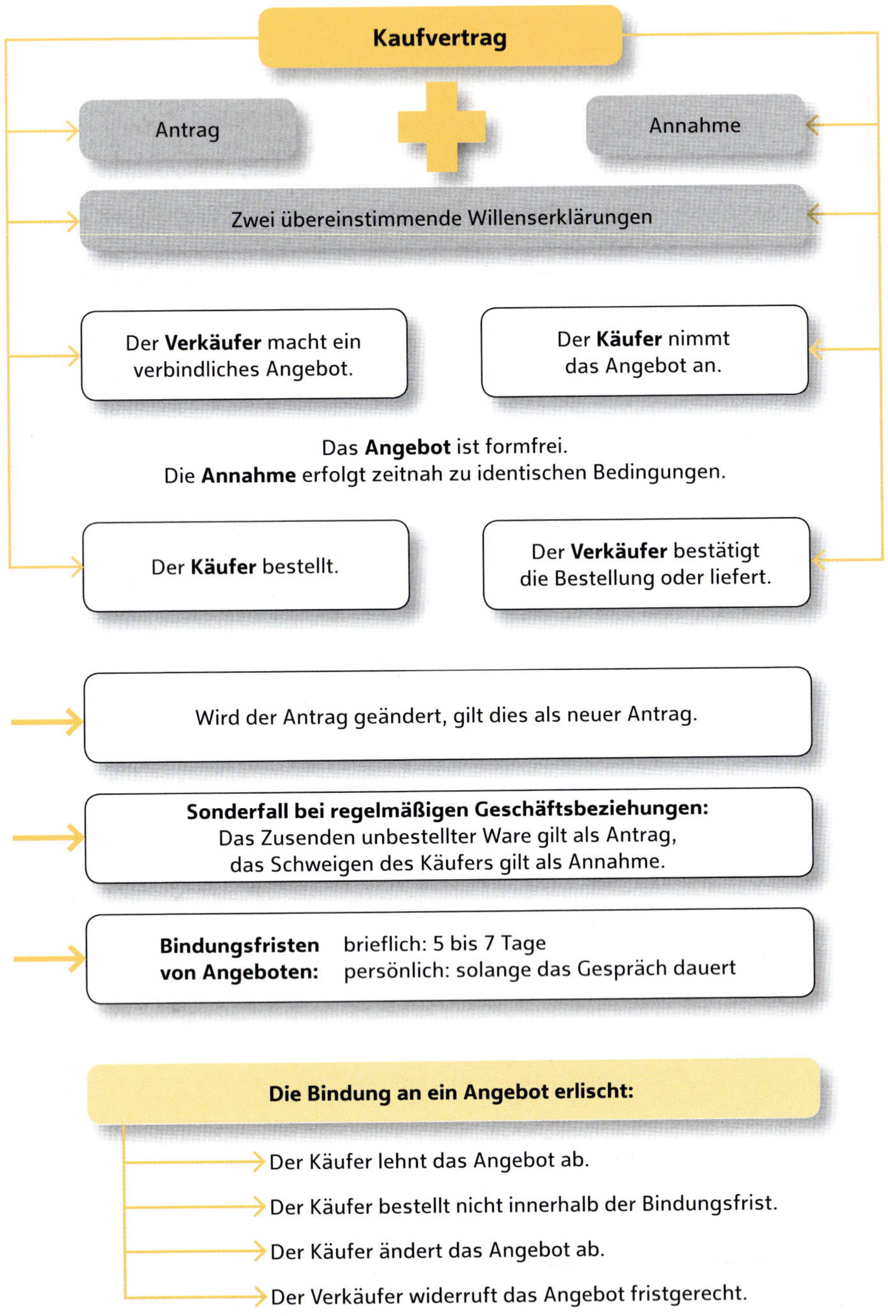

Kaufvertrag

Antrag + Annahme

Zwei übereinstimmende Willenserklärungen

| Der **Verkäufer** macht ein verbindliches Angebot. | Der **Käufer** nimmt das Angebot an. |

Das **Angebot** ist formfrei.
Die **Annahme** erfolgt zeitnah zu identischen Bedingungen.

| Der **Käufer** bestellt. | Der **Verkäufer** bestätigt die Bestellung oder liefert. |

Wird der Antrag geändert, gilt dies als neuer Antrag.

Sonderfall bei regelmäßigen Geschäftsbeziehungen:
Das Zusenden unbestellter Ware gilt als Antrag,
das Schweigen des Käufers gilt als Annahme.

Bindungsfristen von Angeboten: brieflich: 5 bis 7 Tage
persönlich: solange das Gespräch dauert

Die Bindung an ein Angebot erlischt:

Der Käufer lehnt das Angebot ab.

Der Käufer bestellt nicht innerhalb der Bindungsfrist.

Der Käufer ändert das Angebot ab.

Der Verkäufer widerruft das Angebot fristgerecht.

Prüfungsgebiet Warenwirtschaftsprozesse

Teile und Zubehör – Den Einkauf planen und Bestellungen durchführen

Situation zur 18. bis 20. Aufgabe
In den letzten Wochen wurden durch die Einkaufsabteilung ständig Anfragen gestellt, Angebote eingeholt und Waren bestellt. Dabei haben Sie gelernt, dass man viele Vorschriften beachten muss, um einen erfolgreichen Abschluss eines Kaufvertrags zu erreichen.

18. Aufgabe

In welchem der folgenden Fälle kommt ein Kaufvertrag zustande?

Tragen Sie die Ziffer der richtigen Aussage in das Kästchen ein.

1. In der letzten Woche fand in Essen eine Messe für Automobilzulieferer statt. Bei dieser Gelegenheit ließen wir uns von einem uns bisher unbekannten Felgenhersteller während eines Gesprächs ein Angebot für den Bezug einiger neuer Modelle machen. Nach Rücksprache mit dem Geschäftsführer bestellt der Disponent in der folgenden Woche telefonisch zu den vereinbarten Bedingungen.

2. In einem schriftlichen Angebot vom 15.01.20.. eines potenziellen Lieferanten finden Sie die Bemerkung: „… gelten unsere Preise für die angegebenen Artikel bis zum 31.03.20…" Wir geben die Bestellung zu den genannten Bedingungen am 31.03.20.. schriftlich bei der Post auf.

3. Ein Außendienstmitarbeiter, der am gestrigen Tag unseren Betrieb besucht hat, machte unserem Disponenten ein außergewöhnlich interessantes Angebot über den Bezug von einem Posten Winterreifen in diversen Größen. Am nächsten Tag bestellt der Disponent per Fax.

4. Nach der Bestellung zur sofortigen Lieferung von diversen Ersatzteilen, aufgrund eines Rundschreibens über aktuelle Sonderangebote, erhalten wir von unserem Lieferanten am nächsten Tag eine Bestellbestätigung mit der Angabe einer Lieferzeit von 14 Tagen.

5. Nach dem Erhalt eines verbindlichen, schriftlichen Angebots durch den Großhändler Meier bestellen wir umgehend entsprechend per E-Mail. Am nächsten Tag setzt uns der Lieferant darüber in Kenntnis, dass er sich bei der Abgabe des Angebots geirrt hat und die bestellten Artikel nicht zu den angegebenen Bedingungen liefern kann.

19. Aufgabe

Der Kaufvertrag ist ein zweiseitig verpflichtendes Erfüllungsgeschäft. Ordnen Sie den folgenden Situationen den richtigen Begriff zu, indem Sie die Ziffer vor dem Begriff in das Kästchen hinter der entsprechenden Situation eintragen.

Situation

a) Wir bestellen Ersatzteile laut einem vorliegenden Angebot.

b) Ein ausstehender Rechnungsbetrag wird von uns überwiesen.

c) Der Lieferant bestätigt die Bestellung eines Austauschmotors.

d) Der Lieferant nimmt den Rechnungsbetrag bar entgegen.

Begriff

1 Verpflichtungsgeschäft

2 Erfüllungsgeschäft

20. Aufgabe

Entscheiden Sie, bei welchen der folgenden Situationen eine Bestätigung der Bestellung für das Zustandekommen eines Kaufvertrags zwingend erforderlich ist.

Tragen Sie die Ziffern der entsprechenden Situationen in die Kästchen ein.

1. Wir bestellen Ersatzteile aufgrund des aktuell geltenden Katalogs des Herstellers.

2. Wie erhalten von unserem Stammlieferanten ein telefonisches Angebot über den Bezug eines günstigen Postens Winterreifen. Am nächsten Tag bestellen wir schriftlich.

3. Wir bestellen laut Angebot während eines Verkaufsgesprächs.

4. Nachdem wir ein schriftliches verbindliches Angebot erhalten haben, bestellen wir am nächsten Tag per E-Mail.

5. Aufgrund einer Anpreisung bestellen wir zur sofortigen Lieferung.

Prüfungsgebiet Warenwirtschaftsprozesse

Teile und Zubehör – Den Einkauf planen und Bestellungen durchführen

Erläuterungen und Lösungen

18. Aufgabe

Lösung: 5

Persönliche Angebote, wie in Fall 1 und 3, gelten grundsätzlich nur so lange, wie das Gespräch dauert. Da in beiden Fällen das Angebot erst später angenommen wird, kommt hier kein Kaufvertrag zustande. In Fall 2 ist der Anbieter auch aufgrund der verspäteten Annahme nicht mehr an sein Angebot gebunden, da die Bestellung frühestens am 01.04.20.. bei ihm eingeht. Im Fall 4 fehlen für das Zustandekommen eines Kaufvertrags die notwendigen zwei übereinstimmenden Willenserklärungen. Wir bestellen zur sofortigen Lieferung, der Lieferant bietet Lieferung nach 14 Tagen an. Es handelt sich hierbei um einen neuen Antrag an den Lieferanten, zu den geänderten Bedingungen zu liefern. In Fall 5 bestellen wir rechtzeitig aufgrund eines verbindlichen Angebots. Dadurch kommt der Kaufvertrag zustande. Der Irrtum bei der Abgabe des Angebots geht zulasten des Anbietenden. Er hätte das Angebot spätestens mit dem Eintreffen bei uns widerrufen müssen, um die Annahme zu verhindern.

19. Aufgabe

Lösung: 1, 2, 1, 2

> **Kaufvertrag = Verpflichtungs-/Erfüllungsgeschäft**

Verkäufer verpflichtet sich zur:
- Vertragsgerechten Übergabe der Ware
- Eigentumsübertragung
- Annahme des Kaufpreises

Käufer verpflichtet sich zur:
- Warenannahme
- Zahlung des Kaufpreises

Mit der Ausführung der entsprechenden Aufgaben erfüllen Verkäufer und Käufer ihre Verpflichtungen.

20. Aufgabe

Lösung: 1, 2, 5

Im Fall 1 und 5 liegt der Bestellung kein verbindliches Angebot zugrunde. Daher ist eine Bestellbestätigung zwingend erforderlich, um einen Kaufvertrag abzuschließen. Im Fall 2 wird das Angebot des Lieferanten zu spät angenommen. Es war nur gültig, solange das Gespräch dauerte.

> **Zustandekommen eines Kaufvertrags nach Abgabe eines brieflichen Angebots**

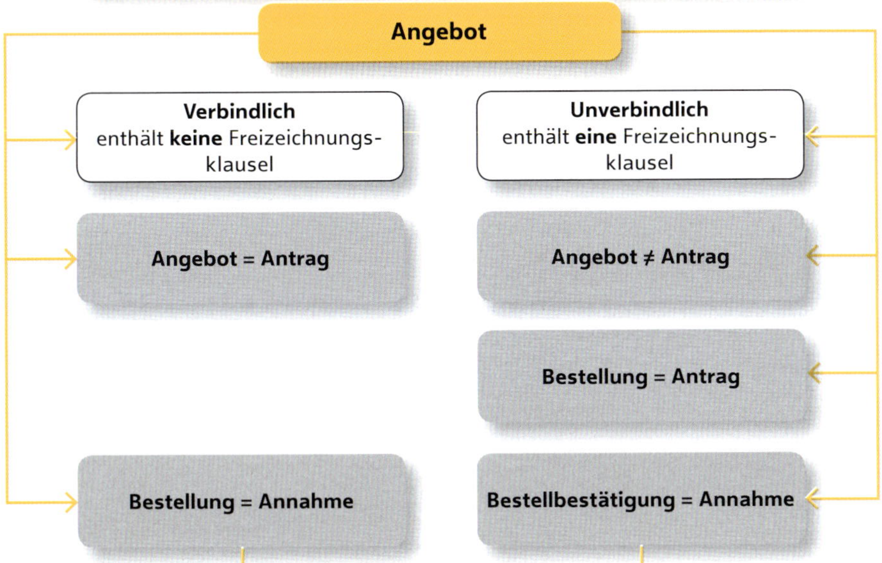

Angebot

Verbindlich
enthält **keine** Freizeichnungsklausel

Unverbindlich
enthält **eine** Freizeichnungsklausel

Angebot = Antrag

Angebot ≠ Antrag

Bestellung = Antrag

Bestellung = Annahme

Bestellbestätigung = Annahme

Der **Kaufvertrag** kommt immer durch **Antrag** und **Annahme** und durch **zwei übereinstimmende Willenserklärungen** zustande.

Die Bindungsfrist bei einem brieflichen Angebot liegt bei 5 bis 7 Tagen. Der Anbieter kann sich freiwillig länger an sein Angebot binden.

Freizeichnungsklauseln:
unverbindlich, solange Vorrat reicht, freibleibend usw.
Sie schränken die Bindung an das Angebot ganz oder teilweise ein.

> **Merke**
>
> *Eine Bestellbestätigung ist nicht notwendig, wenn der Lieferer zu den in der Bestellung genannten Bedingungen liefert.*

Prüfungsgebiet Warenwirtschaftsprozesse — Teile und Zubehör – Verkaufspreise mit vorgegebenen Zuschlagssätzen kalkulieren

1. Aufgabe

Situation
Angenommen der Bezugspreis von Sitzbezügen beläuft sich auf 35,00 € und die Autohaus Schmidt GmbH kalkuliert mit einem Gemeinkostenzuschlag von 30 % sowie einem Gewinnzuschlag von 10 %. Stammkunden wird ein Rabatt von 5 % gewährt. Kunden, die innerhalb der ersten 10 Tage nach Rechnungsdatum zahlen, dürfen zusätzlich 2 % Skonto abziehen.

1.1 Ermitteln Sie die folgenden Werte für die Sitzbezüge unter Berücksichtigung des geltenden Umsatzsteuersatzes von 19 %.

    1.1.1 Selbstkosten   ☐ €

    1.1.2 Barverkaufspreis   ☐ €

    1.1.3 Zielverkaufspreis   ☐ €

    1.1.4 Nettoverkaufspreis   ☐ €

    1.1.5 Bruttoverkaufspreis   ☐ €

    1.1.6 Gewinnzuschlag in €   ☐ €

    1.1.7 Umsatzsteuer in €   ☐ €

1.2 Ermitteln Sie den Kalkulationszuschlag für die Sitzbezüge.   ☐ %

2. Aufgabe

Situation
Sie sollen nun bei der Kalkulation für verschiedene Abteilungen Ihres Autohauses mitwirken. Dazu liegen Ihnen folgende Daten der Hauptkostenstellen vor:

Kostenstelle / Zuschlag in %	Werkstatt	Neuwagen
Gemeinkosten	140	20
Gewinn	20	15
Kundenskonto	2	0
Kundenrabatt	0	3
Umsatzsteuer	19	19

Hinweis
Zur Lösung der Aufgabe ist der Bezugspreis frei zu bestimmen.

Welche der folgenden Aussagen sind richtig?

Tragen Sie die Ziffern der richtigen Aussagen in die Kästchen ein. ☐ ☐ ☐

1 Der Kalkulationsfaktor berechnet sich, indem man den Nettoverkaufspreis durch den Bezugspreis teilt.

2 Der Bezugspreis wird mit dem Kalkulationsfaktor multipliziert, um den Bruttoverkaufspreis zu errechnen.

3 Kalkulationszuschlag und Kalkulationsfaktor unterscheiden sich nicht im Ergebnis, sondern nur in der Rechenweise.

4 Der Kalkulationsfaktor wird im Rahmen der Rückwärtskalkulation eingesetzt, der Kalkulationszuschlag bei der Vorwärtskalkulation.

5 Der Kalkulationsfaktor für die Werkstatt beträgt 3,4972.

6 Der Kalkulationszuschlag im Neuwagenbereich liegt bei 169,30 %.

Prüfungsgebiet **Warenwirtschaftsprozesse**

Teile und Zubehör – Verkaufspreise mit vorgegebenen Zuschlagssätzen kalkulieren

Erläuterungen und Lösungen

1. Aufgabe

1.1

Kalkulationsschema	Lösung	Berechnung in €			
Bezugskosten		35,00		= 100 %	
+ Gemeinkostenzuschlag		10,50		+ 30 %	
= Selbstkosten	1.1.1	45,50	100 %	= 130 % ↓	
+ Gewinnzuschlag	1.1.6	4,55	+ 10 %		
= Barverkaufspreis	1.1.2	50,05	= 110 % ↓	= 98 % ↑	
+ Kundenskonto		1,02		– 2 %	
= Zielverkaufspreis	1.1.3	51,07	= 95 % ↑	= 100 %	
+ Kundenrabatt		2,69	– 5 %		
= Nettoverkaufspreis	1.1.4	53,76	= 100 %	= 100 %	
+ Umsatzsteuer	1.1.7	10,21		+ 19 %	
= Bruttoverkaufspreis	1.1.5	63,97		= 119 % ↓	

1.2 **Lösung:** Kalkulationszuschlag = 82,77 %

Bei der Berechnung des Zuschlags geht man davon aus, dass der Bezugspreis die Grundlage, also 100 %, bildet, und ermittelt damit den Prozentsatz des Bruttoverkaufspreises. Die Differenz der beiden Prozentsätze ergibt den Kalkulationszuschlag.

Hier: 35,00 € → 100 %
63,97 € → x % x = 182,77 %. Der Zuschlag beträgt 82,77 %.

Der Kalkulationszuschlag ist demnach die Differenz zwischen Bruttoverkaufspreis und Bezugspreis, ausgedrückt in Prozenten des Bezugspreises.

Berechnung des Kalkulationszuschlags

$$\text{Kalkulationszuschlag} = \frac{(\text{Bruttoverkaufspreis} - \text{Bezugspreis}) \times 100\,\%}{\text{Bezugspreis}}$$

Hier: $\dfrac{(63,97\ € - 35,00\ €) \times 100\,\%}{35,00\ €} \rightarrow 82,77\,\%$

Vereinfachung der Vorwärtskalkulation

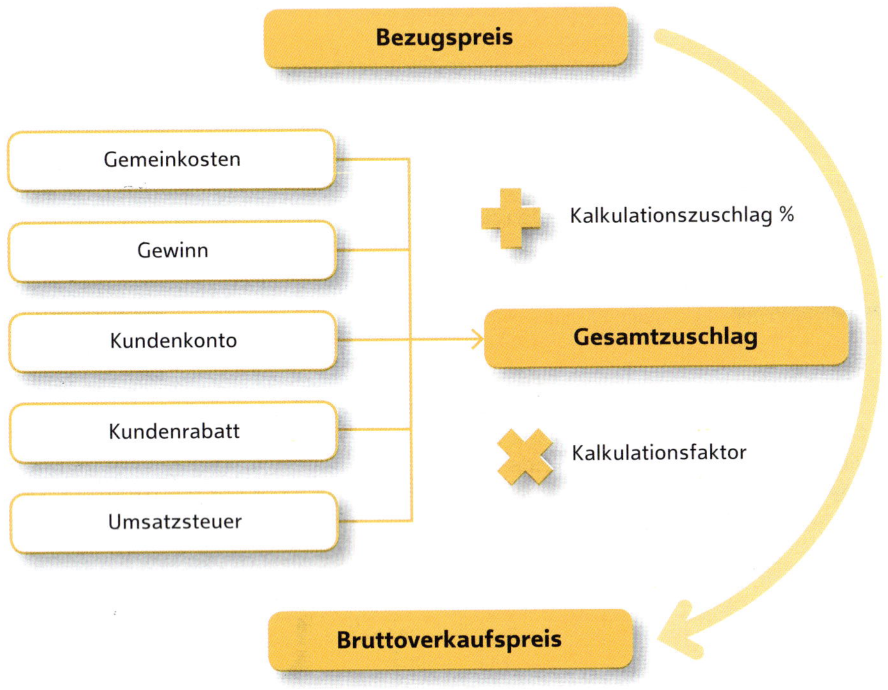

Bezugspreis

Gemeinkosten

Gewinn

Kundenkonto

Kundenrabatt

Umsatzsteuer

+ Kalkulationszuschlag %

Gesamtzuschlag

✕ Kalkulationsfaktor

Bruttoverkaufspreis

Berechnung des Kalkulationsfaktors

$$\text{Kalkulationsfaktor} = \frac{\text{Bruttoverkaufspreis}}{\text{Bezugspreis}}$$

2. Aufgabe

Lösung: 2, 3, 5

Die anderen Aussagen sind falsch und müssten richtig lauten:

1. Der Kalkulationsfaktor berechnet sich, indem man den Bruttoverkaufspreis durch den Bezugspreis teilt.

4. Beide Kalkulationsmethoden sind Instrumente der Vorwärtskalkulation.

6. Der Kalkulationszuschlag im Neuwagenbereich liegt bei 69,30 %.

Prüfungsgebiet Warenwirtschaftsprozesse   Teile und Zubehör – Verkaufspreise mit vorgegebenen Zuschlagssätzen kalkulieren

3. Aufgabe

Situation
Sie haben sich entschieden, die Sitzbezüge aus der ersten Aufgabe zu einem Bruttoverkaufspreis von 65,00 € anzubieten. Der Verkauf der neu in das Sortiment aufgenommenen Ware beginnt nur schleppend. Von einem Kunden erfahren Sie, dass ein Mitbewerber gleichwertige Sitzbezüge für 60,00 € anbietet. Die Autohaus Schmidt GmbH kalkuliert weiterhin mit einem Gemeinkostenzuschlag von 30 %, einem Gewinnzuschlag von 10 %, Stammkundenrabatt von 5 % und 2 % Skonto. Der geltende Umsatzsteuersatz liegt derzeit bei 19 %.

3.1 Die Sitzbezüge sollen nun auch für 60,00 € (brutto) angeboten werden.

Zu welchem Preis darf das Autohaus die Sitzbezüge unter den gegebenen Bedingungen maximal einkaufen, wenn Sie von den oben angegebenen Kalkulationsgrößen ausgehen?

Bezugspreis/Einstandspreis ☐ €

3.2 Gehen Sie von einem Bezugspreis von 33,00 € aus und ermitteln Sie den Kalkulationsabschlag für die Sitzbezüge unter der Annahme des neuen Bruttopreises von 60,00 €.

☐ %

3.3 Berechnen Sie unter den gleichen Bedingungen wie in 3.2 die Handelsspanne (auf 2 Stellen nach dem Komma).

☐ %

4. Aufgabe

Situation
Kalkulationszuschlag, Kalkulationsfaktor, Kalkulationsabschlag und Handelsspanne sind gängige Vereinfachungsverfahren bei der Kalkulation im Unternehmen.

Welche der folgenden Aussagen sind richtig?

Tragen Sie die Ziffern der richtigen Aussagen in die Kästchen ein.   ☐ ☐ ☐

1 Während Kalkulationszuschlag und -faktor der Vorwärtskalkulation von Artikeln dienen, gehören die Handelsspanne und der Kalkulationsabschlag zur Rückwärtskalkulation.

2 Handelsspanne und Kalkulationsabschlag sind verschiedene Bezeichnungen für das gleiche Ergebnis. Beide Kalkulationsarten rechnen vom Bruttoverkaufspreis direkt zum Bezugspreis zurück.

3 Die Handelsspanne ist der prozentuale Abschlag vom Nettoverkaufspreis, durch den man den Preis berechnen kann, den man für den Artikel unter den gegebenen Voraussetzungen im Bezug höchstens ausgeben darf.

4 Während man den Kalkulationszuschlag zum Bezugspreis addiert, um den Bruttoverkaufspreis zu erhalten, zieht man die Handelsspanne vom Bruttoverkaufspreis ab, um den Bezugspreis zu berechnen.

5 Der Kalkulationsabschlag als Kalkulationshilfe eignet sich im Besonderen dann, wenn man den Bruttoverkaufspreis der Mitbewerber kennt und unter eigenen Kosten- und Gewinnvorstellungen den Einkaufspreis bestimmen will.

6 Während der Kalkulationszuschlag ein prozentualer Zuschlag auf den Bezugspreis ist, ist der Kalkulationsfaktor ein prozentualer Abschlag vom Bruttoverkaufspreis.

Prüfungsgebiet Warenwirtschaftsprozesse

Teile und Zubehör – Verkaufspreise mit vorgegebenen Zuschlagssätzen kalkulieren

Erläuterungen und Lösungen

3. Aufgabe

Kalkulationsschema	Berechnung in €			
Bezugskosten	32,82		= 100 %	
+ Gemeinkostenzuschlag	9,85		+ 30 %	
= Selbstkosten	42,67	100 %	= 130 % ↓	
+ Gewinnzuschlag	4,27	+ 10 %		
= Barverkaufspreis	46,94	= 110 % ↓	= 98 % ↑	
+ Kundenskonto	0,96		– 2 %	
= Zielverkaufspreis	47,90	= 95 % ↑	= 100 %	
+ Kundenrabatt	2,52	– 5 %	↑	
= Nettoverkaufspreis	50,42	= 100 %	= 100 %	
+ Umsatzsteuer	9,58		+ 19 %	
= Bruttoverkaufspreis	60,00		= 119 %	

Vereinfachung der Rückwärtskalkulation

3.1 Lösung: 32,82 € (siehe obenstehendes Kalkulationsschema)

3.2 Lösung: 45 %

Bei der Berechnung des Kalkulationsabschlags geht man davon aus, dass der Bruttoverkaufspreis die Grundlage, also 100 %, bildet, und ermittelt dann den Prozentsatz des Bezugspreises. Die Differenz von 100 % und dem ermittelten Prozentsatz für den Bezugspreis ergibt den Kalkulationsabschlag.

Hier: 60,00 € → 100 %
33,00 € →   x % x = 55 %. Der Abschlag beträgt 45 % (100 % – 55 %).

Der Kalkulationsabschlag ist demnach die Differenz zwischen dem Bruttoverkaufspreis und dem Bezugspreis, ausgedrückt in Prozent des Bruttoverkaufspreises.

Berechnung des Kalkulationsabschlags

$$\text{Kalkulations-abschlag} = \frac{(\text{Bruttoverkaufspreis} - \text{Bezugspreis}) \times 100\,\%}{\text{Bruttoverkaufspreis}}$$

Hier: $\dfrac{(60,00\;€\; - \;33,00\;€) \times 100\,\%}{60,00\;€} = 45\,\%$

3.3 Lösung: 34,55 %

Die Handelsspanne geht im Gegensatz zum Kalkulationsabschlag davon aus, dass der Netto- und nicht der Bruttoverkaufspreis die Berechnungsgrundlage ist.

Berechnung der Handelsspanne

$$\text{Handelsspanne} = \frac{(\text{Nettoverkaufspreis} - \text{Bezugspreis}) \times 100\,\%}{\text{Nettoverkaufspreis}}$$

Hier: $\dfrac{(50,42\;€\; - \;33,00\;€) \times 100\,\%}{50,42\;€} = 34,55\,\%$

4. Aufgabe

Lösung: 1, 3, 5

Die anderen Aussagen sind falsch und müssten richtig lauten:

2 Die Handelsspanne rechnet vom Nettoverkaufspreis zum Bezugspreis.

4 Die Handelsspanne wird vom Nettoverkaufspreis abgezogen.

6 Der Kalkulationsfaktor hat dasselbe Ergebnis wie der Zuschlag.

Prüfungsgebiet Warenwirtschaftsprozesse Teile und Zubehör – Warenlieferungen annehmen und Waren prüfen

1. Aufgabe

Situation
Nachdem Sie Ihre Ausbildungszeit in der Einkaufsabteilung absolviert haben, sind Sie nun in der Warenannahme und im Lager eingesetzt. Von unserem Lieferanten für Autopflegemittel, der Autoteile Anders GmbH, erhalten Sie am 15.09.20.. eine Lieferung Felgenreiniger und Felgenbürsten.

1.1 Wie gehen Sie bei der Annahme der Lieferung vor?
Bringen Sie die folgenden Schritte in eine sinnvolle Reihenfolge, indem Sie die Ziffern 1 bis 7 entsprechend in die Kästchen hinter den Tätigkeiten eintragen.

Sie stellen fest, ob eine Bestellung für die Lieferung vorliegt. ☐

Sie kontrollieren die Packstücke auf äußere Beschädigung. ☐

Sie vergleichen den Lieferschein mit der vorliegenden Bestellung. ☐

Sie überprüfen, ob die Sendung für unsere Filiale bestimmt ist. ☐

Sie lassen sich eventuelle Beanstandungen vom Überbringer quittieren. ☐

Sie gleichen die Anzahl der Packstücke mit dem Lieferschein ab. ☐

Sie nehmen die Warensendung an. ☐

1.2 Im Anschluss an die Warenannahme muss die Feinkontrolle durchgeführt werden. Wie viel Zeit darf zwischen der Annahme der Ware und der Prüfung liegen?

Tragen Sie die Ziffer der richtigen Aussage in das Kästchen ein. ☐
1 Die Zeitspanne darf maximal eine Woche betragen.
2 Die Ware ist unverzüglich zu prüfen.
3 Es reicht, wenn die Ware geprüft wird, bevor sie weiterverkauft wird.
4 Die Feinkontrolle muss noch in Anwesenheit des Überbringers gemacht werden.

Fortführung der Situation für die 2. Aufgabe
Bei der Feinkontrolle der Ware stellen Sie fest, dass die Lieferung eine andere Sorte Felgenreiniger beinhaltet, als von Ihnen bestellt wurde. Außerdem fehlen 20 der auf dem Lieferschein aufgeführten Felgenbürsten.

2. Aufgabe

2.1 Welche Arten von Mängeln liegen in diesem Fall vor?

Tragen Sie die Ziffern der richtigen Aussagen in die Kästchen ein. ☐ ☐ ☐
1 Mangel in der Menge
2 Mangel in der Art
3 Mangel in der Beschaffenheit
4 Sachmangel
5 Rechtsmangel

2.2 Wann müssen Sie den Lieferanten, die Autoteile Anders GmbH, über die entdeckten Mängel in Kenntnis setzen?

Tragen Sie die Ziffer der richtigen Aussage in das Kästchen ein. ☐
1 Da der Mangel offensichtlich ist, reicht es, den Lieferanten im Zuge der nächsten Bestellung auf den Mangel hinzuweisen.
2 Da die Gewährleistungszeit sechs Monate beträgt, reicht es, wenn man den Lieferanten innerhalb dieser Zeit von dem Mangel in Kenntnis setzt.
3 Da es sich um offene Mängel handelt, muss man den Lieferanten sofort nach Entdeckung des Mangels darüber benachrichtigen.
4 Es handelt sich hier um einen versteckten Mangel, der erst bei genauerer Prüfung zum Vorschein kam. Daher reicht es, den Lieferanten innerhalb von zwei Jahren darüber zu informieren.

Prüfungsgebiet Warenwirtschaftsprozesse

Teile und Zubehör – Warenlieferungen annehmen und Waren prüfen

Erläuterungen und Lösungen

1. Aufgabe

1.1 Lösung: 2, 5, 3, 1, 6, 4, 7

Zunächst sollte überprüft werden, ob die Lieferadresse auf dem Lieferschein mit der des eigenen Betriebs übereinstimmt und eine entsprechende Bestellung vorliegt. Des Weiteren sind sinnvollerweise die folgenden Schritte in der angegebenen Reihenfolge zu erledigen. Zum Schluss wird die Warensendung angenommen. Eventuell zu beanstandende Ware ist gesondert aufzubewahren, bis der Lieferant auf die Anzeige des Mangels reagiert.

1.2 Lösung: 2

Nach der Warenannahme muss unverzüglich die Warenkontrolle, die sogenannte Feinkontrolle, erfolgen. Hier muss, abgesehen von der Art (Artikel) und Menge, auch, soweit möglich, die Beschaffenheit der Ware geprüft werden.

2. Aufgabe

2.1 Lösung: 1, 2, 4

Grundsätzlich unterscheidet man Rechtsmängel und Sachmängel. Erstere beziehen sich darauf, dass der Verkäufer nicht Eigentümer der Ware ist oder die Ware mit einem Pfandrecht belastet ist. Bei den Sachmängeln unterscheidet man den Mangel in der Beschaffenheit, wenn der Ware zugesicherte Eigenschaften fehlen, sowie den Mangel in der Art, falls ein falscher Artikel geliefert wurde, und den Mangel in der Menge, bei zu viel oder zu wenig gelieferter Ware.

2.2 Lösung: 3

Man unterscheidet den offenen Mangel, der sofort erkennbar ist, vom versteckten Mangel, der erst bei Gebrauch einer Ware zum Vorschein kommt. Bei beiden Mängeln gilt, dass sie sofort nach der Entdeckung beim Lieferanten anzuzeigen sind. Da es sich in diesem Fall um offene Mängel handelt (Mangel in der Art und Mangel in der Menge), muss der Lieferant unverzüglich davon in Kenntnis gesetzt werden.

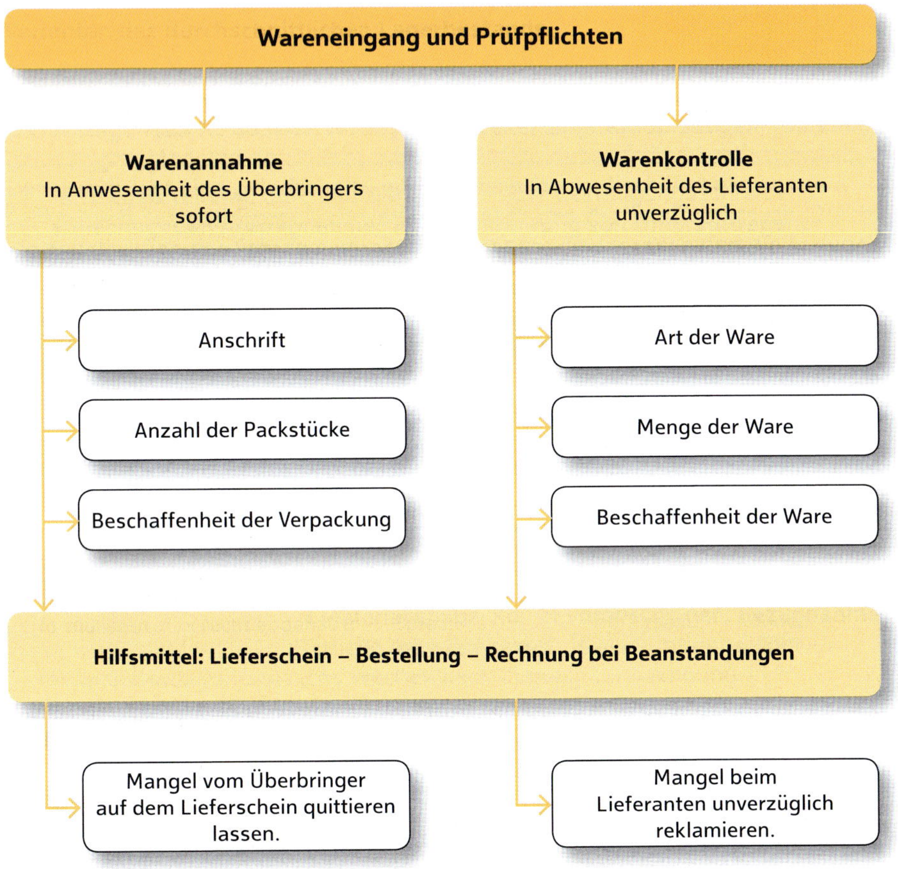

Wareneingang und Prüfpflichten

Warenannahme
In Anwesenheit des Überbringers sofort

- Anschrift
- Anzahl der Packstücke
- Beschaffenheit der Verpackung

Warenkontrolle
In Abwesenheit des Lieferanten unverzüglich

- Art der Ware
- Menge der Ware
- Beschaffenheit der Ware

Hilfsmittel: Lieferschein – Bestellung – Rechnung bei Beanstandungen

- Mangel vom Überbringer auf dem Lieferschein quittieren lassen.
- Mangel beim Lieferanten unverzüglich reklamieren.

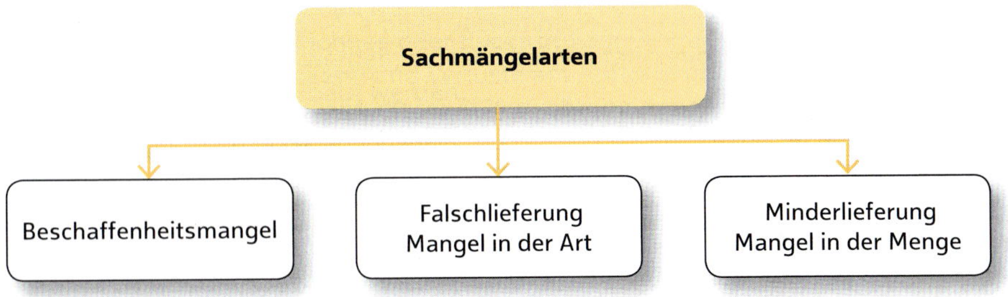

Sachmängelarten

- Beschaffenheitsmangel
- Falschlieferung Mangel in der Art
- Minderlieferung Mangel in der Menge

© Westermann Gruppe

Prüfungsgebiet Warenwirtschaftsprozesse Teile und Zubehör – Wareneingänge dokumentieren und Waren einlagern

Situation zur 1. und 2. Aufgabe
Im Lager treffen einige Artikel ein, an deren Bestellung Sie maßgeblich beteiligt waren. Unter anderem sind dies Sitzbezüge, die bisher nicht Bestandteil des Sortiments der Autohaus Schmidt GmbH waren.

1. Aufgabe

Welche Kriterien müssen Sie bei der erstmaligen Aufnahme eines neuen Artikels in die Lagerbuchhaltung auf jeden Fall erfassen?

Tragen Sie die Ziffern der richtigen Aussagen in die Kästchen ein.

1. Menge des gelieferten Artikels
2. Lieferbedingung des Lieferanten
3. Artikelnummer
4. Artikelbezeichnung
5. Zahlungskonditionen für den gelieferten Artikel

2. Aufgabe

Wen müssen Sie vom Eingang der Ware zeitnah informieren?

Tragen Sie die Ziffer der richtigen Aussage in das Kästchen ein.

1. Den Geschäftsführer, da dieser immer als Erster informiert werden muss, wenn neuartige Ware ins Sortiment aufgenommen wird.
2. Die Einkaufsabteilung, damit diese die eingehende Rechnung auf Richtigkeit prüfen kann.
3. Die Verkaufsabteilung, damit sich diese über die neu gelieferte Ware informieren kann.

Fortführung der Situation für die 3. Aufgabe
Die neu aufgenommenen Sitzbezüge wurden aus einem Lager des Herstellers in der Nähe von Köln geliefert. Der Produktionsstandort des Lieferanten befindet sich in Bayern, wo er ebenfalls ein Lager unterhält.

3. Aufgabe

Welche Aussagen bezüglich der zentralen und dezentralen Lagerhaltung sind richtig?

Tragen Sie die Ziffern der richtigen Aussagen in die Kästchen ein.

1. Bei der zentralen Lagerung sind die Lieferwege zu den Kunden verkürzt.
2. Die zentrale Lagerhaltung ermöglicht eine einfachere Bestandskontrolle.
3. Bei der zentralen Lagerhaltung ist die gesamte Lagermenge gewöhnlich kleiner als bei der dezentralen Lagerhaltung.
4. Bei der dezentralen Lagerhaltung wird jeder Artikel nur einmal gelagert.
5. Ein Vorteil der dezentralen Lagerung ist die schnellere Belieferung der Kunden.

Fortführung der Situation für die 4. Aufgabe
Grundsätzlich sind im Lager eine Fülle von Gebotszeichen, Verbotszeichen, Warnzeichen und Rettungszeichen zu beachten, um die Sicherheit im Lager zu gewährleisten.

4. Aufgabe

Durch welche Farbe sind die entsprechenden Zeichen gekennzeichnet? Ordnen Sie zu, indem Sie die Ziffer vor der richtigen Farbe in das Kästchen hinter dem zutreffenden Zeichen eintragen.

Begriff	Zuordnung		
a) Verbotszeichen		1	blau
b) Gebotszeichen		2	grün
c) Rettungszeichen		3	rot
d) Warnzeichen		4	gelb

Prüfungsgebiet Warenwirtschaftsprozesse

Teile und Zubehör – Wareneingänge dokumentieren und Waren einlagern

Erläuterungen und Lösungen

1. Aufgabe

Lösung: 1, 3, 4

Bei der Erstaufnahme in das Sortiment müssen zunächst folgende Daten im Warenwirtschaftssystem erfasst werden:

- **Artikelnummer:** Der Artikel bekommt in unserem System eine Nummer, unter der er eindeutig zu identifizieren ist. Häufig wird die Globale Artikelidentifikationsnummer (GTIN) des Herstellers verwendet, da sie nur einmalig vergeben wird und somit eine unverwechselbare Produktkennzeichnung darstellt.
- **Artikelbezeichnung:** Der Artikel bekommt einen „Namen", unter dem er in unserem Unternehmen geführt wird.
- **Menge:** Die gelieferte und geprüfte Menge, die im Lager einsortiert wird, muss erfasst werden.

Alle anderen Daten, wie Lieferant, Meldebestand und Bestellmenge, können oder müssen erst später erfasst werden, da bei der Neuaufnahme des Artikels diese Daten teilweise noch nicht zur Verfügung stehen.

2. Aufgabe

Lösung: 2

Nach Eingang und Prüfung der Ware werden der Lieferschein und die eventuell vorhandenen Versandpapiere an die Einkaufsabteilung weitergeleitet. Diese braucht die Information zur Dokumentation des Liefertermins und Bearbeitung der zugehörigen Rechnung für die Lieferung. Auf dem Lieferschein dokumentierte Fehl- oder Falschlieferungen sowie im Rahmen der Wareneingangsprüfung festgestellte Mängel müssen beim Lieferanten unverzüglich angezeigt werden.

3. Aufgabe

Lösung: 2, 3, 5

Je nach dem Lagerstandort unterscheidet man zentrale und dezentrale Lager. Bei der zentralen Lagerhaltung wird der gesamte Teilevorrat an einem Ort gelagert, bei der dezentralen Lagerhaltung werden die Teile an räumlich verschiedenen Standorten gelagert. Für den Automobilhändler ohne Filialbetrieb ist die Frage nach dem Lagerort normalerweise ohne Bedeutung. Allerdings ist es bei Reparaturaufträgen wichtig, die benötigten Ersatzteile möglichst schnell zu bekommen. Für den Händler oder Reparaturbetrieb ist es also interessant, ob der Hersteller nur ein zentrales oder auch dezentrales Lager unterhält.

Lagerstandorte

Zentrale Lagerhaltung	**Dezentrale Lagerhaltung**

Merkmale

Lagerung an einem Ort	**Lagerung an verschiedenen Orten**
• Die Lagerhaltung erfolgt meist nur am Standort des Hauptsitzes. • Alle Kunden werden von einem Lager aus beliefert.	• Der Teilevorrat wird an mehreren Standorten gelagert. • Automobilhersteller nutzen oft Niederlassungen als dezentrale Lager.

Vorteile

• Geringere Lagerbestände • Einfachere Bestandskontrolle • Weniger Lagerplatzbedarf	• Kürzere Transportwege • Schnellere Teilebereitstellung • Geringere Transportkosten

Nachteile

• Abhängigkeit von nur einem Lager • Lange/teure Transportwege	• Größerer Lagerplatzbedarf • Gefahr von Überbeständen

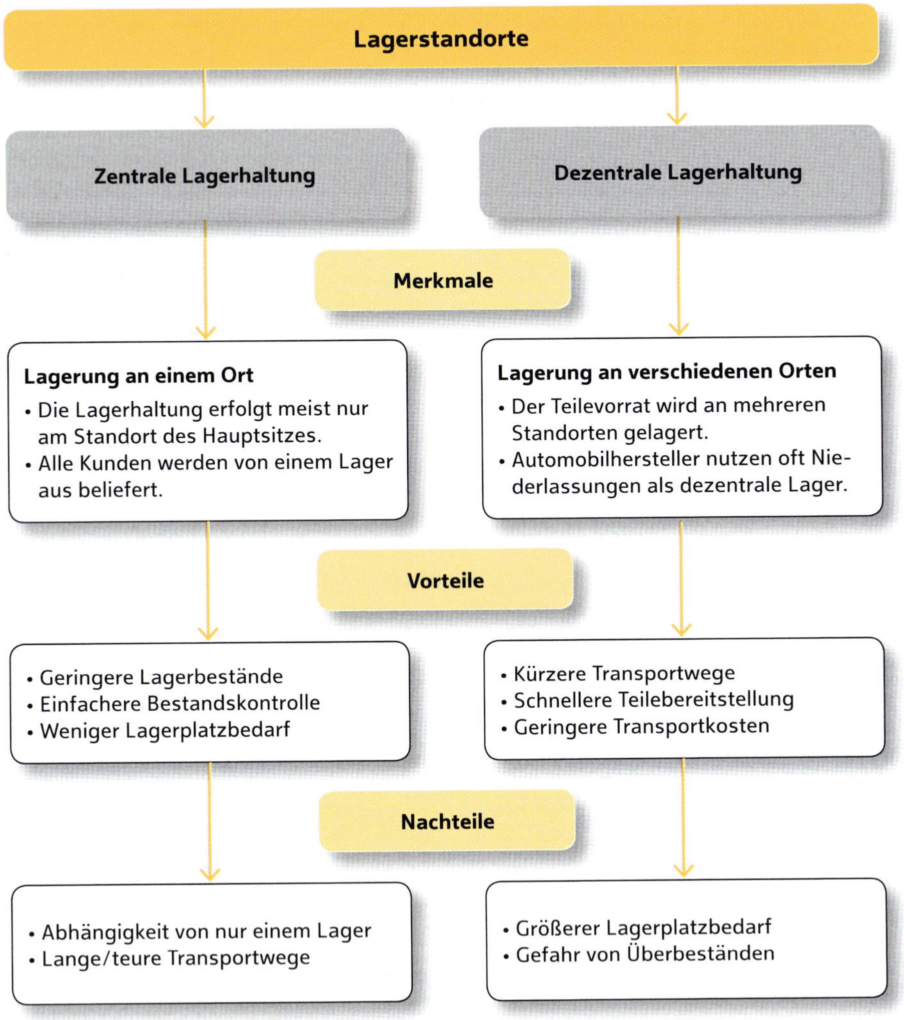

4. Aufgabe

Lösung: 3, 1, 2, 4

Grundsätzlich sind Verbotszeichen (z. B. Rauchen verboten) durch rote, Gebotszeichen (z. B. Schutzbrille tragen) durch blaue, Rettungszeichen (z. B. Notausgang) durch grüne und Warnzeichen (z. B. Gefahrenstelle) durch gelbe Farbe gekennzeichnet.

5. Aufgabe

Situation
Im Rahmen Ihrer Tätigkeiten im Lager sind Sie aufgefordert, bei den Lagerarbeiten die grundsätzlichen Lagerprinzipien zu befolgen. Zum Schutz der Ware, der Kunden, der Mitarbeiter und der Umwelt ist es unbedingt notwendig, diese Prinzipien stets zu beachten.

Prüfen Sie, in welchen Situationen gegen welchen Grundsatz der Lagerhaltung verstoßen wird. Ordnen Sie zu:

Situation

a) Reifen werden im Lager so hoch wie möglich gestapelt, um Platz zu sparen.

b) Die neu eingetroffenen Sitzbezüge werden nicht am richtigen Lagerplatz eingeräumt.

c) Der Boden wird grundsätzlich nur einmal monatlich gereinigt.

d) Neue Ware wird aus Platzmangel kurzfristig vor einer Tür gelagert.

e) Die dringend benötigte Ware kann im Lager nicht gefunden werden.

f) Da keine Leiter griffbereit ist, benutzen Sie einen Stuhl, um die Ware zu erreichen.

g) Kleinteile, wie Schrauben und Dichtungen, werden gemeinsam in einer großen Kiste aufbewahrt.

Lagergrundsätze

1 Sauberkeit

2 Ordnung

3 Sicherheit

6. Aufgabe

Situation
Außerdem gibt es, u. a. im Lager, eine Vielzahl von Warn- und Verbotsschildern, um die Sicherheit zu verbessern und zu gewährleisten. Diese Zeichen müssen unbedingt beachtet werden.

Ordnen Sie den folgenden Warn- und Verbotsschildern ihre entsprechende Bedeutung zu:

Warn- und Verbotsschilder (1–6)

Bedeutung

☐ Rauchen verboten

☐ Gefahr durch elektrische Spannung

☐ Rutschgefahr

☐ Feuergefährliche Stoffe

☐ Zutritt für Unbefugte verboten

☐ Nichts abstellen oder lagern

7. Aufgabe

Situation
Während der Lagerkontrolle geht Ihnen ein 1-Liter-Flüssigkeitsbehälter zu Bruch, an dem nebenstehender Aufkleber angebracht ist.

Wie gehen Sie bei der Beseitigung der Flüssigkeit richtigerweise vor?

Tragen Sie die Ziffer der richtigen Aussage in das Kästchen ein.

1 Da morgen früh die Reinigungskräfte kommen, müssen Sie nichts unternehmen, da diese wissen, was zu tun ist.

2 Sie ziehen dafür vorgesehene Schutzhandschuhe an und entsorgen die Flüssigkeit sachgerecht in einem entsprechenden Behälter.

3 Sie benachrichtigen sofort die Fachkraft für Arbeitssicherheit.

Prüfungsgebiet Warenwirtschaftsprozesse

Teile und Zubehör – Wareneingänge dokumentieren und Waren einlagern

Erläuterungen und Lösungen

5. Aufgabe

Lösung: 3, 2, 1, 3, 2, 3, 2

Sicherheit:

a) Das Stapeln von Ware ohne Rückhaltesysteme ist immer gefährlich, da sie jederzeit umfallen kann und so zur Gefahr wird.

d) Flucht- und Rettungswege sowie Türen dürfen nicht mit Ware blockiert werden.

f) Ein Stuhl kann kippen und hat eventuell nicht genug Tragkraft. Er sollte nicht als Leiterersatz benutzt werden.

Sauberkeit:

c) Es sollte grundsätzlich dann etwas gereinigt werden, wenn es schmutzig ist. Festgelegte Zeitintervalle sind wenig sinnvoll.

Ordnung:

b), e), g) Das sorgsame Einräumen der Ware ist eine Voraussetzung für das reibungslose Kommissionieren der Artikel. Je sortierter und ordentlicher das Lager organisiert ist, desto schneller können einzelne Artikel gefunden werden.

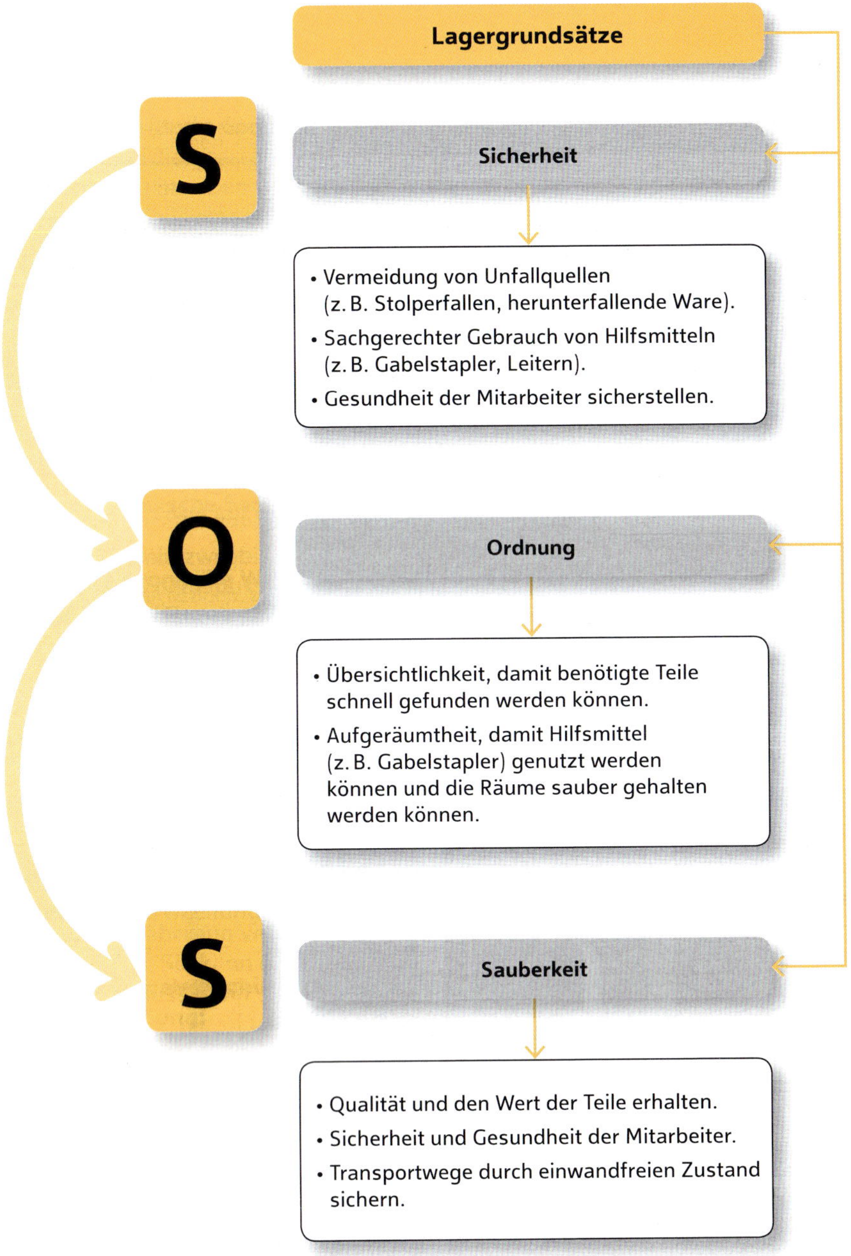

6. Aufgabe

Lösung:
1, 5, 4, 6, 3, 2

Warn- und Verbotsschilder		
Rauchen verboten	*Nichts abstellen oder lagern*	*Zutritt für Unbefugte verboten*
Rutschgefahr	*Gefährliche elektrische Spannung*	*Feuergefährliche Stoffe*

7. Aufgabe

Lösung: 2

Im Schadensfall müssen Sie in der Lage sein, schnell und richtig zu handeln, um Folgeschäden zu vermeiden. Jeder Lagermitarbeiter muss dementsprechend eine Unterweisung erhalten.

Lagergrundsätze

S

Sicherheit

- Vermeidung von Unfallquellen (z. B. Stolperfallen, herunterfallende Ware).
- Sachgerechter Gebrauch von Hilfsmitteln (z. B. Gabelstapler, Leitern).
- Gesundheit der Mitarbeiter sicherstellen.

O

Ordnung

- Übersichtlichkeit, damit benötigte Teile schnell gefunden werden können.
- Aufgeräumtheit, damit Hilfsmittel (z. B. Gabelstapler) genutzt werden können und die Räume sauber gehalten werden können.

S

Sauberkeit

- Qualität und den Wert der Teile erhalten.
- Sicherheit und Gesundheit der Mitarbeiter.
- Transportwege durch einwandfreien Zustand sichern.

© Westermann Gruppe

Prüfungsgebiet Warenwirtschaftsprozesse

Teile und Zubehör – Waren unter Einhaltung des Umweltschutzes einlagern

8. Aufgabe

Situation
Im Rahmen Ihrer Tätigkeit im Lager erhalten Sie einen Artikel, der mit folgendem Aufkleber versehen ist:

1	2	3

Ordnen Sie die oben abgebildeten Gefahrstoffkennzeichen den unten stehenden Aussagen zu, indem Sie die Ziffer über der entsprechenden Abbildung in das Kästchen hinter den Aussagen eintragen.

Aussagen

a) Dieser Stoff ist giftig für Wasserorganismen. ☐

b) Dieser Stoff kann schwere akute Gesundheitsschäden verursachen. ☐

c) Dieser Stoff kann die Umwelt kurz- oder langfristig schädigen. ☐

d) Dieser Stoff ist selbsterhitzungsfähig. ☐

e) Dieser Stoff kann bei Berührung mit Wasser entzündbare Gase bilden. ☐

f) Dieser Stoff kann zum Tod führen. ☐

9. Aufgabe

Situation
Die Lagerung von Gefahrstoffen, zu denen auch Kraftstoffe und Öl gehören, ist vom Gesetzgeber an konkrete Schutzmaßnahmen und Vorschriften gebunden. In den „Technischen Regeln für Gefahrstoffe" (TRGS) finden Sie die entsprechenden Anwendungsbereiche und Regeln.

Welches Ziel ist nicht Bestandteil dieser Schutzmaßnahmen und Vorschriften?

Tragen Sie die Ziffer der richtigen Aussage in das Kästchen ein. ☐

1 Minimierung des Brandrisikos im Zusammenhang mit der Lagerung brennbarer Stoffe.

2 Sicherung der Qualität und der Haltbarkeit von brennbaren Stoffen.

3 Minimierung der abgegebenen Dämpfe in die Umgebung.

4 Rückhaltung möglicher Leckagen durch Auffangwannen.

10. Aufgabe

Situation
Die Qualität von Öl und Kraftstoffen ist in hohem Maße abhängig von deren Lagerung.

Welche Eigenschaften sollten die Lagerräume für solche Stoffe besitzen, damit die Qualität gewährleistet werden kann?

Tragen Sie die Ziffern der richtigen Aussagen in die Kästchen ein. ☐ ☐

1 Die Behälter sollten in Auffangwannen gelagert werden.

2 Die Behälter sollten möglichst dunkel gelagert werden.

3 Die Flüssigkeiten sollten keinen großen Temperaturschwankungen ausgesetzt werden.

4 Die Lagerräume müssen regelmäßig gelüftet werden können.

Prüfungsgebiet Warenwirtschaftsprozesse

Teile und Zubehör – Wareneingänge dokumentieren und Waren einlagern

Erläuterungen und Lösungen

8. Aufgabe

Lösung: 3, 2, 3, 1, 1, 2

Die konkreten Gefährdungsklassen können Sie der nebenstehenden GHS-Tabelle entnehmen.
Grundsätzlich bezieht sich die erste Kennzeichnung (1) auf die Brennbarkeit des Stoffes und seine Reaktion auf Luft und Wasser. Das zweite GHS-Piktogramm (2) bezieht sich auf die Schäden, die der Mensch durch den Umgang mit diesem Stoff erleiden kann. Das dritte Gefahrstoffkennzeichen (3) stellt die möglichen Auswirkungen des Stoffes auf die Umwelt dar.

9. Aufgabe

Lösung: 2

Die Anwendungsbereiche der „Technischen Regeln für Gefahrstoffe" (TRGS) beziehen sich im Einzelnen auf folgende Tätigkeiten:

1. Ein- und Auslagerung von Stoffen;
2. Transportieren innerhalb des Lagers;
3. Beseitigung freigesetzter Gefahrstoffe.

Dabei geht es um die Vermeidung von Schäden, die durch diese Gefahrstoffe entstehen könnten.
Im zweiten Ziel (2) geht es um die Sicherung der Qualität und der Haltbarkeit von Gefahrstoffen. Da unbrauchbare Stoffe vorschriftsmäßig gelagert zunächst aber keine Gefahr für Mensch und Umwelt darstellen, ist dieses Ziel auch kein Bestandteil der TRGS.

10. Aufgabe

Lösung: 2, 3

Um die Qualität zu sichern und eine möglichst lange Haltbarkeit der Stoffe zu erreichen, sollten sie in möglichst dunklen Räumen gelagert werden.
Ebenso ist es wichtig, dass die Behälter keinen starken Temperaturschwankungen ausgesetzt werden, da ihr Inhalt sonst unbrauchbar werden könnte.
Die Lagerung der Behälter in Auffangwannen und die regelmäßige Lüftung tragen nicht zur Qualitätssicherung bei. Sie dienen in erster Linie dem Schutz der Menschen und der Umwelt.

GHS-Tabelle (Auszug)

GHS-Gefahrenpiktogramm	GHS-Kürzel	Mögliche Signalwörter	Gefährdungsklassen
	GHS01	Gefahr oder Achtung	Flüssigkeiten/Feststoffe, die sich selbst entzünden können oder durch Erwärmung/Feuer oder andere Zündquellen explodieren können (z.B.: Nitroglycerin).
	GHS02	Gefahr oder Achtung	Gase/Flüssigkeiten und Feststoffe, die bei der Berührung mit Wasser entzündbare Gase bilden. Selbstentzündliche/-zersetzliche/-erhitzungsfähige Flüssigkeiten und Feststoffe (z. B. Butan).
	GHS03	Gefahr oder Achtung	Oxidierende und entzündende Flüssigkeiten, Feststoffe oder Gase (z.B.: Sauerstoff).
	GHS04	Achtung	In einem Behälter gelagerte Gase/Gasgemische. Unter Druck stehende oder verflüssigte oder tiefgekühlte Gase (z.B.: Druckgasflaschen).
	GHS05	Gefahr oder Achtung	Stoffe/Gemische, die auf Metall schädigend wirken. Verursachen schwere Verätzungen an Haut und Augen (z.B.: Salzsäure).
	GHS06	Gefahr	Stoffe, die schon in kleinen Mengen bei Kontakt mit Haut oder Schleimhäuten schwere Schäden verursachen und zum Tod führen können (z.B.: Blausäure).
	GHS07	Achtung	Weniger gesundheitsgefährdende Stoffe. Akut gesundheitsschädlich bei Einatmen/Verschlucken. Führen zu Reizung der Atemwege oder allergischen Haut-/Augenreaktionen (z. B.: Kohlenwasserstoffe).
	GHS08	Gefahr oder Achtung	Stoffe/Gemische mit langfristig gesundheitsgefährdender Wirkung, wie krebserregender, erbgutverändernder oder fortpflanzungsgefährdender Wirkung. Schwere Lungenschäden bei Verschlucken (z.B.: Benzol).
	GHS09	Achtung oder ohne Signalwort	Stoffe/Gemische, die eine akute oder langfristige Gefahr für Wasserorganismen sind. Gewässergefährdend (z.B.: Ammoniak).

Tabelle ist eigene Darstellung basierend auf Fakten der Beratungsgesellschaft für Gesundheits- und Arbeitsschutz, vgl.: http://www.bfga.de/files/Arbeitssicherheit-Gefahrstoff.jpg

© Westermann Gruppe

Prüfungsgebiet Warenwirtschaftsprozesse — Teile und Zubehör – Das Lager unter Berücksichtigung der Sortimentspolitik und der Lagerkennzahlen organisieren

> **Situation zur 1. bis 4. Aufgabe**
> Sie sind während Ihrer Ausbildung auch für die Gestaltung des Sortiments Ihres Ausbildungsbetriebs zuständig. Hierzu müssen zu Beginn einige Begriffe geklärt werden.

1. Aufgabe

Was ist unter einem Kernsortiment zu verstehen?

Tragen Sie die Ziffer der richtigen Aussage in das Kästchen ein.

1. 3 Oldtimer, die Stammkunden für Hochzeiten, Geburtstage oder andere besondere Anlässe mieten können.
2. Ersatzteile, die ständig zum Verkauf zur Verfügung stehen und bei 80 % der Fahrzeuge bei einem Kundendienst gebraucht werden.
3. Nagellack in Wagenfarbe für die exklusive Stammkundin.
4. Eine spezielle Winterpflege für das Fahrzeug, die den Kunden von November bis März angeboten wird.
5. Eine 0-%-Finanzierung, die den Kunden im Monat Januar angeboten wird.

2. Aufgabe

Sie führen u. a. Marken-Motoröle Ihres Herstellers.
Sie nehmen nun die Marke FLOTT Öle in Ihr Sortiment auf.
Wie nennt sich diese Art der Sortimentsgestaltung?

Tragen Sie die Ziffer der richtigen Aussage in das Kästchen ein.

1. Durchführung der Sortimentsbereinigung.
2. Diversifikation der Produktpalette.
3. Erhöhung des Kernsortiments.
4. Erweiterung des flachen Sortiments.
5. Erweiterung des Saisonsortiments.

3. Aufgabe

Ordnen Sie den folgenden Situationen den richtigen Begriff zu.

Situation		Zuordnung
a) Ihr Autohaus verfügt über viele Produktgruppen, z. B. Neuwagen, Gebrauchtwagen, Zubehör, Ersatz- und Verschleißteile.	☐	1 Flaches Sortiment
b) In der Produktgruppe „Autokommunikation" können Sie Ihren Kunden 14 unterschiedliche Hersteller von Navigationssystemen anbieten.	☐	2 Tiefes Sortiment
c) Sie haben sich auf die Vermietung von Oldtimern spezialisiert.	☐	3 Breites Sortiment
d) Für den sportlichen Kunden haben Sie nur eine Fahrradaufhängung im Sortiment.	☐	4 Schmales Sortiment

4. Aufgabe

Ordnen Sie zu.

Situation/Begriff		Zuordnung
a) Artikel, die sich eher schleppend oder gar nicht verkaufen.	☐	1 Rennerartikel
b) Artikel, die in einem engen Zusammenhang mit dem Hauptartikel stehen.	☐	2 Pennerartikel
c) Artikel mit einem hohen Ertrag.	☐	3 Aktionsartikel
d) Artikel, die nur in bestimmten Monaten zur Verfügung stehen.	☐	4 Ergänzungs-/Zusatzartikel

Prüfungsgebiet Warenwirtschaftsprozesse   Teile und Zubehör – Das Lager unter Berücksichtigung der Sortimentspolitik und der Lagerkennzahlen organisieren

Erläuterungen und Lösungen

1. Aufgabe

Lösung: 2

Unter einem Sortiment werden alle Artikel verstanden, die ein Autohaus führt. Hier können zwei Arten unterschieden werden:

- **Kernsortiment**

  Die Artikel befinden sich immer im Sortiment eines Autohauses. Jeder kann erwarten, dass diese Artikel im Autohaus vorrätig sind. Dies können z. B. Motoröl, Filter, Sicherungen, Glühbirnen, Bremsbeläge, Zahnriemen und Zündkerzen sein. Weiterhin haben diese Artikel eine hohe Umschlagshäufigkeit und leisten einen wichtigen Beitrag zum Umsatz und Ertrag eines Autohauses. Dies gilt insbesondere für die verbauten Teile im Zusammenhang mit Werkstattdienstleistungen wie Inspektion und Reparatur.

- **Randsortiment**

  Hierzu gehören Produkte, die das Autohaus nicht immer führt und im Kundenwunsch extra beschaffen muss. Weiterhin haben diese Artikel eine niedrige Umschlagshäufigkeit.

2. Aufgabe

Lösung: 3

Motoröle gehören zum Kernsortiment eines Autohauses und durch die Aufnahme eines weiteren Herstellers wurde das Angebot für die Kunden vergrößert.

3. Aufgabe

Lösung: 3, 2, 4, 1

Ein Autohaus verfügt über ein **breites** Sortiment, wenn es viele unterschiedliche Warengruppen und Leistungen anbieten kann, z. B. Neuwagen, Gebrauchtwagen, Ersatzteile, Reparatur, Versicherungen, Zubehör, Autokommunikation. Ist ein Autohaus z. B. auf Oldtimer spezialisiert, verfügt dieses über ein schmales Sortiment.
Ein Autohaus verfügt über ein **tiefes** Sortiment, wenn es in einer Warengruppe eine große Auswahl an Artikeln hat. Ist die Auswahl für den Kunden auf wenige Artikel begrenzt, spricht man von einem flachen Sortiment.

4. Aufgabe

Lösung: 2, 4, 1, 3

In einem Autohaus können verschiedene Artikel unterschieden werden:

Markenartikel	Artikel eines anderen Herstellers, die dem Kunden eine gleichbleibende Qualität garantieren. **Beispiele:** Bosch Scheibenwischer, Continental Reifen
Ergänzungs-, Zusatzartikel	Diese Waren stehen in einem engen Kontakt mit einem anderen Hauptartikel. **Beispiel:** Navigationssystem (Hauptartikel), Straßenkarte von Frankreich (Ergänzungsartikel)
Impulsartikel	Der Kunde wird spontan zum Kauf des Artikels angeregt. **Beispiel:** Der Kunde entscheidet sich im Kassenbereich spontan für einen Schlüsselanhänger.
Ersatzartikel/ Alternativartikel	Die gewünschte Ware ist nicht vorhanden. Der Kunde entscheidet sich für einen Ersatz. **Beispiel:** Reifen einer anderen Marke
Suchartikel	Der Kauf dieses Artikels wurde vom Kunden vorher geplant. Der Kunde kam mit dem Wunsch, diesen Artikel bei Ihnen zu kaufen. **Beispiel:** Ein neuer Verbandskasten
Rennerartikel	Der Verkaufsschlager im Autohaus. Diese Artikel werden häufig verkauft, haben einen hohen Ertrag und eine hohe Umschlagshäufigkeit. **Beispiel:** Motoröl
Pennerartikel	Artikel, die lange auf Lager liegen und nur selten gekauft werden. Oft sind diese Artikel bereits veraltet und nicht mehr auf dem neuesten technischen Stand. **Beispiel:** Kassettenlaufwerk für Radios
Aktionsartikel	Diese Artikel befinden sich nur für einen bestimmten Zeitraum in Ihrem Autohaus. **Beispiel:** Sommerreifen inkl. Montage für 59,00 €

© Westermann Gruppe

Prüfungsgebiet Warenwirtschaftsprozesse — Teile und Zubehör – Das Lager unter Berücksichtigung der Sortimentspolitik und der Lagerkennzahlen organisieren

> **Situation zur 5. und 6. Aufgabe**
> Die Konkurrenz wird immer größer, daher möchten Sie mit Ihrem Sortiment immer aktuell sein. Die regelmäßige Sortimentskontrolle und -planung ist somit eine Ihrer Hauptaufgaben.

5. Aufgabe

Durch welche Maßnahmen können Sie Ihr Sortiment regelmäßig kontrollieren?

Tragen Sie die Ziffern der richtigen Aussagen in die Kästchen ein.

1. Auswertung der letzten Verkaufsstatistiken im Zubehörbereich.
2. Werbung von Konkurrenzbetrieben in der Tagespresse.
3. Ermittlung der durchschnittlichen Lagerdauer.
4. Erstellung von „Renner- und Pennerlisten".
5. Anzahl der durchschnittlichen Kunden in einer Woche im Autohaus.

6. Aufgabe

Die Sitzbezüge „Samt Exklusiv" wurden in den letzten drei Jahren nur einmal verkauft. Sie nehmen sie aus Ihrem Sortiment. Wie wird dieser Vorgang bezeichnet?

Tragen Sie die Ziffer der richtigen Aussage in das Kästchen ein.

1. Sortimentserweiterung
2. Sortimentsdiversifikation
3. Sortimentsdifferenzierung
4. Sortimentsbereinigung

> **Situation zur 7. und 8. Aufgabe**
> Sie bieten Ihren Kunden nicht nur Originalteile von Ihrem Hersteller, sondern auch kostengünstige Alternativen an.

7. Aufgabe

Ordnen Sie den folgenden Situationen den richtigen Begriff zu.

Situation		Zuordnung
a) Das Ersatzteil war bereits im Einsatz und wurde vom Hersteller „rundum erneuert".	☐	1 Austauschteile
b) Die Ersatzteile werden von einem anderen Teilehersteller nachgebaut und unter einem anderen Namen verkauft.	☐	2 Gebrauchtteile
c) Das Ersatzteil stammt aus einem verunfallten Fahrzeug ohne weitere Bearbeitung.	☐	3 Identteile
d) Der Hersteller vertreibt seine Produkte unter einem anderen Namen.	☐	4 Nachbauteile

8. Aufgabe

Welche Vorteile ergeben sich für einen Kunden durch ein Austauschteil?

Tragen Sie die Ziffern der richtigen Aussagen in die Kästchen ein.

1. Die Qualität entspricht dem eines Originalteils.
2. Ein Austauschteil ist wesentlich günstiger.
3. Der Gesamtreparaturaufwand ist geringer.
4. Der Hersteller gibt eine längere Garantie.

Prüfungsgebiet Warenwirtschaftsprozesse   Teile und Zubehör – Das Lager unter Berücksichtigung der Sortimentspolitik und der Lagerkennzahlen organisieren

Erläuterungen und Lösungen

5. Aufgabe

Lösung: 1, 3, 4

Die Sortimentsplanung eines Autohauses beschäftigt sich damit, welche Teile und welches Zubehör eingekauft werden sollen. Bei der Planung muss die Zielgruppe und deren Kaufkraft genau analysiert werden. Die Sortimentsplanung ist ein stetiger Prozess und findet andauernd statt. Daher ist es wichtig, die Verkaufsstatistiken regelmäßig zu prüfen und gegebenenfalls Änderungen vorzunehmen. Hierzu dienen die sogenannten Renner-/Pennerlisten.
Aus diesen kann ersehen werden, welche Produkte viel oder wenig verkauft wurden. Aufgrund dieser Erhebungen kann das Sortiment angepasst werden. Viele Produkte sind durch die fortschreitende technische Entwicklung schnell veraltet und müssen somit durch neuere Produkte ersetzt werden.
Auch aktuelle Trends müssen in der Sortimentsplanung berücksichtigt werden.

6. Aufgabe

Lösung: 4

Das Sortiment eines Autohauses unterliegt einem ständigen Wechsel. Jegliche Veränderungen werden in diesem Zusammenhang als Sortimentspolitik verstanden. Hier können folgende Aktionen unterschieden werden:

- **Sortimentserweiterung**

  Aufnahme von zusätzlichen Artikeln in das Sortiment

  Hierbei wird wiederum unterschieden in:

  - **Sortimentsdiversifikation**
    Aufnahme einer neuer Warengruppe, z. B. Vermietung von Oldtimern für besondere Anlässe

  - **Sortimentsdifferenzierung**
    Aufnahme neuer Artikel in eine bereits bestehende Warengruppe, z. B. Aufnahme eines weiteren Herstellers für Dachboxen in das Sortiment. Vorher wurden nur die Dachboxen des eigenen Herstellers angeboten.

- **Sortimentsbereinigung**

  Ein Artikel wird aus dem Sortiment genommen, z. B. Autoradios mit CD-Laufwerk, da diese in der Zukunft kaum mehr nachgefragt werden.

7. Aufgabe

Lösung: 1, 4, 2, 3

Austauschteile

Austauschteile sind gebrauchte, häufig ehemals defekte Komponenten wie z. B. Lichtmaschinen, Getriebe und Motoren, die umfassend wieder aufgearbeitet werden. Sie stellen eine Mischung aus neuen, unbenutzten und deshalb kostspieligen Ersatzoriginalteilen sowie gebrauchten, aus einem anderen Fahrzeug ausgebauten und deshalb kostengünstigeren Teilen dar.

Gebrauchtteile

Gebrauchtteile werden aus einem Gebrauchtwagen gebaut, wenn das Fahrzeug z. B. einen Totalschaden erlitten hat. Diese Teile werden im Gegensatz zu den Austauschteilen nicht aufgearbeitet und technisch überprüft.

Identteile

Als Identteile werden Autoteile bezeichnet, die funktions- und baugleich zu den jeweiligen Originalteilen sind. Identteile werden nach denselben Kriterien und auf exakt denselben Maschinen hergestellt wie Originalteile. Qualitätsunterschiede gibt es zwischen Originalteilen und Identteilen nicht. Da Identteile vom Kfz-Zulieferer produziert werden, der gleichzeitig Lieferant des entsprechenden Fahrzeugherstellers ist, werden diese Autoteile aber unter dem Markenzeichen des Zulieferers vertrieben. Der einzige Unterschied besteht also im Logo.

Nachbauteile

Nachbauteile werden von Firmen produziert, welche nicht direkt an die Fahrzeughersteller liefern. Die Teile entsprechen im Wesentlichen den Originalteilen, unterliegen aber nicht den strengen Vorschriften der Fahrzeughersteller. Zahlreiche namhafte Firmen bieten Nachbauteile in hoher Qualität an. Allerdings gibt es vor allem im Internet ein großes Angebot an Teilen mit minderwertiger Qualität. Billigprodukte aus Fernost sehen von außen vielleicht gleich aus wie die Identteile, halten den Anforderungen im Auto aber oft nicht lange stand. Darum sollte man bei sicherheitsrelevanten Teilen auf jeden Fall auf Nummer sicher gehen und auf Ident- oder Originalteile zurückgreifen.

8. Aufgabe

Lösung: 1, 2, 3

Prüfungsgebiet Warenwirtschaftsprozesse — Teile und Zubehör – Das Lager unter Berücksichtigung der Sortimentspolitik und der Lagerkennzahlen organisieren

> **Situation zur 9. bis 12. Aufgabe**
> Während Ihrer Ausbildung in der Autohaus Schmidt GmbH befinden Sie sich aktuell im Lager. Hier sind Sie für die Organisation des Lagers und die richtige Einlagerung der einzelnen Teile zuständig.

9. Aufgabe

Ihr Autohaus hat sich für die chaotische Lagerhaltung entschieden. Aus welchem Grund?

Tragen Sie die Ziffern der richtigen Aussagen in die Kästchen ein.

1. Die Anschaffungskosten für ein EDV-System können eingespart werden.
2. Neue Mitarbeiter sind schneller eingearbeitet, da ein EDV-System die Lagerplätze der Teile gespeichert hat.
3. Bei Saisonartikeln mit größeren Beständen können die Lagermitarbeiter flexibel reagieren.
4. Der verfügbare Lagerplatz wird optimal ausgenutzt.
5. Jeder Artikel hat seinen festen Lagerplatz.

10. Aufgabe

Welches Argument spricht gegen die Verwendung des Festplatzsystems?

Tragen Sie die Ziffer der richtigen Aussage in das Kästchen ein.

1. Die Lagerflächen müssen sehr groß sein, um flexibel auf Wareneingänge reagieren zu können.
2. Ein EDV-gestütztes Lagersystem ist zwingend erforderlich, da die Waren sonst nur schwer gefunden werden können.
3. Der Lagermitarbeiter hat immer sehr lange Laufwege zu den einzelnen Teilen zu absolvieren, besonders, wenn einzelne Teile für bestimmte Baugruppen benötigt werden.
4. Die Suche nach einzelnen Teilen ist sehr zeitaufwendig.
5. Die Lagerkosten können nur schwer errechnet werden.

11. Aufgabe

Welche Aussage zu der richtigen Lagerplatzordnung ist richtig?

Tragen Sie die Ziffer der richtigen Aussage in das Kästchen ein.

1. Die Umschlagshäufigkeit der Teile ist bei der Lagerplatzwahl ohne Bedeutung.
2. Langsamdreher sind immer an gut erreichbaren Orten mit kurzen Laufwegen für die Mitarbeiter zu lagern.
3. Der Bezugspreis des Ersatzteils bestimmt alleine den richtigen Lagerort.
4. Teile mit einer hohen Umschlagshäufigkeit (Schnelldreher) werden oft benötigt und sollten gut erreichbar gelagert werden.
5. Schwere Waren sollten immer in den oberen Regalplätzen gelagert werden.

12. Aufgabe

Für welche Waren ist die Fifo-Methode anzuwenden?

Tragen Sie die Ziffer der richtigen Aussage in das Kästchen ein.

1. Waren, die einem Alterungsprozess unterliegen und nur eine bestimmte Zeit nutzbar sind.
2. Ersatzteile, die nur selten benötigt werden.
3. Lichtempfindliche Ersatzteile.
4. Sehr zerbrechliche Artikel.
5. Sogenannte Schnelldreher.

Prüfungsgebiet **Warenwirtschaftsprozesse**　　　Teile und Zubehör – Das Lager unter Berücksichtigung der Sortimentspolitik und der Lagerkennzahlen organisieren

Erläuterungen und Lösungen

9. Aufgabe

Lösung: 2, 3, 4

Es können das Festplatzsystem und die chaotische Lagerhaltung unterschieden werden.

- **Chaotische Lagerhaltung**

  Bei der chaotischen Lagerhaltung haben die einzelnen Teile und Zubehör-artikel keinen festen Lagerplatz. Der Lagermitarbeiter entscheidet spontan nach verfügbarem Platz, an welchem Ort der Artikel gelagert wird. Daher ist ein EDV-System hier zwingend erforderlich. Ohne dieses ist das Auffinden von einzelnen Artikeln sehr zeitaufwendig und kompliziert. Im EDV-System wird der genaue Lagerort gespeichert.

- **Festplatzsystem**

  Beim Festplatzsystem verfügt jedes Produkt über einen festen Lagerplatz. So werden die Produkte u. a. nach Teilenummern oder Baugruppen gelagert. Unter einer Baugruppe ist z. B. die komplette Bremsanlage mit allen erforder-lichen Teilen einzuordnen. Die Teile werden nun logisch und an einem fest zugeordneten Lagerplatz eingelagert.

10. Aufgabe

Lösung: 1

Abgrenzung Festplatzsystem/Chaotische Lagerplatzordnung

	Festplatzsystem	**Chaotische Lagerplatzordnung**
Vorteile	• Übersichtlich • Erfahrenes Personal findet die Waren sehr schnell.	• Lagerfläche wird optimal ausgenutzt. • Auch unerfahrene Mitarbeiter können im Lager tätig sein.
Nachteile	• Nicht jeder Lagerplatz wird ausgenutzt. • Mitarbeiter müssen gut einge-arbeitet werden.	• Ein EDV-System zur Zuordnung ist zwingend erforderlich. • EDV ist sehr teuer.

11. Aufgabe

Lösung: 4

Der richtige Lagerplatz für einen Artikel kann nach verschiedenen Kriterien vergeben werden. Ziel ist eine wirtschaftliche Lagerhaltung. Um unnötige Wege bei der Einlagerung und Auslagerung zu vermeiden, werden Waren mit einer hohen Umschlagshäufigkeit (Schnelldreher) in Lagerbereichen mit kurzen Wegen und gut zugänglich untergebracht. Waren mit einer niedrigen Lager-umschlagshäufigkeit (Langsamdreher) nutzen die entfernteren oder schwer zugänglichen Lagerflächen.

12. Aufgabe

Lösung: 1

Es können in der Praxis zwei **Verbrauchsfolgeverfahren** unterschieden werden:

- **Fifo-Methode (first in – first out)**

  Bei dieser Methode werden die zuerst eingelagerten Waren auch wieder zuerst ausgelagert. Ziel dieser Methode ist es, Waren, die einem natürlichen Verderb oder Alterungsprozess unterliegen, sehr schnell wieder zu verkaufen oder einzubauen, bevor sie nicht mehr nutzbar sind.

- **Lifo-Methode (last in – first out)**

  Hier wird die zuletzt eingelagerte Ware zuerst wieder ausgelagert. Der Mitarbeiter muss also nicht darauf achten, welche Teile schon länger auf Lager liegen, und muss keine Umlagerung vornehmen. Dieses Verfahren kann bei Waren angewendet werden, die keinem Alterungsprozess unter-liegen.

Prüfungsgebiet Warenwirtschaftsprozesse — Teile und Zubehör – Das Lager unter Berücksichtigung der Sortimentspolitik und der Lagerkennzahlen organisieren

13. Aufgabe

Situation
Sie befinden sich aktuell im Lager Ihres Ausbildungsbetriebs. Heute findet die monatliche Besprechung statt. Ihr Ausbilder spricht folgendes Problem an: „Die Lagerkosten in unserem Autohaus sind in den letzten zwei Jahren um 65 Prozent gestiegen."

Um die Lagerkosten eines Lagers ermitteln zu können, werden die fixen Kosten eines Lagers und die variablen Kosten benötigt. Welche Kosten sind alleinig den variablen Kosten zuzuordnen?

Tragen Sie die Ziffer der richtigen Aussage in das Kästchen ein.

1. Gehalt des Lagerleiters, Heizkosten, Stromkosten, Anschaffung neuer Regale.
2. Lagerzinsen, Verderb, Schwund, Versicherungen.
3. Vergütung des Auszubildenden, Wasserkosten, Versicherungen für das Lager.
4. EDV-Kosten für Lagersystem, Reparatur der Heizungsanlage im Lager, Haftpflichtversicherung für das Gebäude.
5. Kosten der Reinigungsfirma (nur für die Lagerflächen), Gehalt des Geschäftsführers, Heizkosten, Stromkosten.

Situation zur 14. bis 16. Aufgabe
Ihr Chef spricht an, dass der durchschnittliche Lagerbestand und die Lagerdauer (Lagerumschlagshäufigkeit) einen hohen Einfluss auf die Lagerkosten haben. Daher soll in der Zukunft auf einen optimalen Lagerbestand geachtet werden.

14. Aufgabe

Welchen Vorteil hat ein optimaler Lagerbestand?

Tragen Sie die Ziffer der richtigen Aussage in das Kästchen ein.

1. Es sind weniger Bestellungen vorzunehmen, da nicht so viele Teile vorrätig sind.
2. Der Umsatz steigt, da weniger Warenvorräte vorhanden sind.
3. Dem Lagerleiter muss weniger Gehalt gezahlt werden, da er nur geringere Mengen zu verwalten hat.
4. Die Zinsen für das gebundene Kapital sind geringer.
5. Das Autohaus ist vor Preissteigerungen der Zulieferer geschützt.

15. Aufgabe

Welche Aussage über die Lagerdauer ist richtig?

Tragen Sie die Ziffer der richtigen Aussage in das Kästchen ein.

1. Die Lagerdauer hat keinen Einfluss auf das Lagerrisiko.
2. Je länger die Lagerdauer, desto höher die Lagerkosten.
3. Je länger die Lagerdauer, desto geringer das Lagerrisiko.
4. Je kürzer die Lagerdauer, desto höher das Lagerrisiko.
5. Je länger die Lagerdauer, desto höher die Wirtschaftlichkeit.

16. Aufgabe

Welche Aussage zum Lagerumschlag und zur Lagerdauer ist richtig?

Tragen Sie die Ziffer der richtigen Aussage in das Kästchen ein.

1. Lagerdauer und Lagerumschlag haben keinen Bezug zueinander.
2. Je langsamer der Umschlag, desto kürzer die Lagerdauer.
3. Je schneller der Umschlag, desto länger die Lagerdauer.
4. Der Lagerumschlag spielt nur bei verderblichen Produkten eine Rolle.
5. Ein schneller Umschlag verkürzt die Lagerdauer.

Prüfungsgebiet Warenwirtschaftsprozesse   Teile und Zubehör – Das Lager unter Berücksichtigung der Sortimentspolitik und der Lagerkennzahlen organisieren

Erläuterungen und Lösungen

13. Aufgabe

Lösung: 2

Allgemeine Lagerkosten

Kosten für		
Ausstattung des Lagers	**Verwaltung des Lagers**	**Gelagerte Waren**
• Instandhaltungen • Heizung • Beleuchtung • Reinigung	• Löhne und Gehälter der Mitarbeiter • Büromaterial	• Verderb • Schwund • Diebstahl • Versicherungen • Verzinsung des in Waren gebundenen Kapitals

Variable und fixe Lagerkosten

Viele Kosten, die durch die Lagerhaltung entstehen, sind unabhängig von der Menge oder dem Wert der eingelagerten Teile. Diese Lagerkosten nennt man fixe Lagerkosten. Andere steigen oder fallen mit der Menge bzw. dem Wert der gelagerten Waren. Diese Kosten werden variable Lagerkosten genannt.

Variable Lagerkosten: Verderb, Schwund, Versicherungen, Lagerzinsen

Fixe Lagerkosten: Miete, Heizung, Strom, Instandhaltungen

14. Aufgabe

Lösung: 4

Beim optimalen Lagerbestand ist die größte Wirtschaftlichkeit im Lager erreicht. Ein hoher Lagerbestand führt zu hohen Lagerkosten. Ein zu niedriger Lagerbestand kann dazu führen, die Bedürfnisse der Kunden nicht decken zu können. Die Folge daraus kann sein, dass die Kunden zur Konkurrenz abwandern. Wo der optimale Lagerbestand liegt, ist abhängig von unterschiedlichen Kriterien. So spielen die Art des Sortiments, die Lieferzeit, die eiserne Reserve und auch die Bestellmenge eine wichtige Rolle.

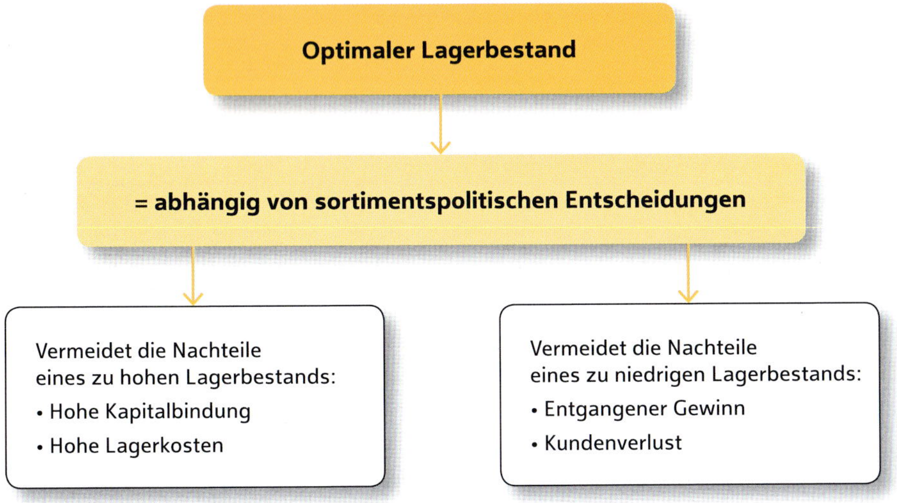

Optimaler Lagerbestand

= abhängig von sortimentspolitischen Entscheidungen

Vermeidet die Nachteile eines zu hohen Lagerbestands:
• Hohe Kapitalbindung
• Hohe Lagerkosten

Vermeidet die Nachteile eines zu niedrigen Lagerbestands:
• Entgangener Gewinn
• Kundenverlust

15. Aufgabe

Lösung: 2

Teile, die bereits auf Lager liegen, haben Kapital fest gebunden. Der Autohändler hat die Teile kurze Zeit nach der Bestellung bereits bezahlen müssen. Wird das Produkt nicht verkauft oder liegt es noch auf Lager, kann der Autohändler nicht auf dieses Geld zurückgreifen. Weiterhin hätte er für das bereits gezahlte Geld auf seinem Bankkonto Zinsen bekommen. Diese entgehen dem Autohändler nun. Daher ist es wichtig, die Lagerdauer, also den Zeitraum zwischen Einkauf des Teils und dem Weiterverkauf des Teils, so gering wie möglich zu halten.

16. Aufgabe

Lösung: 5

Ist die Lagerdauer kurz, spricht man von einer hohen Umschlagshäufigkeit. Die Umschlagshäufigkeit gibt an, wie oft der durchschnittliche Lagerbestand eines Artikels innerhalb eines Jahres umgesetzt („umgeschlagen") wird. Ist die Umschlagshäufigkeit hoch, ist die durchschnittliche Lagerdauer niedrig.

Prüfungsgebiet Warenwirtschaftsprozesse Teile und Zubehör – Das Lager unter Berücksichtigung der Sortimentspolitik und der Lagerkennzahlen organisieren

Situation zur 17. und 18. Aufgabe
Der Lagerbestand ist ein wesentlicher Faktor der Lagerkosten und daher unter intensiver Beobachtung. Wesentliche Begriffe hier sind der Mindestbestand, der Höchstbestand und der Meldebestand.

17. Aufgabe

Geben Sie an, welchen Zweck ein Mindestbestand für Ihren Ausbildungsbetrieb hat.

Tragen Sie die Ziffern der richtigen Aussagen in die Kästchen ein.

1. Der Mindestbestand ist vom Hersteller vorgegeben, damit dieser immer einen gleichmäßigen Absatz vorweisen kann.
2. Der Mindestbestand, auch eiserne Reserve genannt, ist wichtig, um bei Lieferverzögerungen die Wünsche der Kunden zu decken.
3. Der Mindestbestand ist immer niedriger als die optimale Bestellmenge.
4. Der Mindestbestand dient dazu, Mengenrabatte beim Lieferer ausnutzen zu können.
5. Der Mindestbestand beeinflusst die Lagerkosten. Je niedriger er ist, desto weniger Lagerkosten fallen an.

18. Aufgabe

Welcher Zusammenhang besteht zwischen Meldebestand und Lieferzeit?

Tragen Sie die Ziffer vor der richtigen Aussage in das Kästchen ein.

1. Bei einer kurzen Lieferzeit muss der Meldebestand sehr hoch sein.
2. Bei einer langen Lieferzeit kann der Meldebestand niedrig sein.
3. Der Meldebestand ist u. a. abhängig von der Zuverlässigkeit des Lieferers.
4. Bei einem hohen Meldebestand muss die Lieferzeit kurz sein.
5. Der Meldebestand wird durch die Lieferzeit überhaupt nicht beeinflusst.

19. Aufgabe

Situation
Ein Kriterium der Lagerkosten ist der durchschnittliche Lagerbestand. Im Warenwirtschaftssystem finden Sie für die Filterelemente Quadro die folgenden Angaben.
Der Jahresanfangsbestand lag bei 41 Stück.

Ermitteln Sie für die Filterelemente Quadro den durchschnittlichen monatlichen Lagerbestand.

Monatsendbestände 20..	
Januar	27
Februar	31
März	23
April	21
Mai	22
Juni	27
Juli	31
August	33
September	42
Oktober	47
November	29
Dezember	29

Prüfungsgebiet Warenwirtschaftsprozesse   Teile und Zubehör – Das Lager unter Berücksichtigung der Sortimentspolitik und der Lagerkennzahlen organisieren

Erläuterungen und Lösungen

17. Aufgabe

Lösung: 2

Der Mindestbestand (eiserne Reserve) ist ein vorher festgelegter Bestand, der die Lieferbereitschaft, auch bei Lieferproblemen des Zulieferers, sicherstellen soll. Dieser Bestand sollte nur in akuten Notsituationen angetastet werden.

18. Aufgabe

Lösung: 3

Der Meldebestand gibt an, wann eine Bestellung des jeweiligen Produkts erfolgen muss. Rechnerisch ist er abhängig von der Lieferzeit und vom täglichen Verbrauch. Je länger die Lieferzeit eines Produkts ist, desto höher muss der Meldebestand ausfallen. Ist vom Lieferanten bekannt, dass dieser seine Liefertermine nicht immer einhält, sind diese Informationen beim Meldebestand mit zu berücksichtigen.

19. Aufgabe

Lösung: 31 Stück

Der Warenbestand eines Artikels ändert sich jede Minute. Um das Lager kontrollieren zu können, wird mit den Durchschnittswerten wie dem durchschnittlichen Lagerbestand gerechnet. Der durchschnittliche Lagerbestand gibt den durchschnittlichen Bestand eines Artikels für eine bestimmte Zeit an. So ist es z. B. möglich, den durchschnittlichen Lagerbestand für den Monat, das Quartal oder auch für ein Jahr zu berechnen. Je kürzer der Zeitraum ist, der betrachtet werden kann, desto genauer ist der durchschnittliche Lagerbestand. Mithilfe des durchschnittlichen Lagerbestands ist es möglich, die Kapitalbindung, verursacht durch dieses Produkt, zu berechnen. Ausgangspunkt der Berechnung ist immer ein Anfangsbestand, zu dem dann die unterschiedlichen Endbestände dazu gezählt werden.

Varianten des durchschnittlichen Lagerbestands

$$\text{Durchschnittl. monatlicher Lagerbestand} = \frac{\text{Anfangsbestand} + 12 \text{ Monatsendbestände}}{13}$$

$$\text{Quartalsrechnung} = \frac{\text{Anfangsbestand} + 4 \text{ Vierteljahresendbestände}}{5}$$

$$\text{Jährliche Berechnung} = \frac{\text{Anfangsbestand} + \text{Endbestand}}{2}$$

Berechnung des durchschnittlichen monatlichen Lagerbestands:

$$\text{Durchschnittl. monatlicher Lagerbestand} = \frac{41 \text{ Stück} + 362 \text{ Stück}}{13} = 31 \text{ Stück}$$

Soll neben dem durchschnittlichen Lagerbestand in Stück auch der durchschnittliche Lagerwert des jeweiligen Produkts ermittelt werden, wird der Einstandspreis für das Produkt benötigt.

Berechnung des durchschnittlichen Lagerwerts

$$\text{Durchschnittl. Lagerwert} = \text{durchschnittl. Lagerbestand} \times \text{Einstandspreis/Stück}$$

© Westermann Gruppe

Prüfungsgebiet Warenwirtschaftsprozesse — Teile und Zubehör – Das Lager unter Berücksichtigung der Sortimentspolitik und der Lagerkennzahlen organisieren

Fortführung der Situation für die 20. bis 22. Aufgabe
Ihnen liegen folgende Informationen zum Filtersystem Quadro vor.

Warenwirtschaftssystem Filtersysteme Quadro Artikel-Nr: 7894-1458			
Lieferant:	IREMA GmbH	EP: 0,73 €/netto	VP: 1,52 €/netto
Mindestbestand: 100 Stück Höchstbestand: Stück Meldebestand: Stück		Jahresabsatz/Stück (Berichtsjahr): 43 800 Stück	Lieferzeit: 3 Tage
Durchschnittl. Tagesabsatz: 25 Stück		Optimale Bestellmenge: 175 Stück	

Fortführung der Situation für die 23. Aufgabe
Das Filtersystem Quadro verkauft sich besser als vermutet.
Der tägliche Absatz pendelt sich bei 30 Stück pro Tag ein.

23. Aufgabe

Welchen Einfluss hat dieser Umstand auf die rechnerische Ermittlung des Meldebestands? Welche Maßnahme sollte ergriffen werden?

Tragen Sie die Ziffer der richtigen Aussage in das Kästchen ein.

1. Der erhöhte Absatz hat keinen Einfluss auf den Meldebestand. Es reicht, wenn die Bestellmenge erhöht wird.
2. Da sich der Mindestbestand nicht ändert, wird auch der Meldebestand beibehalten. Es besteht kein Handlungsbedarf.
3. Nur eine Verlängerung der Lieferzeit hätte Einfluss auf die rechnerische Ermittlung des Meldebestands. Da dies nicht der Fall ist, muss nichts unternommen werden.
4. Da man eine höhere Menge an Vorrat braucht, um die Lieferzeit zu überbrücken, sollte der Meldebestand erhöht werden.
5. Da der Meldebestand unabhängig von der Absatzmenge ist, sollte nur der Lagerbestand erhöht werden.

20. Aufgabe

Berechnen Sie den Wareneinsatz in Euro der Filtersysteme Quadro.

Tragen Sie die Ziffer der richtigen Aussage in das Kästchen ein.

1. 66.576,00 €
2. 152,00 €
3. 31.974,00 €
4. 266,00 €
5. 38,00 €

21. Aufgabe

Berechnen Sie den Höchstbestand der Filtersysteme.

22. Aufgabe

Berechnen Sie den Meldebestand der Filtersysteme.

Prüfungsgebiet Warenwirtschaftsprozesse Teile und Zubehör – Das Lager unter Berücksichtigung der Sortimentspolitik und der Lagerkennzahlen organisieren

Erläuterungen und Lösungen

20. Aufgabe

Lösung: 3

Der Wareneinsatz stellt die Ausgaben dar, die der Händler für seine tatsächlich verkauften Produkte selbst im Einkauf gezahlt hat. Ist der Jahresabsatz nicht gegeben, so lässt er sich folgendermaßen berechnen.

        Anfangsbestand
    +   Wareneinkäufe
    –   Schlussbestand
    =   Jahresabsatz

Berechnung des Wareneinsatzes

$$\text{Wareneinsatz} = \text{Jahresabsatz} \times \text{Einstandspreis/Stück}$$

Wareneinsatz = 43 800 Stück × 0,73 € = 31.974,00 €

21. Aufgabe

Lösung: 275 Stück

Der Höchstbestand ist ein vorher festgelegter Bestand, der die Höchstlagerungsmenge der Ware bestimmt. Er ist abhängig von der räumlichen Lagerungskapazität, von der täglich verkauften Menge und den durch die Lagerung entstehenden Kosten.

Berechnung des Höchstbestands

$$\text{Höchstbestand} = \text{Mindestbestand} + \text{Bestellmenge}$$

Höchstbestand = 100 Stück + 175 Stück = 275 Stück

22. Aufgabe

Lösung: 175 Stück

Bei Erreichen des Meldebestands muss eine neue Bestellung erfolgen, um den Mindestbestand nicht antasten zu müssen.

Berechnung des Meldebestands

$$\text{Meldebestand} = \text{Mindestbestand} + (\text{täglicher Absatz} \times \text{Lieferzeit})$$

Meldebestand = 100 Stück + (25 Stück × 3 Tage) = 175 Stück

23. Aufgabe

Lösung: 4

Der Meldebestand sollte immer dann angepasst werden, wenn sich auf längere Sicht seine Bestimmungsgrößen ändern. Da der Mindestbestand im Wesentlichen von Erfahrungswerten (z. B. der Zuverlässigkeit des Lieferanten) abhängig ist, wird der Meldebestand hauptsächlich durch die Lieferzeit und den Tagesbedarf bestimmt. Sollte sich eine dieser Größen dauerhaft ändern, sollte der Meldebestand entsprechend angepasst werden. Im vorliegenden Fall ändert sich der Tagesbedarf durch den höheren täglichen Absatz um 2 Sets pro Tag. Da dies nicht im Rahmen einer Aktion (z. B. Sonderpreis) passiert, sondern langfristig zu erwarten ist, sollte der Meldebestand entsprechend angehoben werden.

© Westermann Gruppe

Prüfungsgebiet **Warenwirtschaftsprozesse** — Teile und Zubehör – Das Lager unter Berücksichtigung der Sortimentspolitik und der Lagerkennzahlen organisieren

Fortführung der Situation für die 24. bis 26. Aufgabe:
Nachdem Sie nun alle wichtigen Daten zum Filtersystem Quadro berechnet haben, berechnen Sie die noch fehlenden Lagerkennzahlen:

24. Aufgabe

Wie lange liegen die Filtersysteme Quadro durchschnittlich auf Lager, wenn die Umschlagshäufigkeit bei 12 liegt?

Tragen Sie die Ziffer vor der richtigen Aussage in das Kästchen ein.

1. 25 Tage
2. 17 Tage
3. 30 Tage
4. 6 Monate
5. 60 Tage

25. Aufgabe

Berechnen Sie den Lagerzinssatz für das Filtersystem Quadro.
Der marktübliche Zinssatz beträgt 4,5 %.
Gehen Sie von einer durchschnittlichen Lagerdauer von 30 Tagen aus.

Tragen Sie die Ziffer vor der richtigen Aussage in das Kästchen ein.

1. 0,375 %
2. 1,375 %
3. 1,857 %
4. 1,120 %
5. 4,500 %

26. Aufgabe

Wie hoch sind die Lagerzinsen für die Filtersysteme Quadro, wenn Sie von einem Lagerzinssatz von 0,75 % ausgehen?
(Ergebnis kaufmännisch runden.)

Tragen Sie die Ziffer vor der richtigen Aussage in das Kästchen ein.

1. 0,17 €
2. 1,17 €
3. 7,11 €
4. 1,50 €
5. 11,70 €

27. Aufgabe

Situation
Ein Branchenvergleich hat gezeigt, dass Ihre Umschlagshäufigkeit bei den Ersatzteilen 6 beträgt. Die der Konkurrenz liegt bei 8.

Was bedeutet dies für Ihr Autohaus?

Tragen Sie die Ziffer der richtigen Aussage in das Kästchen ein.

1. Die durchschnittliche Lagerdauer der Konkurrenz liegt bei 45 Tagen, unsere durchschnittliche Lagerdauer ist kürzer.
2. Die Lagerkosten sind bei uns geringer als bei der Konkurrenz.
3. Die Umschlagshäufigkeit beeinflusst die Lagerkosten nicht.
4. Unsere durchschnittliche Lagerdauer liegt bei 60 Tagen, die Konkurrenz hat eine durchschnittliche Lagerdauer von 45 Tagen.
5. Die Umschlagshäufigkeit kann ohne den aktuellen Umsatz des Autohauses nicht näher ausgewertet werden.

Prüfungsgebiet Warenwirtschaftsprozesse   Teile und Zubehör – Das Lager unter Berücksichtigung der Sortimentspolitik und der Lagerkennzahlen organisieren

Erläuterungen und Lösungen

24. Aufgabe

Lösung: 3

Die durchschnittliche Lagerdauer zeigt an, wie lange ein Artikel durchschnittlich auf Lager liegt, bevor er wieder verkauft wird. Sie wird in Tagen angegeben. Zur Berechnung der durchschnittlichen Lagerdauer ist die Umschlagshäufigkeit wichtig, denn je häufiger das Lager während des Jahres geleert und wieder aufgefüllt wird, desto geringer ist die durchschnittliche Verweildauer der Teile im Lager.

Berechnung der durchschnittlichen Lagerdauer

$$\text{Durchschnittliche Lagerdauer} = \frac{360}{\text{Umschlagshäufigkeit}}$$

$$\text{Durchschnittliche Lagerdauer} = \frac{360}{12} = 30 \text{ Tage}$$

25. Aufgabe

Lösung: 1

Da die Waren im Lager vom Autohändler bereits gezahlt sind und er dadurch auf die Zinsen verzichtet, welche er bei der Anlage des Geldes bekommen hätte, wird der Lagerzinssatz berechnet, um die Lagerzinsen berechnen zu können.

Berechnung des Lagerzinssatzes

$$\text{Lagerzinssatz} = \frac{\text{Jahreszinssatz x durchschnittliche Lagerdauer}}{360}$$

$$\text{Lagerzinssatz} = \frac{4,5\% \text{ x } 30 \text{ Tage}}{360} = 0,375\%$$

26. Aufgabe

Lösung: 1

Berechnung der Lagerzinsen

$$\text{Lagerzinsen} = \frac{\text{durchschnittlicher Lagerbestand in Euro x Lagerzinssatz}}{100}$$

$$\text{Lagerzinsen} = \frac{31 \text{ Stück x } 0,73 \text{ € x } 0,75\%}{100} = 0,17 \text{ €}$$

27. Aufgabe

Lösung: 4

Der Branchenvergleich zeigt, dass wir gegenüber der Konkurrenz einen zu geringen Lagerumschlag haben und dadurch auch eine zu lange Lagerdauer.

Durchschnittliche Lagerdauer der Branche: 360/8 = 45 Tage
Durchschnittliche Lagerdauer von uns: 360/6 = 60 Tage
Unsere Produkte liegen somit 15 Tage länger im Lager.

Zusammenhang zwischen den Lagerkennzahlen			
Durchschnittlicher Lagerbestand	Umschlagshäufigkeit	Durchschnittliche Lagerdauer	Durchschnittlicher Lagerzinssatz
Je höher der Mindestbestand, desto größer der durchschnittliche Lagerbestand.	Je größer der durchschnittliche Lagerbestand, desto kleiner die Umschlagshäufigkeit.	Je kleiner die Umschlagshäufigkeit, desto größer die durchschnittlich Lagerdauer.	Je größer die durchschnittliche Lagerdauer, desto größer der durchschnittliche Lagerzinssatz und somit die Lagerzinsen.

Prüfungsgebiet Warenwirtschaftsprozesse
Teile und Zubehör – Das Lager unter Berücksichtigung der Sortimentspolitik und der Lagerkennzahlen organisieren

Situation für die 28. bis 30. Aufgabe
Um die Wirtschaftlichkeit des Lagers zu verbessern, sollen die Güter mithilfe der ABC-Analyse näher betrachtet und daraus Änderungen abgeleitet werden. Sie erhalten hierzu eine bereits durchgeführte ABC-Analyse bestimmter Güter:

Artikel-nummer	Stückpreis in €	Jahresbedarf in Stück	ABC-Gut
1	16,50	7 300	C
2	10,00	25 000	B
3	5,00	35 000	B
4	1.200,00	800	A
5	330,00	1 500	A
6	1,23	80 000	C
7	0,75	111 000	C
8	0,30	150 000	C
9	6,50	45 600	B
10	2.500,00	500	A
11	4,50	50 000	B
12	23,00	17 500	B
13	1,75	60 000	C
14	50,00	2 300	C
15	80,00	5 500	A

28. Aufgabe

Welchen Jahresverbrauch hat Artikel 10?

Tragen Sie die Ziffer der richtigen Aussage in das Kästchen ein.

1 105.000,00 €
2   45.000,00 €
3 1.250.000,00 €
4 495.000,00 €
5 135.000,00 €

29. Aufgabe

Wie hoch ist der Anteil am Gesamtbestellwert von Artikel 8?
(Bitte runden Sie das Ergebnis auf eine Nachkommastelle.)

Tragen Sie die Ziffer der richtigen Aussage in das Kästchen ein.

1 19 %
2 1,6 %
3 5,9 %
4 0,9 %
5 1,9 %

30. Aufgabe

Welcher Behauptung zur ABC-Analyse müssen Sie widersprechen?

Tragen Sie die Ziffer der Aussage in das Kästchen ein.

1 Die ABC-Analyse hilft zu erkennen, welche Teile bei der Beschaffung und Lagerung besonders beachtet werden müssen.
2 Bei der ABC-Analyse werden Wert und Menge der Teile berücksichtigt.
3 Ziel der ABC-Analyse ist es, sich vorrangig mit solchen Teilen zu befassen, die einen hohen Anteil am Wert bzw. an den Kosten haben.
4 C-Teile haben einen großen Wertanteil am gesamten Materialwert.
5 B-Teile haben einen geringeren Wertanteil als A-Teile am gesamten Materialwert.

Prüfungsgebiet Warenwirtschaftsprozesse   Teile und Zubehör – Das Lager unter Berücksichtigung der Sortimentspolitik und der Lagerkennzahlen organisieren

Erläuterungen und Lösungen

28. Aufgabe

Lösung: 3

Da es für den Autohändler nicht möglich ist, für alle Artikel z.B. bei der Beschaffung einen ausführlichen Angebotsvergleich zu erstellen, wird mit der ABC-Analyse die Bedeutung der einzelnen Artikel für das Autohaus abgegrenzt.

Hierzu werden die Artikel in A-, B- und C-Güter eingeteilt:

Kategorie	Bedeutung
A-Güter	Mengenmäßig wenige Güter haben einen hohen wertmäßigen Anteil.
B-Güter	Nehmen eine Zwischenstellung zwischen den A- und C-Gütern ein.
C-Güter	Mengenmäßig viele Güter haben einen niedrigen wertmäßigen Anteil.

Aus dieser Sichtweise hat sich folgende Empfehlung ergeben:

Kategorie	Anteil am Gesamtbestellwert	Anteil an der Gesamtmenge
A-Güter	65 % bis 80 %	Geringer Anteil
B-Güter	15 % bis 20 %	30 % bis 50 %
C-Güter	5 % bis 15 %	40 % bis 50 %

Die hier angegebenen Werte sind nur Anhaltspunkte und können betriebsintern jederzeit angepasst werden.

A-Güter:
- Intensive Beschaffungsmarktanalyse
- Exakte Bedarfsermittlung
- Geringe Bestellhäufigkeit
- Genaue Bestandsüberwachung
- Durchgeplante Bestellvorbereitung
- Genaue Einhaltung des Mindestbestands

C-Güter:
- Vereinfachte Bestellabwicklung
- Einfache Bestandsüberwachung
- Einfache Lagerüberwachung

Berechnung des Jahresverbrauchs

> Jahresverbrauch = Stückpreis x Jahresbedarf

Berechnung des Jahresverbrauchs von Artikel 10:
Jahresverbrauch = 2.500,00 €/Stück x 500 Stück = 1.250.000,00 €

29. Aufgabe

Lösung: 4

Artikel-nummer	Stückpreis in €	Jahresbedarf in Stück	Jahresverbrauch Gesamt in €	ABC-Gut
1	16,50	7 300	120.450,00	C
2	10,00	25 000	250.000,00	B
3	5,00	35 000	175.000,00	B
4	1.200,00	800	960.000,00	A
5	330,00	1 500	495.000,00	A
6	1,23	80 000	98.400,00	C
7	0,75	111 000	83.250,00	C
8	0,30	150 000	45.000,00	C
9	6,50	45 600	296.400,00	B
10	2.500,00	500	1.250.000,00	A
11	4,50	50 000	225.000,00	B
12	23,00	17 500	402.500,00	B
13	1,75	60 000	105.000,00	C
14	50,00	2 300	115.000,00	C
15	80,00	5 500	440.000,00	A
Summe:			5.061.000,00	

Zur Ermittlung des Anteils am Jahresverbrauch von Artikel 8 muss zuerst der Jahresverbrauch von allen Artikeln errechnet werden. Dieser beträgt 5.061.000,00 €. Danach kann der Anteil von Artikel 8 (45.000,00 €) vom Gesamtanteil berechnet werden.

Berechnung: $\dfrac{45.000,00 \text{ € } x\ 100}{5.061.000,00 \text{ €}} = 0{,}89\,\% = 0{,}9\,\%$

30. Aufgabe

Lösung: 4

Prüfungsgebiet Warenwirtschaftsprozesse

Teile und Zubehör – Eingangsrechnungen auf Richtigkeit prüfen und Unstimmigkeiten klären

Situation zur 1. bis 2. Aufgabe
Zurzeit sind Sie in der Verwaltung in der Kreditorenbuchhaltung eingesetzt.
Sie sollen Rechnungen auf ihre rechnerische und sachliche Richtigkeit prüfen.
Dies ist nicht nur für den exakten Rechnungsausgleich notwendig, sondern auch
für die Anerkennung des Vorsteuerabzugs durch das Finanzamt.

1. Aufgabe

Bringen Sie die folgenden Schritte der sachlichen und rechnerischen
Rechnungsprüfung in die richtige Reihenfolge, indem Sie die
Nummerierung von 1 bis 7 in die Kästchen eintragen.

Wurden die richtigen Artikel in der richtigen Menge geliefert? ☐

Stimmen die ausgewiesenen Preise und Rabatte
mit den vereinbarten Konditionen überein? ☐

Wurden die gelieferten Artikel bestellt? ☐

Stimmt die Berechnung des Nettorechnungsbetrags? ☐

Stimmt die berechnete Menge mit der gelieferten Menge überein? ☐

Wurde der Umsatzsteuerbetrag richtig berechnet? ☐

Stimmt der Rechnungsendbetrag? ☐

2. Aufgabe

Ordnen Sie den folgenden Tätigkeiten im Zusammenhang
mit dem Wareneingang und der dazugehörigen Eingangsrechnung
die entsprechenden Abteilungen zu.

Tätigkeiten		**Abteilungen**
a) Prüfung und Freigabe der Rechnung.	☐	1 Warenannahme
b) Zahlung und Buchung der Rechnung.	☐	2 Einkaufsabteilung
c) Prüfung der Ware auf Beschädigung.	☐	3 Buchhaltung

Fortführung der Situation für die 3. Aufgabe
Eine Eingangsrechnung muss nach dem Umsatzsteuergesetz erforderliche
Pflichtangaben enthalten. Sie sollen prüfen, ob eine vorliegende Eingangsrechnung über einen Bruttobetrag von 1.190,00 € den Rechnungsformalitäten genügt,
die das Finanzamt zur Anerkennung des Vorsteuerabzugs verlangt.

3. Aufgabe

Welche der folgenden Angaben muss **nicht** zwingender Bestandteil
der Rechnung sein, um die Anforderungen des Umsatzsteuergesetzes
zu erfüllen?

Tragen Sie die Ziffer der Aussage in das Kästchen ein. ☐

1 Zeitpunkt der Lieferung oder der Leistung.

2 Steuernummer oder Umsatzsteueridentifikationsnummer
des Rechnungsausstellers.

3 Rechnungsdatum und Rechnungsnummer.

4 Qualitative Zusammensetzung und Gewicht der Ware

5 Umsatzsteuersatz in Prozent und als Betrag.

6 Vollständiger Name und Adresse von Rechnungsaussteller
und Rechnungsempfänger.

Prüfungsgebiet Warenwirtschaftsprozesse

Teile und Zubehör – Eingangsrechnungen auf Richtigkeit prüfen und Unstimmigkeiten klären

Erläuterungen und Lösungen

1. Aufgabe

Lösung: 2, 4, 1, 5, 3, 6, 7

Zunächst wird die sachliche Richtigkeit kontrolliert. Anhand der Bestellung wird überprüft, ob die gelieferten Artikel bestellt wurden. Dann werden die Daten mit dem Lieferschein verglichen, den wir von der Warenannahme erhalten haben. Ist hier nichts zu beanstanden, wird überprüft, ob die in Rechnung gestellten Preise mit den vereinbarten Konditionen übereinstimmen. Letztlich sind noch die rechnerischen Kontrollen durchzuführen: die Addition der Einzelpreise bis zum Nettopreis, die Berechnung der Umsatzsteuer und schließlich der Bruttoverkaufspreis.

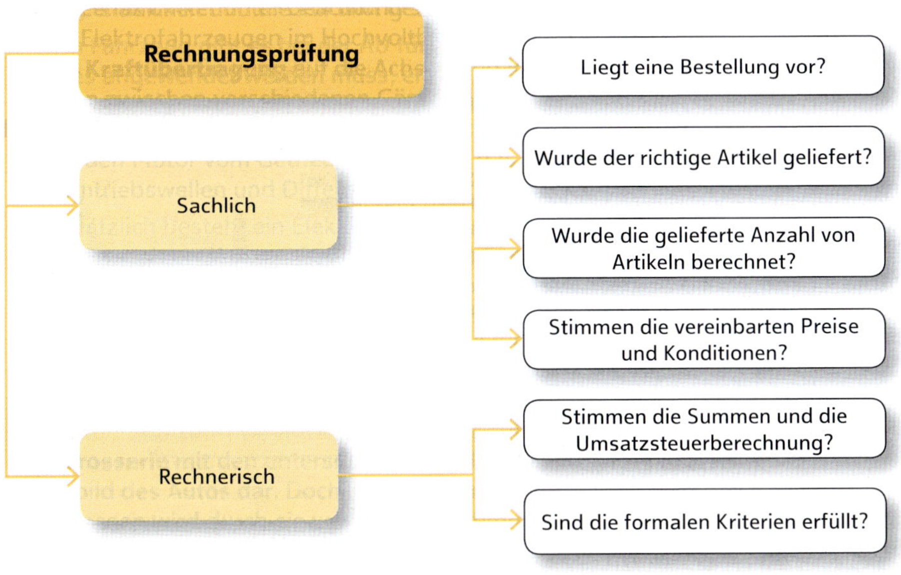

```
                    ┌──────────────────────┐
                    │  Rechnungsprüfung    │
                    └──────────────────────┘
                              │
        ┌─────────────────────┼──── Liegt eine Bestellung vor?
        │                     │
   ┌─────────┐                ├──── Wurde der richtige Artikel geliefert?
   │ Sachlich │               │
   └─────────┘                ├──── Wurde die gelieferte Anzahl von
        │                     │      Artikeln berechnet?
        │                     │
        │                     └──── Stimmen die vereinbarten Preise
        │                            und Konditionen?
        │
   ┌───────────┐              ┌──── Stimmen die Summen und die
   │ Rechnerisch│─────────────┤      Umsatzsteuerberechnung?
   └───────────┘              │
                              └──── Sind die formalen Kriterien erfüllt?
```

2. Aufgabe

Lösung: 2, 3, 1

Klassischerweise sind diese Tätigkeiten klar auf die verschiedenen Abteilungen aufgeteilt. In der Warenannahme wird die Ware kontrolliert, in der Einkaufsabteilung wird die Rechnung kontrolliert und in der Buchhaltungsabteilung wird die Rechnung schließlich gebucht und bezahlt.

3. Aufgabe

Lösung: 4

Die Prüfung der Rechnungsformalitäten ist wichtig, um bei einer Prüfung durch das Finanzamt eine Vorsteuerkürzung zu verhindern. Die Qualität und das Gewicht der Ware werden nicht verlangt. Sind die Angaben des Rechnungsausstellers unvollständig oder fehlerhaft, sollte umgehend beim Lieferanten eine korrigierte Rechnung angefordert werden.

Laut § 14 Absatz 4 UStG muss eine Rechnung folgende Angaben enthalten:

1. den vollständigen Namen und die vollständige Anschrift des leistenden Unternehmers und des Leistungsempfängers,

2. die dem leistenden Unternehmer vom Finanzamt erteilte Steuernummer oder die ihm vom Bundeszentralamt für Steuern erteilte Umsatzsteuer-Identifikationsnummer,

3. das Ausstellungsdatum,

4. eine fortlaufende Nummer mit einer oder mehreren Zahlenreihen, die zur Identifizierung der Rechnung vom Rechnungsaussteller einmalig vergeben wird (Rechnungsnummer),

5. die Menge und die Art (handelsübliche Bezeichnung) der gelieferten Gegenstände oder den Umfang und die Art der sonstigen Leistung,

6. den Zeitpunkt der Lieferung oder sonstigen Leistung; in den Fällen des Absatzes 5 Satz 1 den Zeitpunkt der Vereinnahmung des Entgelts oder eines Teils des Entgelts, sofern der Zeitpunkt der Vereinnahmung feststeht und nicht mit dem Ausstellungsdatum der Rechnung übereinstimmt,

7. das nach Steuersätzen und einzelnen Steuerbefreiungen aufgeschlüsselte Entgelt für die Lieferung oder sonstige Leistung (§ 10) sowie jede im Voraus vereinbarte Minderung des Entgelts, sofern sie nicht bereits im Entgelt berücksichtigt ist,

8. den anzuwendenden Steuersatz sowie den auf das Entgelt entfallenden Steuerbetrag oder im Fall einer Steuerbefreiung einen Hinweis darauf, dass für die Lieferung oder sonstige Leistung eine Steuerbefreiung gilt,

9. in den Fällen des § 14 b Absatz 1 Satz 5 einen Hinweis auf die Aufbewahrungspflicht des Leistungsempfängers und

10. in den Fällen der Ausstellung der Rechnung durch den Leistungsempfänger oder durch einen von ihm beauftragten Dritten gemäß Absatz 2 Satz 2 die Angabe „Gutschrift".

4. Aufgabe

Situation
Sie sind weiterhin in der Kreditorenbuchhaltung eingesetzt und damit beauftragt, die unten stehende Rechnung mit dem dazugehörigen Lieferschein zu kontrollieren. Eine Bestellung für die Lieferung liegt Ihnen bereits vor. Es wurden die richtigen Artikel zu korrekten Einzelpreisen geliefert. Für Verpackung und Versand wurden Kosten in Höhe von 12,00 € vereinbart. Abgesehen davon gibt es keine besonderen Vereinbarungen zu den Zahlungsbedingungen.

Überprüfen Sie die Rechnung auf sachliche und rechnerische Richtigkeit. Nehmen Sie für Ihre Bewertung den ebenfalls vorliegenden Lieferschein zur Hilfe.

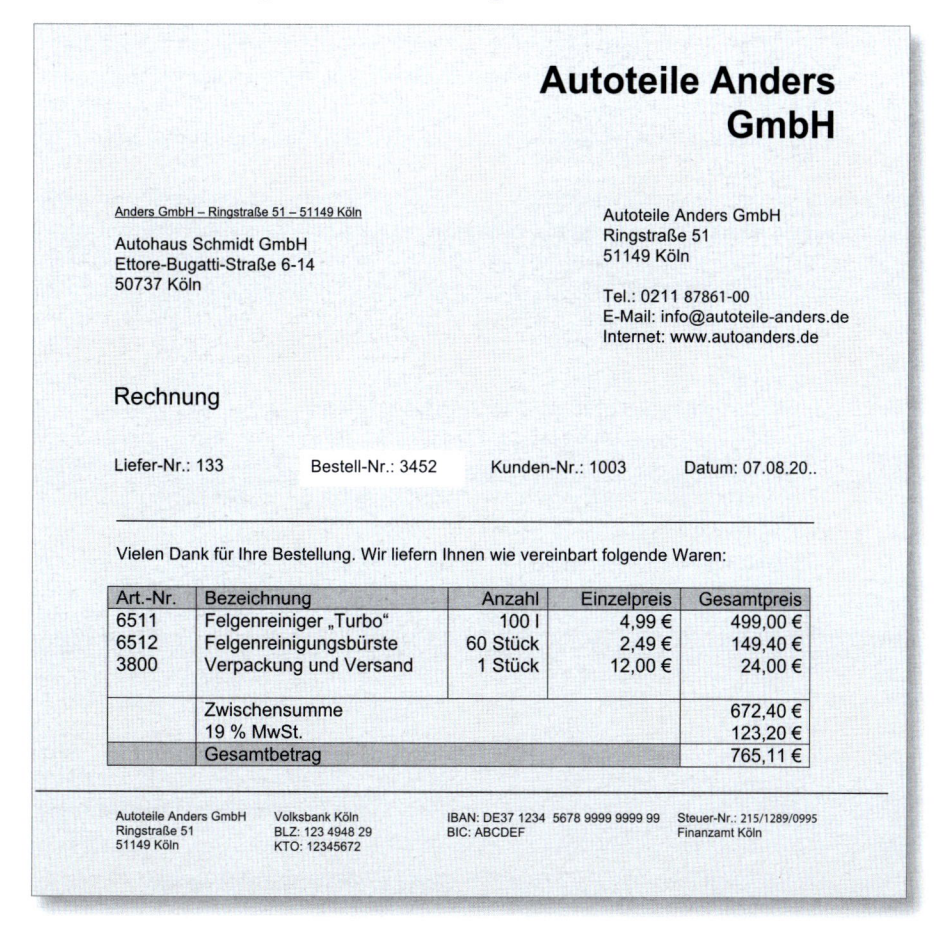

Autoteile Anders GmbH

Anders GmbH – Ringstraße 51 – 51149 Köln

Autohaus Schmidt GmbH
Ettore-Bugatti-Straße 6-14
50737 Köln

Autoteile Anders GmbH
Ringstraße 51
51149 Köln

Tel.: 0211 87861-00
E-Mail: info@autoteile-anders.de
Internet: www.autoanders.de

Rechnung

Liefer-Nr.: 133   Bestell-Nr.: 3452   Kunden-Nr.: 1003   Datum: 07.08.20..

Vielen Dank für Ihre Bestellung. Wir liefern Ihnen wie vereinbart folgende Waren:

Art.-Nr.	Bezeichnung	Anzahl	Einzelpreis	Gesamtpreis
6511	Felgenreiniger „Turbo"	100 l	4,99 €	499,00 €
6512	Felgenreinigungsbürste	60 Stück	2,49 €	149,40 €
3800	Verpackung und Versand	1 Stück	12,00 €	24,00 €
	Zwischensumme			672,40 €
	19 % MwSt.			123,20 €
	Gesamtbetrag			765,11 €

Autoteile Anders GmbH   Volksbank Köln   IBAN: DE37 1234 5678 9999 9999 99   Steuer-Nr.: 215/1289/0995
Ringstraße 51   BLZ: 123 4948 29   BIC: ABCDEF   Finanzamt Köln
51149 Köln   KTO: 12345672

Lieferschein

Liefer-Nr.: 133   Bestell-Nr.: 3452   Kunden-Nr.: 1003   Datum: 07.08.20..

Vielen Dank für Ihre Bestellung. Wir liefern Ihnen wie vereinbart folgende Waren:

Art.-Nr.	Bezeichnung	Anzahl	Einzelpreis	Gesamtpreis
6511	Felgenreiniger „Turbo"	100 l		
6512	Felgenreinigungsbürste	50 Stück		
	Zwischensumme			
	19 % MwSt.			
	Gesamtbetrag			

Menge und Beschaffenheit kontrolliert: I. Müller

Kennzeichnen Sie richtige Aussagen mit einer 1, falsche Aussagen mit einer 2.

Aussage

a) Es werden 60 Felgenreinigungsbürsten berechnet, aber nur 50 Stück geliefert.

b) Die Frachtkosten wurden in der vereinbarten Höhe in Rechnung gestellt.

c) Der ausgewiesene Nettobetrag ist rechnerisch korrekt addiert.

d) Der Bruttobetrag müsste richtigerweise 800,16 € betragen.

e) Der Umsatzsteuerbetrag wurde richtig berechnet.

f) Laut Lieferschein sind 24,90 € netto zu viel in Rechnung gestellt worden.

g) Der Felgenreiniger „Turbo" wurde in der richtigen Menge berechnet.

Zuordnung

1 richtige Aussage

2 falsche Aussage

Prüfungsgebiet Warenwirtschaftsprozesse

Teile und Zubehör – Eingangsrechnungen auf Richtigkeit prüfen und Unstimmigkeiten klären

Erläuterungen und Lösungen

4. Aufgabe

Lösung: 1, 2, 1, 1, 2, 2, 1

Bei der sachlichen Prüfung geht es zunächst darum, ob eine Bestellung für die gelieferten Artikel vorliegt. In diesem Fall liegt diese vor. Während auf der Rechnung allerdings 60 Felgenreinigungsbürsten in Rechnung gestellt werden, wurden nur 50 Stück geliefert. Hier gilt es zu klären, wie viele Bürsten bestellt wurden. Wurden nur 50 Stück bestellt, käme eine Rechnungskürzung um den entsprechenden Betrag infrage. In diesem Fall sollte man den Lieferanten auffordern, eine Gutschrift über 10 x 2,49 € = 24,90 € netto zu erstellen. Wurden jedoch 60 Stück bestellt, sollte man den Lieferanten zur Nachlieferung auffordern. In beiden Fällen ist eine Kontaktaufnahme mit dem Lieferanten notwendig.

Bei der rechnerischen Prüfung fällt zunächst auf, dass die vereinbarten Verpackungs- und Versandkosten in Höhe von 12,00 € doppelt in Rechnung gestellt wurden. Auch hier sollte man den Lieferanten um eine Gutschrift bitten. Insgesamt wurden demnach 36,90 € (= 24,90 € + 12,00 €) zu viel in Rechnung gestellt.

Die Addition der einzelnen Gesamtpreise bis zur Zwischensumme, also dem Nettorechnungspreis, ist richtig. Allerdings ist die Berechnung der Umsatzsteuer nicht richtig. 19 % von 672,40 € entsprechen 127,76 € und nicht 123,20 €.

Auch die Addition des Nettorechnungsbetrags und der ausgewiesenen Umsatzsteuer sind falsch. 672,40 € + 123,20 € ergeben 795,60 € und nicht 765,11 €. Der korrekte Bruttorechnungspreis würde 672,40 € + 127,76 € = 800,16 € betragen.

Zusammenfassend kann man sagen, dass man sich umgehend mit der Autoteile Anders GmbH in Verbindung setzen sollte, um zu klären, wie man die Unstimmigkeiten am besten lösen kann.

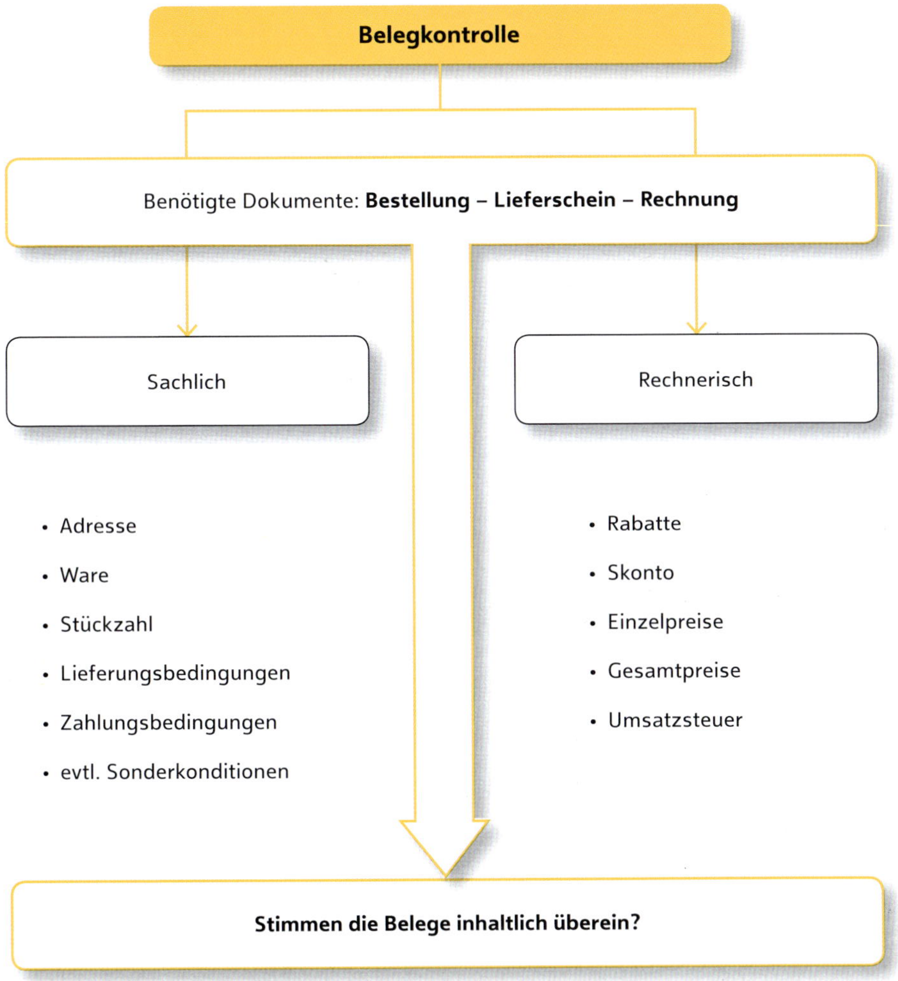

Belegkontrolle

Benötigte Dokumente: **Bestellung – Lieferschein – Rechnung**

Sachlich

- Adresse
- Ware
- Stückzahl
- Lieferungsbedingungen
- Zahlungsbedingungen
- evtl. Sonderkonditionen

Rechnerisch

- Rabatte
- Skonto
- Einzelpreise
- Gesamtpreise
- Umsatzsteuer

Stimmen die Belege inhaltlich überein?

Prüfungsgebiet Warenwirtschaftsprozesse

Teile und Zubehör – Liefertermine überwachen und Maßnahmen bei Lieferungsverzug einleiten

1. Aufgabe

> **Situation**
> Ihr Unternehmen hat am 15.01.20.. bei dem Großhändler Autoteile Anders GmbH 50 Scheibenwischer-Sets der Marke „Basch Airotwin" bestellt.
> Der Großhändler sagte eine Lieferzeit von ca. 14 Tagen zu.
> Anfang Februar ist die Lieferung noch nicht eingegangen.
> Ihr Vorgesetzter betraut Sie mit der Erledigung dieser Angelegenheit.

Wie gehen Sie in diesem Fall sinnvollerweise vor?

Tragen Sie die Ziffer der richtigen Aussage in das Kästchen ein.

1. Sie setzen den säumigen Lieferanten davon in Kenntnis, dass wir vom Kaufvertrag zurücktreten, und bestellen die benötigten Wischer bei einem anderen Lieferanten.
2. Da sich der Lieferant bereits in Verzug befindet, nehmen Sie einen Deckungskauf vor und setzen dem säumigen Lieferanten eventuell anfallende Mehrkosten in Rechnung.
3. Sie müssen zunächst nichts unternehmen, da der Liefertermin nicht eindeutig bestimmbar ist. Sie gehen davon aus, dass der Lieferant innerhalb der nächsten Tage liefern wird.
4. Sie setzen sich unmittelbar mit dem Lieferanten in Verbindung. Der Liefertermin ist nicht eindeutig bestimmbar, sodass Sie dem Großhändler zur Lieferung eine Nachfrist von drei Tagen setzen.
5. Da es sich um einen Terminkauf handelt und der Großhändler spätestens bis Ende Januar hätte liefern müssen, fordern Sie Schadenersatz wegen Nicht-Rechtzeitig-Lieferung.

> **Fortführung der Situation für die 2. Aufgabe**
> Die Scheibenwischer werden dringend benötigt, da in der nächsten Woche eine Sonderaktion beginnt: „Mit voller Durchsicht in den Frühling". Die Scheibenwischer werden schon seit Wochen in diesem Zusammenhang beworben.

2. Aufgabe

Durch welche handelsübliche Formulierung in der Bestellung kann die Autohaus Schmidt GmbH sich absichern, die Scheibenwischer pünktlich zur Verfügung zu haben?

Tragen Sie die Ziffer der richtigen Formulierung in das Kästchen ein.

1. ... zahlen wir den Rechnungsbetrag unter Abzug von 3 % Skonto.
2. ... erwarten wir Ihre Lieferung fix zum 30.01.20..
3. ... sollten Sie nicht pünktlich liefern, verweigern wir die Annahme.
4. ... erwarten wir Ihre Lieferung frei Haus.
5. ... andernfalls sehen wir von künftigen Bestellungen bei Ihnen ab.

> **Fortführung der Situation für die 3. Aufgabe**
> Die Scheibenwischer werden durch das Verschulden der Autoteile Anders GmbH nicht geliefert und wir müssen einen Deckungskauf vornehmen.

3. Aufgabe

Bringen Sie den Ablauf der folgenden Vorgänge in die richtige Reihenfolge, indem Sie die Nummerierung von 1 bis 5 in die Kästchen eintragen.

Sie entscheiden sich für einen Lieferanten und bestellen die Scheibenwischer zur sofortigen Lieferung.

Nach Ablauf der Nachfrist setzen Sie den säumigen Lieferanten davon in Kenntnis, dass Sie vom Kaufvertrag zurücktreten und Schadenersatz statt Leistung verlangen.

Nach dem Wareneingang erhalten Sie die Rechnung und ermitteln den Differenzbetrag zwischen dem Gesamtpreis, der bei der ursprünglichen Bestellung angefallen wäre, und dem zu zahlenden Preis.

Sie stellen den gezahlten Mehrbetrag aufgrund der Nicht-Rechtzeitig-Lieferung dem säumigen Lieferanten in Rechnung.

Sie holen Angebote von infrage kommenden Ersatzlieferanten ein.

Prüfungsgebiet Warenwirtschaftsprozesse   Teile und Zubehör – Liefertermine überwachen und Maßnahmen bei Lieferungsverzug einleiten

Erläuterungen und Lösungen

1. Aufgabe

Lösung: 4

Der Lieferant nennt eine Lieferzeit von ca. 14 Tagen. Der Zeitpunkt für die Lieferung ist also nicht eindeutig kalendermäßig bestimmbar. In diesen Fällen sieht die Gesetzgebung vor, dass dem Lieferanten eine Nachfrist gesetzt werden muss, bevor er in Verzug gerät. Bei der Festsetzung der Zeitspanne für die Nachfrist kann man davon ausgehen, dass der Lieferant die Ware vor Ort hat. Das bedeutet, dass man im Grunde nur die Dauer, die der Transport in Anspruch nimmt, als Nachfrist einräumen muss.

2. Aufgabe

Lösung: 2

Da die Scheibenwischer für eine datumsmäßig festgelegte Aktion benötigt werden, sollte man einen Fixtermin für die Lieferung vereinbaren. Der Vorteil des Fixgeschäfts liegt u. a. darin, dass man sofort vom Kaufvertrag zurücktreten kann, falls der Lieferant den Termin nicht einhält, und sofort weitere Schadenersatzforderungen geltend machen kann. Das Gewähren einer Nachfrist entfällt. Die Autohaus Schmidt GmbH hätte so unter Umständen schneller die Möglichkeit, sich Ersatzware zu beschaffen.

3. Aufgabe

Lösung: 3, 1, 4, 5, 2

Die Durchführung eines Deckungskaufs setzt voraus, dass sich der Lieferant im Verzug befindet. Die weiteren Schritte sind selbsterklärend. Nach dem Angebotsvergleich und der Bestellung erhält man die benötigte Ware. Die eventuellen Mehrkosten, die durch den Deckungskauf entstanden sind, können dem säumigen Lieferanten in Rechnung gestellt werden.

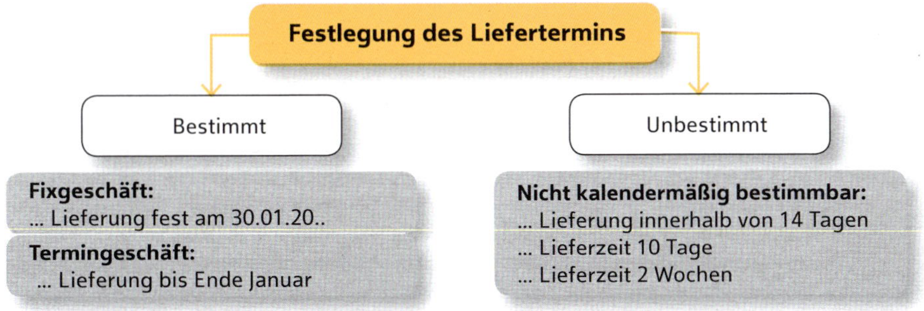

Festlegung des Liefertermins

Bestimmt

Fixgeschäft:
... Lieferung fest am 30.01.20..

Termingeschäft:
... Lieferung bis Ende Januar

Unbestimmt

Nicht kalendermäßig bestimmbar:
... Lieferung innerhalb von 14 Tagen
... Lieferzeit 10 Tage
... Lieferzeit 2 Wochen

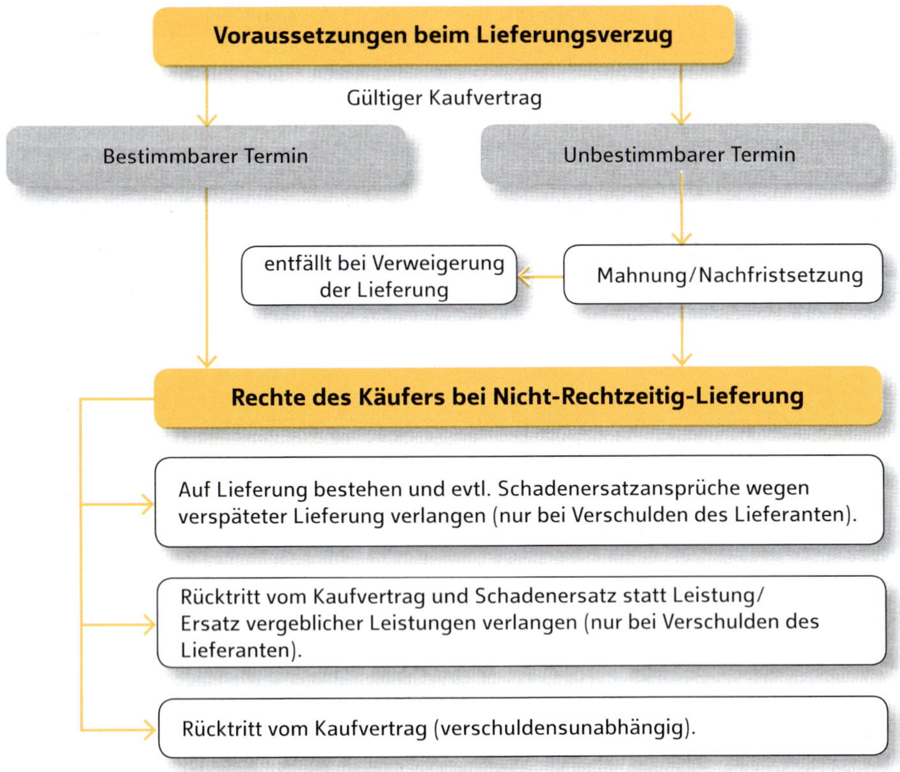

Voraussetzungen beim Lieferungsverzug

Gültiger Kaufvertrag

Bestimmbarer Termin

Unbestimmbarer Termin

entfällt bei Verweigerung der Lieferung

Mahnung/Nachfristsetzung

Rechte des Käufers bei Nicht-Rechtzeitig-Lieferung

Auf Lieferung bestehen und evtl. Schadenersatzansprüche wegen verspäteter Lieferung verlangen (nur bei Verschulden des Lieferanten).

Rücktritt vom Kaufvertrag und Schadenersatz statt Leistung/Ersatz vergeblicher Leistungen verlangen (nur bei Verschulden des Lieferanten).

Rücktritt vom Kaufvertrag (verschuldensunabhängig).

Verschulden des Lieferanten liegt vor, wenn er fahrlässig oder vorsätzlich nicht liefert. (Vergessen/Verweigerung der Lieferung).

Kein Verschulden liegt vor, wenn der Lieferant aufgrund höherer Gewalt nicht liefern konnte (Unwetter, Unfall).

Prüfungsgebiet Warenwirtschaftsprozesse

Teile und Zubehör – Kundenwünsche ermitteln

1. Aufgabe

Situation
Sie befinden sich aktuell im Verkauf und unterstützen den Verkäufer im Zubehörbereich, Herrn Schubert. Da Sie Ihren Kunden aktuell sehr gute Sonderkonditionen anbieten können, haben viele Kunden Interesse an einem Beratungsgespräch. Während einige Kollegen in der Mittagspause sind, beobachten Sie aus der Entfernung, wie ein Stammkunde, Herr Müller, sich interessiert mit einem der neuen Modelle, der Dachbox spacegiver, beschäftigt.

Wie reagieren Sie in dieser Situation richtig?

Tragen Sie die Ziffer der richtigen Aussage in das Kästchen ein. ☐

1 Sie unternehmen nichts.
  Da Herr Müller ja beschäftigt ist, besteht kein Grund zu handeln.
  Er wird schon auf Sie zukommen, wenn er eine Frage hat.

2 Sie weisen den Kunden darauf hin, dass sich dieses Modell
  in einer gehobenen Preisklasse befindet und seinen
  finanziellen Rahmen wahrscheinlich übersteigt.

3 Sie holen sofort Herrn Schubert aus der Pause
  und bitten ihn, sich fachkundig um Herrn Müller zu kümmern.

4 Sie nehmen zunächst Blickkontakt mit dem Kunden auf,
  um ihm zu zeigen, dass Sie ihn zur Kenntnis genommen haben.

5 Sie geben dem Kunden die aktuelle Preisliste und bitten ihn,
  zu einem späteren Zeitpunkt wieder zu kommen.

Fortführung der Situation für die 2. Aufgabe
Nachdem Sie nonverbalen Kontakt mit Herrn Müller aufgenommen haben, entschließen Sie sich, ihn anzusprechen.

2. Aufgabe

Welche Fragen sollten Sie bei der ersten verbalen Kontaktaufnahme mit Herrn Müller möglichst vermeiden?

Tragen Sie die Ziffern der richtigen Aussagen in die Kästchen ein. ☐ ☐ ☐

1 „Hallo Herr Müller. Das ist unser neuestes Modell.
  Brauchen Sie eine Dachbox?"

2 „Guten Tag Herr Müller. Unser neuestes Modell scheint
  Ihnen ja zu gefallen. Wie viel würden Sie denn für so eine Dachbox
  ausgeben?"

3 „Schön, Sie zu sehen, Herr Müller. Ich sehe, Sie interessieren
  sich für unsere neuesten Dachboxen? Was, denken Sie,
  hat so eine Dachbox wohl an Volumen?"

4 „Hallo Herr Müller. Sehen toll aus, unsere neuen Modelle!
  Welche Farbe soll es denn haben?"

5 „Ich grüße Sie, Herr Müller. Das ist unser neuestes Modell.
  Ein absolutes Leichtgewicht. Was, glauben Sie, wiegt so eine Dachbox?"

Fortführung der Situation für die 3. Aufgabe
Für die Gestaltung des Verkaufsgesprächs ist es wichtig, die Kaufmotive des Kunden zu kennen. Diese können sehr unterschiedlich ausgeprägt sein.

3. Aufgabe

Ordnen Sie den folgenden Kundenfragen den entsprechenden Begriff zu.

Kundenfrage		Zuordnung
„Wie viel Ladevolumen hat diese Dachbox denn?"	☐	1 Rationales Kaufmotiv
„Ist die Montage der Dachbox schwierig?"	☐	2 Emotionales Kaufmotiv
„Haben Sie auch ein Finanzierungsangebot für diese Dachbox?"	☐	
„Um wie viel höher ist denn der Kraftstoffverbrauch mit dieser Dachbox?"	☐	
„Ist die Dachbox denn auch abschließbar?"	☐	
„Kann die Dachbox denn auch in Wagenfarbe lackiert werden?"	☐	

Prüfungsgebiet **Warenwirtschaftsprozesse**   Teile und Zubehör – Kundenwünsche ermitteln

Erläuterungen und Lösungen

1. Aufgabe

Lösung: 4

Es empfiehlt sich in den meisten Fällen nicht, direkt auf einen Kunden „zuzustürmen". Man kann den Kunden damit sogar erschrecken. Auf jeden Fall sollte man dem Kunden aber zeigen, dass man ihn wahrgenommen hat.
Dies kann nonverbal durch Gesten wie Zunicken, Zuwinken oder durch Blickkontakt geschehen. Der Kunde soll sich in unserem Hause „willkommen" fühlen. Natürlich ist auch eine verbale Begrüßung empfehlenswert, falls es die Entfernung zulässt. Dabei sollte man bei Stammkunden darauf achten, sie mit Namen anzusprechen.
Die richtige Kontaktaufnahme mit dem Kunden ist zudem stark von der Branche und dem Produkt abhängig. Es werden hier die Selbstbedienung, das Vorwahlsystem und die Vollbedienung unterschieden. Die hier dargestellte Situation bezieht sich auf das Vorwahlsystem.

Selbstbedienung
In Geschäften mit Selbstbedienung erwarten die Kunden keine Kontaktaufnahme durch das Personal.
Die Kunden möchten ungestört und selbstständig ihre Waren aussuchen.
Der Verkäufer steht bei Rückfragen durch Kunden natürlich zur Verfügung.

Vorwahlsystem
Beim Vorwahlsystem hat der Kunde die Möglichkeit, sich selbstständig umzuschauen, aber auch den Kontakt mit dem Verkäufer aufzunehmen, wenn er Fragen zum Produkt hat. Da im Vorwahlsystem oft beratungsintensive Produkte verkauft werden, ist eine Ansprache des Kunden sinnvoll. Diese ist abhängig von der Situation: 1. *Situation:* Der Kunde sucht den Blickkontakt zum Verkäufer: Ansprache des Kunden, z. B. „Wie kann ich Ihnen helfen?" 2. *Situation:* Der Kunde spricht den Verkäufer an: Frage beantworten 3. *Situation:* Der Kunde beschäftigt sich intensiv mit einem Produkt: Ansprache des Kunden über das Produkt, z. B. „Das ist ein ganz neues Fahrzeug".

Vollbedienung
Bei der Vollbedienung ist der Kunde auf den Verkäufer angewiesen. Der Kunde äußert seine Wünsche und erhält die Artikel dann vom Verkäufer ausgehändigt.

2. Aufgabe

Lösung: 1, 2, 4

Zu Beginn eines Kundengesprächs sollte man darauf achten, die Fragestellung möglichst offen zu halten, um möglichst viele Informationen zu erhalten.
Die Frage 1 kann das Verkaufsgespräch sehr schnell beenden, wenn der Kunde mit „Nein" antwortet. Auch die Frage nach dem Preis (Frage 2) oder der Farbe (Frage 4) schränkt das weitere Verkaufsgespräch dementsprechend ein.
Ein Modell mit einem höheren Preis oder einer Wunschfarbe, die vielleicht nicht lieferbar ist, erschwert den weiteren Verlauf des Gesprächs.
Hingegen kann der Verkäufer durch offene Fragestellungen wichtige Erkenntnisse für den weiteren Verlauf des Gesprächs erlangen. Mit solchen Fragen bringen Sie den Kunden dazu, über die Ziele nachzudenken, die er mit dem Kauf verfolgt.
In diesem Fall: Was der Kunde von einer Dachbox erwartet (Frage 3) oder welchen Nutzen er aus dem Kauf ziehen kann (Frage 5).

3. Aufgabe

Lösung: 1, 1, 1, 1, 1, 2

Es werden zwei Arten von Kaufmotiven unterschieden:

- **Rationale Kaufmotive** (durch den Verstand gesteuert),
  Geldersparnis, Zeitersparnis, Qualität, Umweltbewusstsein;

- **Emotionale Kaufmotive** (durch die Emotionen/das Gefühl gesteuert);
  Prestigeerleben, Neugier, Nachahmung.

Für den Verkäufer ist wichtig, die Kaufmotive genau zu erkennen.
Gelingt ihm dies, kann er während des Verkaufsgesprächs auf diese eingehen.
Die emotionalen Kaufmotive zeigt der Kunde nicht immer direkt.
Hier ist es besonders wichtig, diese durch geschickte Fragen zu erkunden.

Prüfungsgebiet **Warenwirtschaftsprozesse** — Teile und Zubehör – Kundenwünsche ermitteln

---

Fortführung der Situation für die 4. Aufgabe
Herr Müller ist an dem Cabrio sehr interessiert. Ihm ist aber wichtig, dass das Fahrzeug auch sehr sparsam ist.

4. Aufgabe

Auf welches Produktmerkmal des Cabrios gehen Sie besonders ein?

Tragen Sie die Ziffer der richtigen Aussage in das Kästchen ein.

1. Sie heben die Echtledersitze des Fahrzeugs besonders hervor.
2. Sie betonen, dass der Kofferraum für ein Cabrio ein sehr großes Volumen hat.
3. Sie erklären dem Kunden, dass dieses Modell auch mit einem sparsamen 3-Liter-Motor zu haben ist.
4. Sie erwähnen, dass das Fahrzeug auch in elf Sonderlackierungen bestellt werden kann.
5. Sie sagen Herrn Müller, dass das Fahrzeug über eine exklusive Soundanlage verfügt, für einen Mehrpreis von 1.000,00 €.

Fortführung der Situation für die 5. und 6. Aufgabe
Herr Müller ist sich unsicher, ob er tatsächlich eine Dachbox gebrauchen kann. Daher führen Sie eine Bedarfsermittlung durch.

5. Aufgabe

Man unterscheidet bei der Bedarfsermittlung u. a. offene und geschlossene Fragestellungen. Ordnen Sie den folgenden Fragen die entsprechenden Frageformen zu.

Frage		Zuordnung
„Wie häufig fahren Sie mit dem Fahrzeug in den Urlaub?"	☐	1 Offene Frage
„Haben Sie daran kein Interesse?"	☐	2 Geschlossene Frage
„Haben Sie sonst noch einen Wunsch?"	☐	
„Sieht diese Dachbox nicht toll aus?"	☐	
„Was transportieren Sie denn hauptsächlich mit Ihrem Fahrzeug?"	☐	
„Was erwarten Sie von einer Dachbox?"	☐	
„Wie transportieren Sie die Sachen denn normalerweise?"	☐	

6. Aufgabe

Welche Aussage zur Bedarfsermittlung ist richtig?

Tragen Sie die Ziffer der richtigen Aussage in das Kästchen ein.

1. Der Vorteil der indirekten Bedarfsermittlung ist, dass Kunden sich nicht vom Verkäufer „ausgefragt" fühlen.
2. Bei der direkten Bedarfsermittlung werden dem Kunden zu Beginn einige Produkte als Testangebot vorgestellt.
3. Bei der direkten Bedarfsermittlung kommen hauptsächlich geschlossene Fragen zum Einsatz.
4. Die Reaktionen des Kunden bleiben bei der indirekten Bedarfsermittlung ohne Bedeutung.
5. Eine Kombination zwischen indirekter und direkter Bedarfsermittlung ist in einem seriösen Verkaufsgespräch nicht zulässig.

Prüfungsgebiet Warenwirtschaftsprozesse

Teile und Zubehör – Kundenwünsche ermitteln

Erläuterungen und Lösungen

4. Aufgabe

Lösung: 3

5. Aufgabe

Lösung: 1, 2, 2, 2, 1, 1, 1

Grundsätzlich sind offene Fragen **Informationsfragen**, da der Kunde dadurch aufgefordert wird, Anforderungen, die er an die Ware stellt, zu beschreiben. Zu Beginn des Verkaufsgesprächs sollte man möglichst offene Fragen stellen.

Geschlossene Fragen sind **Kontrollfragen**, die häufig wenig Auswahlmöglichkeiten als Antwort zulassen (ja oder nein, weiß oder schwarz). Sie ersparen dem Kunden lange Antworten, können das Verkaufsgespräch aber auch stark einschränken oder sogar beenden. So reagieren viele Kunden auf die Frage „Kann ich Ihnen helfen?" fast reflexartig mit der Antwort: „Nein, danke."

6. Aufgabe

Lösung: 1

Bedarfsermittlung	
Direkt	**Indirekt**
Der Verkäufer stellt dem Kunden offene Fragen über seine Kaufabsichten und Wünsche. Dadurch kann der Verkäufer passende Produkte heraussuchen und dem Kunden vorstellen. Die direkte Bedarfsermittlung ist sinnvoll, wenn der Kunde genaue Vorstellungen zu seinem Produkt hat. **Nachteil:** Der Kunde fühlt sich ausgefragt. Falsche Fragen führen nicht ans Ziel.	Zu Beginn werden nur wenige Orientierungsfragen gestellt, danach legt der Verkäufer dem Kunden „Testangebote" vor. Durch nonverbale/verbale Reaktionen des Kunden kann der Verkäufer reagieren und dem Kunden die richtigen Produkte vorstellen. Greift der Verkäufer zu Beginn zum richtigen Artikel, wirkt er auf den Kunden sehr kompetent. **Nachteil:** Falsche Testangebote verkürzen das Verkaufsgespräch. Der Verkäufer wirkt inkompetent und der Kunde wendet sich der Konkurrenz zu.

Kommunikationsregeln
für das Verkaufsgespräch

Nonverbal

Blickkontakt	Mimik	Gestik	Distanz
• Möglichst mit dem Kunden aufbauen/halten	• Freundlich • Lächeln	• Offen • Unterhalb der Taille	• Abstand halten (1 m bis 1,5 m)

Verbal

Wortwahl	Betonung	Pausen	Satzbau	Lautstärke
• Verständlich formulieren • Nicht zu viele Fachbegriffe verwenden	• Nicht monoton • Nicht abgehackt	• Angemessene Sprachgeschwindigkeit • Kundenspezifisch	• Kurze einprägsame Sätze	• Angemessen • Kundenspezifisch

---

Fragestellungen bei der
Bedarfsermittlung

Offene Fragen
• Durch gezielte Fragen Informationen zum Bedarf ermitteln.
• Kunde muss sich zur Ware äußern.

Geschlossene Fragen
• Zur Kontrolle.
• Meist nur zwei Antwortmöglichkeiten.
• Können Verkaufsgespräch beenden.

© Westermann Gruppe

Prüfungsgebiet Warenwirtschaftsprozesse — Teile und Zubehör – Kunden und Kundinnen unter Nutzung von Produktinformationen beraten

1. Aufgabe

Situation
Frau Schulze, eine Neuwagenkundin, möchte für ihr neues Auto gerne einen zusätzlichen Satz Kompletträder für den Winter kaufen. Nachdem Sie durch geschickte Fragestellungen gewissenhaft die Kaufmotive der Kundin erforscht haben, möchten Sie ihr nun einige Modelle Ihrer Ausstellung zeigen, die Ihrer Einschätzung nach für Frau Schulze infrage kommen.

Wie gehen Sie bei der Präsentation der Kompletträder richtigerweise vor?

Tragen Sie die Ziffer der richtigen Aussage in das Kästchen ein.

1. Nachdem Sie Frau Schulze detailliert nach ihren Kaufwünschen und Vorstellungen befragt haben, wissen Sie genau, welches Rad das richtige ist, und versuchen, sie davon zu überzeugen, es zu kaufen.
2. Da wir eine große Auswahl von infrage kommenden Komplettrādern haben, beginnen Sie mit dem günstigsten Satz und erklären Frau Schulze der Reihe nach alle Vor- und Nachteile sämtlicher Räder.
3. Sie haben nun eine ungefähre Vorstellung von dem, was Frau Schulze von ihren Winterrädern erwartet, und suchen sich nach diesen Gesichtspunkten drei Räder aus, die Sie ihr konkret vorstellen.
4. Da Frau Schulze einen hochpreisigen Neuwagen fährt, zeigen Sie ihr auch nur unsere hochpreisigen Kompletträder. Das ist auch sinnvoll, da so der höchste Umsatz generiert werden kann.
5. Sie präsentieren Frau Schulze alle Kompletträder, damit sie sich zunächst selbst ein Bild davon machen kann, welche Räder ihr gefallen. Erst danach beginnen Sie mit der eigentlichen Vorstellung der Räder.
6. Da Sie jetzt sämtliche Kaufmotive und Anforderungen kennen, die Frau Schulze an die Kompletträder hat, bitten Sie sie um ein paar Tage Geduld. Sie werden ihr umgehend ein genau auf sie zugeschnittenes Angebot machen und ihr dieses zukommen lassen.

Fortführung der Situation für die 2. Aufgabe
Sie haben sich dafür entschieden, Frau Schulze einige Räder aus der Ausstellung zu präsentieren. Bei Ihrer Verkaufsargumentation beachten Sie die Grundregeln und den 3-schrittigen Aufbau.

2. Aufgabe

2.1 Ordnen Sie den Argumentationsschritten die jeweilige inhaltliche Aussage zu.

Argumentationsschritt		Inhaltliche Aussage
a) Aufstellung einer Behauptung		1 Kundennutzen
b) Begründung der Behauptung		2 Produktmerkmal
c) Ableitung der Schlussfolgerung		3 Produktvorteil

2.2 Worauf sollten Sie bei der Formulierung von Verkaufsargumenten grundsätzlich nicht achten?

Tragen Sie die Ziffer der Aussage in das Kästchen ein.

1. Argumentieren Sie positiv.
2. Argumentieren Sie fachkundig und verständlich.
3. Argumentieren Sie beeinflussend.
4. Argumentieren Sie persönlich.
5. Argumentieren Sie anschaulich.

Prüfungsgebiet Warenwirtschaftsprozesse Teile und Zubehör – Kunden und Kundinnen unter Nutzung von Produktinformationen beraten

Erläuterungen und Lösungen

1. Aufgabe

Lösung: 3

Man sollte mit der Warenpräsentation möglichst frühzeitig beginnen, da durch das Sehen und Anfassen des Artikels zusätzliche Sinne des Kunden angesprochen werden und der Kaufwunsch verstärkt werden kann. Außerdem sollte man darauf achten, nur einwandfreie und saubere Ware zu präsentieren, um die Sorgfältigkeit und die Kompetenz des Unternehmens zu bekräftigen. Die Ware sollte ggf. fachgerecht vorgeführt und erklärt werden, wobei man besonders auf den Gebrauchsnutzen, den der Kunde durch den Artikel erhält, hinweisen sollte. Optimalerweise werden dem Kunden zunächst drei Teile vorgestellt, wobei es sich anbietet, mit der mittleren Preisklasse zu beginnen. So hat man die Möglichkeit, je nach Reaktion des Kunden, noch nach oben oder unten auszuweichen. Werden dem Kunden bereits zu Beginn des Verkaufsgesprächs zu viele Artikel angeboten, ist er vielleicht überfordert und kann sich gar nicht entscheiden.

2. Aufgabe

2.1 Lösung: 2, 3, 1

Im ersten Schritt wird ein Merkmal des Produkts in den Vordergrund gestellt. Dies ist ein warenbezogenes Argument. Man stellt eine Behauptung auf. Im zweiten Schritt wird der Vorteil, den dieses Produkt durch das Merkmal hat, erläutert.
Dies ist ein verwendungsbezogenes Argument. Man begründet die Behauptung. Zum Schluss wird der konkrete Nutzen, den der Kunde aus diesem Merkmal zieht, herausgestellt.

2.2 Lösung: 3

Die Formulierungen, die man bei der Verkaufsargumentation verwendet, müssen selbstverständlich auf die einzelne Situation und den speziellen Kunden zugeschnitten sein. Man sollte allerdings nicht versuchen, den Kunden in seinem eigenen Sinne zu beeinflussen. Das führt dazu, dass der Kunde unter Umständen durch Überredung und Beeinflussung eine Ware kauft, die gar nicht zu seinen Bedürfnissen und Ansprüchen passt. Dies hat zur Folge, dass der Kunde sich später womöglich schlecht beraten fühlt und das Unternehmen meidet und schlimmstenfalls seine negativen Erfahrungen noch mit anderen Kunden teilt.

> Der Köder muss dem Fisch und nicht dem Angler schmecken.

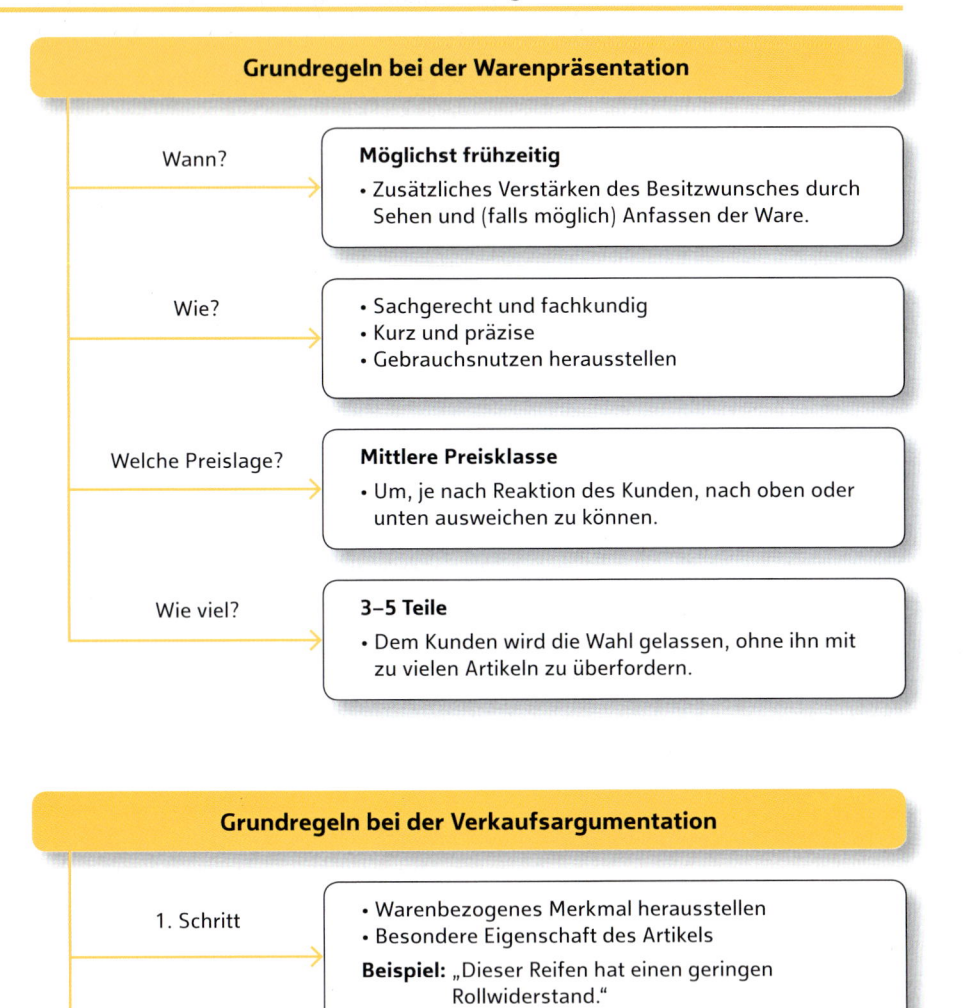

Grundregeln bei der Warenpräsentation

Wann? →
Möglichst frühzeitig
• Zusätzliches Verstärken des Besitzwunsches durch Sehen und (falls möglich) Anfassen der Ware.

Wie? →
• Sachgerecht und fachkundig
• Kurz und präzise
• Gebrauchsnutzen herausstellen

Welche Preislage? →
Mittlere Preisklasse
• Um, je nach Reaktion des Kunden, nach oben oder unten ausweichen zu können.

Wie viel? →
3–5 Teile
• Dem Kunden wird die Wahl gelassen, ohne ihn mit zu vielen Artikeln zu überfordern.

Grundregeln bei der Verkaufsargumentation

1. Schritt →
• Warenbezogenes Merkmal herausstellen
• Besondere Eigenschaft des Artikels
Beispiel: „Dieser Reifen hat einen geringen Rollwiderstand."

2. Schritt →
• Verwendungsbezogene Argumentation
• Vorteil der besonderen Eigenschaft
Beispiel: „Die Abrollgeräusche sind daher sehr gering."

3. Schritt →
• Kundenbezogene Argumentation
• Kundennutzen herausstellen
Beispiel: „Dadurch können Sie viel Sprit sparen."

Prüfungsgebiet Warenwirtschaftsprozesse   Teile und Zubehör – Kunden und Kundinnen unter Nutzung von Produktinformationen beraten

---

Fortführung der Situation zur 3. und 4. Aufgabe
Nachdem Sie Frau Schulze einige Kompletträder präsentiert haben, stellt sich heraus, dass sich Frau Schulze für ein bestimmtes Modell besonders zu interessieren scheint. Allerdings hat Frau Schulze noch einige Bedenken, die Sie entkräften müssen, um sie endgültig von dem Komplettradsatz zu überzeugen. Frau Schulze findet das Profil der Reifen sehr grob (a), sie fragt sich, wie lange sie den Reifen fahren kann (b) und ob die anderen Räder nicht genauso gut sind (c). Letztendlich fragt sie sich, ob sie sich überhaupt Winterreifen anschaffen soll (d).

3. Aufgabe

Mit folgenden Aussagen möchten Sie die Einwände der Kundin entkräften. Ordnen Sie Ihren Aussagen die folgenden Methoden zur Einwandbehandlung zu.

Aussage

a) „Aber genau aus diesem Grund hat der Reifen so gute Eigenschaften bei Nässe und Schnee."

b) „Wie viele Kilometer, glauben Sie, können Sie einen solchen Reifen fahren?"

c) „Da haben Sie Recht. Jedoch denken Sie daran, dass der Reifen der Testsieger der aktuellen Saison ist."

d) „Die Investition ist sicherlich zu überlegen, aber dafür sind Sie im Winter bei schlechten Straßenverhältnissen auch sicher unterwegs."

Methode

1 Ja-aber-Methode

2 Bumerangmethode

3 Rückfragemethode

4 Nachteil-Vorteil-Methode

4. Aufgabe

Welche der unten stehenden Regeln ist **keine** Grundregel bei der Einwandbehandlung?

Tragen Sie die Ziffer der Aussage in das Kästchen ein.

1 Knapp und präzise antworten.
2 Versuchen, den Einwand durch Argumente zu entkräften.
3 Ruhig und sachlich bleiben.
4 Dem Kunden interessiert zuhören, ohne ihn zu unterbrechen.
5 Durch Mimik und Gestik zeigen, dass der Einwand unberechtigt ist.

Fortführung der Situation zur 5. Aufgabe
Während des Verkaufsgesprächs fragt Frau Schulze Sie natürlich auch nach dem Preis für den Komplettradsatz. Erst wenn der Kunde die Vorteile einer Ware erkennt und versteht, kann er auch nachvollziehen, dass die Qualität einer Ware in Beziehung zu ihrem Preis steht. Es ist Ihre Aufgabe, Frau Schulze den Preis so zu präsentieren, dass sie das Preis-Leistungs-Verhältnis erkennt. Dafür kennen Sie verschiedene Methoden.

5. Aufgabe

Ordnen Sie den folgenden Aussagen die entsprechende Methode der Preisnennung zu.

Aussage

a) „Sie meinen also diese Räder, die gerade Testsieger geworden sind und Sie mit ihrem neuartigen Profil sicher durch den Winter bringen werden. Die bekommen Sie bei uns inklusive Montage für nur 859,00 €."

b) „Diese ausgefallenen Alufelgen mit dem Testsieger bei den Winterreifen für nur 859,00 € bekommen Sie bei uns inklusive Montage."

c) „Dieser Satz Räder kostet Sie inklusive Montage 859,00 €. Das sind bei einer durchschnittlichen Lebensdauer von fünf Jahren keine 15,00 € pro Monat."

Methode

1 Sandwichmethode

2 Verkleinerungsmethode

3 Verzögerungsmethode

Prüfungsgebiet Warenwirtschaftsprozesse Teile und Zubehör – Kunden und Kundinnen unter Nutzung von Produktinformationen beraten

Erläuterungen und Lösungen

3. Aufgabe

Lösung: 2, 3, 1, 4

a) **Bumerangmethode:** Ein Einwand der Kundin wird genutzt, um einen weiteren Vorteil des Artikels herauszustellen.

b) **Rückfragemethode:** Durch eine Frage, die die Kundin erst einmal beantworten muss, verschafft man sich Zeit, ein Gegenargument zu finden oder den Einwand auf andere Art zu entkräften.

c) **Ja-aber-Methode:** Sie geben der Kundin erst Recht, argumentieren dann aber mit einem (weiteren) Vorteil der Ware.

d) **Nachteil-Vorteil-Methode:** Ein Nachteil, den die Kundin mit dem Kauf verbindet, wird in einen Vorteil umgewandelt.

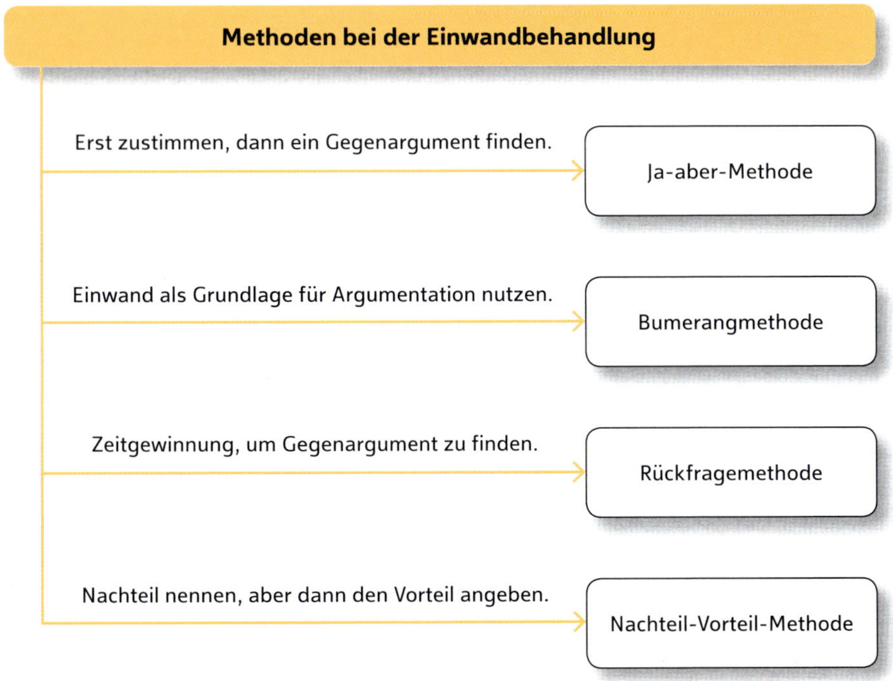

4. Aufgabe

Lösung: 5

Die Grundregeln der Einwandbehandlung sind wichtig, um dem Kunden das Gefühl zu geben, dass er wichtig und ernst genommen wird. Versuchen Sie, sich in die Lage des Kunden zu versetzen und seinen Einwand nachzuvollziehen. Entkräften Sie den Einwand durch fachkundige Argumentation.
Vermeiden Sie abwertende Gestik und Mimik, das verärgert den Kunden eher.

5. Aufgabe

Lösung: 3, 1, 2

a) **Verzögerungsmethode:** Zunächst werden noch einmal die wichtigsten Vorteile der angebotenen Ware herausgestellt, bevor zum Schluss der Preis genannt wird. Der Preis verliert somit an Bedeutung.

b) **Sandwichmethode:** Der Preis wird geschickt in die Verkaufsargumentation eingebunden. Da der Preis zwischen den Vorteilen genannt wird, fällt er hier nicht besonders ins Gewicht.

c) **Verkleinerungsmethode:** Hierbei ist es wichtig, eine Möglichkeit zu finden, wie der Kaufpreis auf den Nutzen verteilt werden kann. Als Verteilungsfaktor bieten sich die Zeit oder die Anzahl der Personen an, die beim beabsichtigten Kauf einen Nutzen aus der Sache ziehen können.

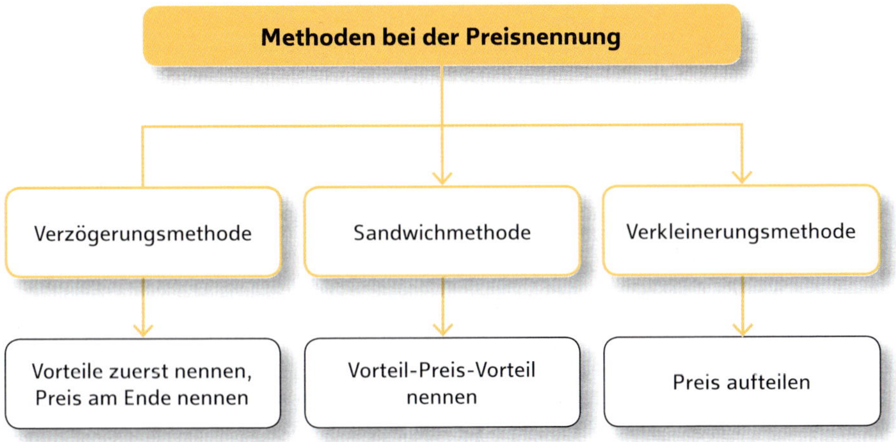

Methoden bei der Einwandbehandlung

Erst zustimmen, dann ein Gegenargument finden.	Ja-aber-Methode
Einwand als Grundlage für Argumentation nutzen.	Bumerangmethode
Zeitgewinnung, um Gegenargument zu finden.	Rückfragemethode
Nachteil nennen, aber dann den Vorteil angeben.	Nachteil-Vorteil-Methode

Methoden bei der Preisnennung

Verzögerungsmethode	Sandwichmethode	Verkleinerungsmethode
Vorteile zuerst nennen, Preis am Ende nennen	Vorteil-Preis-Vorteil nennen	Preis aufteilen

Prüfungsgebiet Warenwirtschaftsprozesse

Teile und Zubehör – Präsentation von Zubehör planen und umsetzen

Situation zur 1. bis 3. Aufgabe
Heute wurde ein neues Regalelement für den Ausstellungsraum geliefert. In diesem Regal sollen Zubehörartikel präsentiert werden. Es handelt sich dabei u. a. um Pflege- und Reinigungsmittel, Sicherheitszubehör und Verbandskästen sowie Frostschutz, Eiskratzer und Scheiben- bzw. Türenteiser. Da Sie keine konkreten Vorgaben haben, wie das Regal zu bestücken ist, stellen Sie Ihre eigenen Überlegungen an, wo welcher Artikel am besten zu platzieren ist.

1. Aufgabe

Ordnen Sie den folgenden Artikeln die vertikalen Regalzonen zu, in denen die Artikel am sinnvollsten platziert sind.

Artikel		Regalzonen
a) Hochwertige Artikel Ergänzungsartikel	☐	1 Reckzone
b) Schwere, unhandliche Teile Preisgünstige Ware	☐	2 Sichtzone
c) Impulsartikel Artikel mit hoher Gewinnerwartung	☐	3 Greifzone
d) Signalartikel Kleine, leichte Teile	☐	4 Bückzone

2. Aufgabe

Abgesehen von der vertikalen Wertigkeit gibt es auch eine horizontale Wertigkeit eines Regals. Ordnen Sie die drei Zonen den entsprechenden Artikeln zu. Gehen Sie davon aus, dass sich das Regal auf der linken Seite des Kunden befindet.

Artikel		Regalzonen
a) Umsatzstarke Artikel – Suchartikel	☐	1 Linke Zone
b) Interessante Artikel – sollen den Kunden stoppen	☐	2 Mittlere Zone
c) Impulsartikel – Zusatzverkäufe	☐	3 Rechte Zone

3. Aufgabe

Ordnen Sie die einzelnen Zonen nach ihrer Rangfolge der Verkaufsstärke, indem Sie die Note 1 für sehr gut bis 4 für schlecht vergeben.

Reckzone ☐

Sichtzone ☐

Greifzone ☐

Bückzone ☐

Fortführung der Situation für die 4. Aufgabe
Es hat in den letzten Jahren viele Studien gegeben, die untersucht haben, wie sich die Kunden im Geschäft verhalten. Dadurch lassen sich relativ gute Aussagen über verkaufsstarke und verkaufsschwache Zonen machen, was bei der Platzierung der Ware berücksichtigt werden sollte.

4. Aufgabe

Welche der folgenden Aussagen über die Erkenntnisse, die man aus Kundenlaufstudien gezogen hat, ist **falsch**?

Tragen Sie die Ziffer der falschen Aussage in das Kästchen ein. ☐

1 Die Außengänge werden deutlich weniger begangen als die Mittelgänge.

2 Die Kunden machen ungern Kehrtwendungen, gehen also nicht gerne denselben Weg zurück.

3 Viele Kunden haben einen Rechtsdrall. Sie greifen und blicken auch meist nach rechts.

4 Eingangszonen sind verkaufsschwache Zonen, da die Kunden dort meist schnell vorbeigehen.

5 Die optimale Wahrnehmung des Verbrauchers liegt in Sichthöhe, also im Normalfall zwischen 1,60 m und 1,80 m.

Prüfungsgebiet Warenwirtschaftsprozesse

Teile und Zubehör – Präsentation von Zubehör planen und umsetzen

Erläuterungen und Lösungen

1. Aufgabe

Lösung: 3, 4, 2, 1

Durch zahlreiche Untersuchungen und Beobachtungen konnten genaue Kenntnisse über die Wertigkeiten und die Bedeutung der einzelnen Regalzonen gewonnen werden. Diese Erkenntnisse können genutzt werden, um die Ware optimal und den Verkaufszielen gerecht zu platzieren.
Es ist wichtig, in der **Sicht- und Greifzone** die Artikel zu positionieren, die am häufigsten verkauft werden sollen. Diese Zonen nimmt der Kunde am meisten wahr. Man kann versuchen die **Reckzone**, die zu den verkaufsschwächeren Zonen gehört, durch die Platzierung von Signalartikeln aufzuwerten. Dies sind oft Markenartikel, die dem Kunden direkt ins Auge fallen. Ebenso ist es schon aufgrund des Sicherheitsfaktors wichtig, dass leichte Ware im oberen Bereich und schwere Ware im unteren Bereich, der **Bückzone**, eines Regals aufbewahrt wird.

2. Aufgabe

Lösung: 2, 1, 3

Die folgenden Erkenntnisse konnten auch im Rahmen von Studien nachgewiesen werden. Die Blickbreite des Kunden liegt bei ca. 60 cm bis 1 m. Will sich der Kunde einen Überblick über das Angebot verschaffen, tut er das auf einer horizontalen Blickebene. Sucht der Kunde einen bestimmten Artikel, ist die Blickrichtung vornehmlich vertikal, d. h., der Kunde sucht im Regal von oben nach unten oder umgekehrt. Es ist also entscheidend für die Bewertung der Regalzonen, wie groß der Abstand des Kunden vom Regal ist. Je kleiner der Abstand ist, desto kleiner ist auch das Blickfeld. Grundsätzlich gilt die linke Seite eines Regals als verkaufsschwach, weshalb man hier auffallende Artikel positionieren sollte, um den Kunden zu stoppen. Der mittlere Regalbereich ist eine verkaufsstarke Zone. Hier platziert man umsatzstarke Artikel. Im rechten Bereich eines Regals bietet man Impulsartikel an, um so den Umsatz möglichst noch zu erhöhen.

3. Aufgabe

Lösung: 3, 1, 2, 4

(siehe 1. Aufgabe und nebenstehende Abbildung)

4. Aufgabe

Lösung: 1

Es ist genau umgekehrt. Die Außengänge werden von den Kunden deutlich häufiger begangen als die Mittelgänge. Meistens liegt das auch daran, dass die Außengänge breiter sind als die Mittelgänge, was den Kunden entgegenkommt.

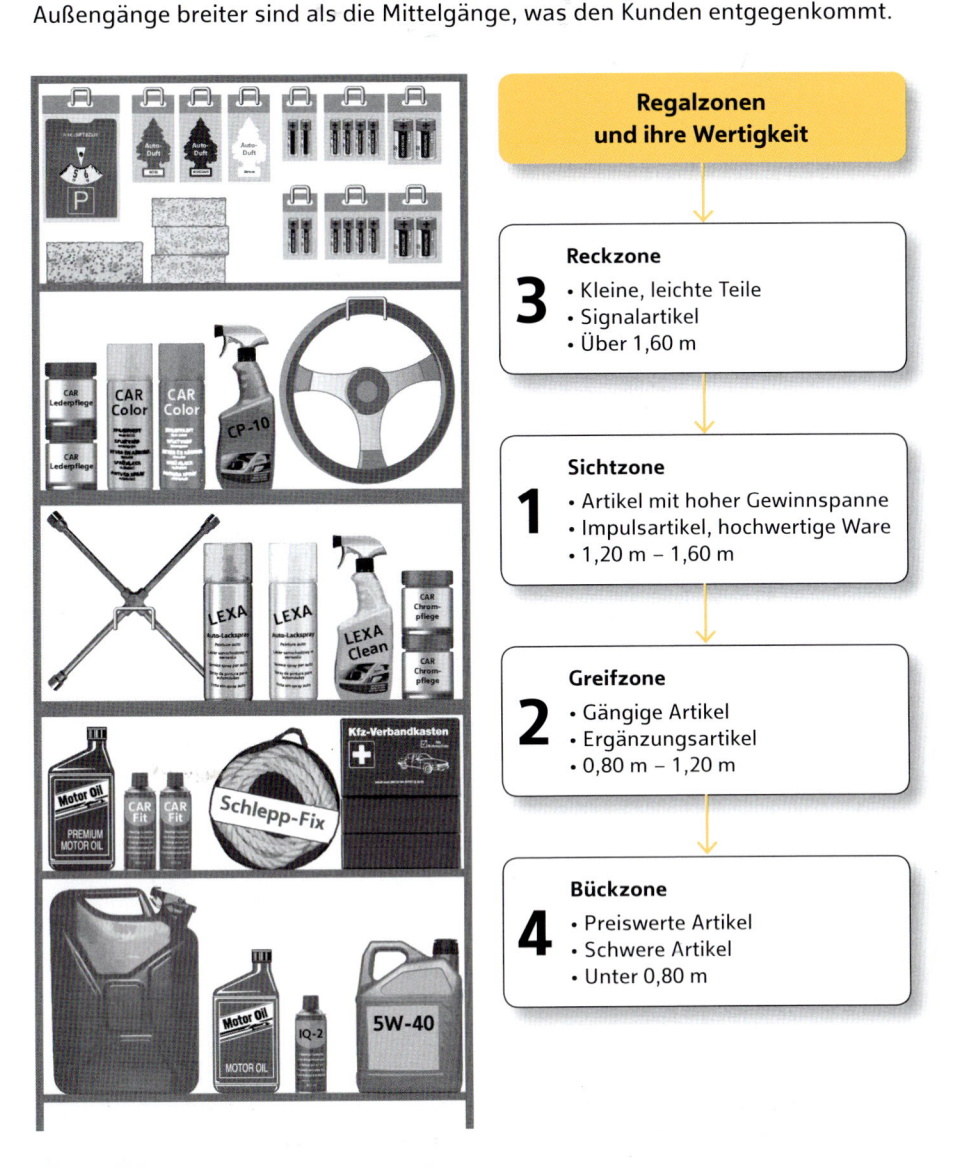

Regalzonen und ihre Wertigkeit

3 Reckzone
- Kleine, leichte Teile
- Signalartikel
- Über 1,60 m

1 Sichtzone
- Artikel mit hoher Gewinnspanne
- Impulsartikel, hochwertige Ware
- 1,20 m – 1,60 m

2 Greifzone
- Gängige Artikel
- Ergänzungsartikel
- 0,80 m – 1,20 m

4 Bückzone
- Preiswerte Artikel
- Schwere Artikel
- Unter 0,80 m

© Westermann Gruppe

Prüfungsgebiet Werkstattprozesse

Mechanische, hydraulische, pneumatische sowie elektrische und elektronische Systeme in Fahrzeugen unterscheiden und ihre Funktion erläutern

1. Aufgabe

Situation
Im Rahmen Ihrer Ausbildung werden Sie in der Service-Annahme eingesetzt. Damit Sie Ihre Kunden kompetent rund ums Auto beraten können, benötigen Sie umfangreiche Kenntnisse über den grundsätzlichen Aufbau und die Funktionen eines Fahrzeugs und seiner Baugruppen.

Ordnen Sie die folgenden Baugruppen der Abbildung zu.

Baugruppe	Ziffer
Motor	
Kraftübertragung	
Fahrwerk	
Karosserie	
Elektrik/Elektronik	

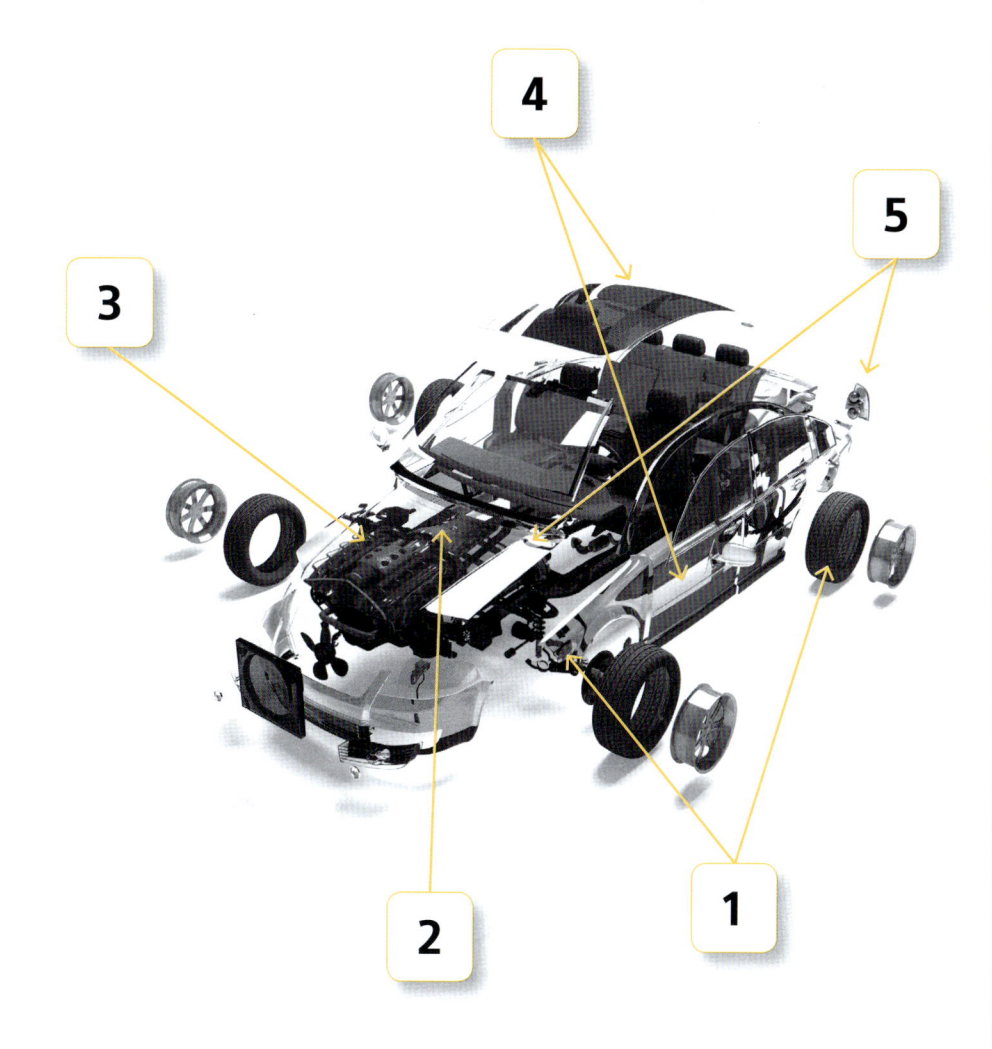

Prüfungsgebiet Werkstattprozesse

Mechanische, hydraulische, pneumatische sowie elektrische
und elektronische Systeme in Fahrzeugen unterscheiden und ihre Funktion erläutern

Erläuterungen und Lösungen

1. Aufgabe

Lösung: 3, 2, 1, 4, 5

Jedes Kraftfahrzeug lässt sich in fünf **Hauptbaugruppen** einteilen und stellt eine Kombination technisch komplexer Teilsysteme dar.

Der **Motor** bildet hierbei den Kern des Fahrzeugs. Er liefert die für den Betrieb nötige Bewegungsenergie. Hierzu wurden und werden ständig neue Konzepte entwickelt. Neben dem klassischen Verbrennungsmotor (Benzin und Diesel, aber auch Erdgas und Autogas) finden immer mehr Hybrid-Antriebe, also die Kombination von Verbrennungs- und Elektroantriebssystemen, Verwendung. Reine Elektroantriebe sowie neue Technologien wie z. B. Brennstoffzellenmotoren werden entwickelt und die Zukunft des Autoantriebs darstellen.

Für die **Kraftübertragung** auf die Achsen und Räder sorgen Getriebe. Durch Schalten zwischen verschiedenen Gängen kann je nach Geschwindigkeit und Drehzahl des Motors das Fahrzeug bewegt werden. Die Kupplung trennt bei Bedarf den Motor vom Getriebe und macht das Schalten so erst möglich. Über Antriebswellen und Differentialgetriebe werden die Räder schließlich bewegt.

Das **Fahrwerk** sorgt für stabile und sichere Fahreigenschaften des Kfz. Die Achsen und Räder sind über Federbeine mit der Karosserie verbunden. Bremsen und Lenkung sowie Dämpfungssysteme gehören ebenfalls zu dieser Baugruppe. Letztendlich stellen die Reifen die einzige und sichere Verbindung zwischen Fahrzeug und Straße dar.

Die **Karosserie** mit den unterschiedlichen Bauformen stellt das äußere Erscheinungsbild des Autos dar. Doch nicht nur das Design, sondern auch die Sicherheit der Insassen wird durch sie wesentlich bestimmt. Wie ein schützender Käfig umgibt sie diese und rettet durch Sicherheitssysteme oftmals Leben.

Unter **Elektrik und Elektronik** sind sämtliche elektrischen Verbraucher am Fahrzeug sowie deren Steuerelemente zusammengefasst. Anlasser, Scheinwerfer und Blinker, aber auch alle Infotainment-Systeme und elektronischen Helfer wie ABS, ESP, das Motor-Management und vieles mehr benötigen ständig Strom. Der Generator in Verbindung mit der Batterie stellt die Versorgung mit Energie sicher. Über die Elektronik erfolgt eine Vernetzung sämtlicher Systeme im Fahrzeug.

Alle Baugruppen zusammen bilden das Auto, das durch das Zusammenwirken der Technik in seinen unterschiedlichsten Ausprägungen letztlich in der Gesellschaft nicht nur als reines Fortbewegungsmittel gesehen wird, sondern fast schon einen eigenen Charakter entwickelt.

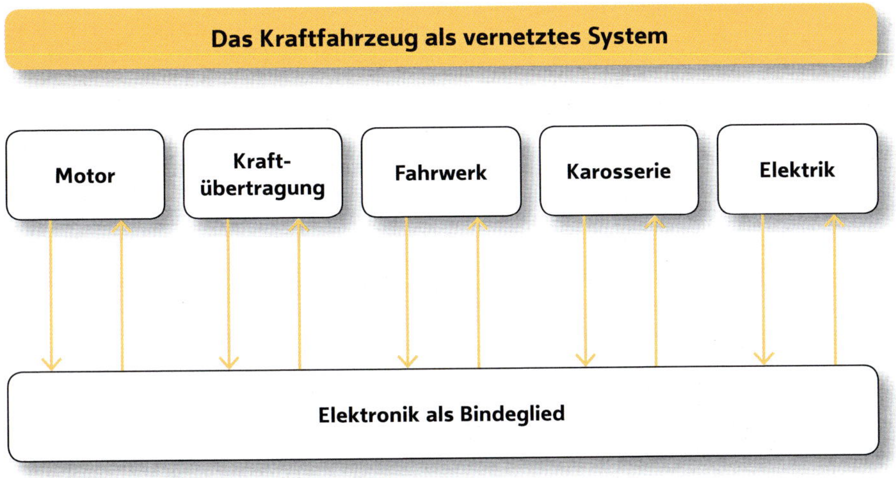

Das Kraftfahrzeug als vernetztes System

Motor	Kraft-übertragung	Fahrwerk	Karosserie	Elektrik

Elektronik als Bindeglied

Viertakt-Prinzip

Takt-bezeichnung	1. Takt:	2. Takt:	3. Takt:	4. Takt:
Abläufe	**Ansaugen** Einlassventil geöffnet	**Verdichten** Einlassventil und Auslassventil geschlossen	**Arbeiten** Einlassventil und Auslassventil geschlossen	**Ausstoßen** Auslassventil geöffnet

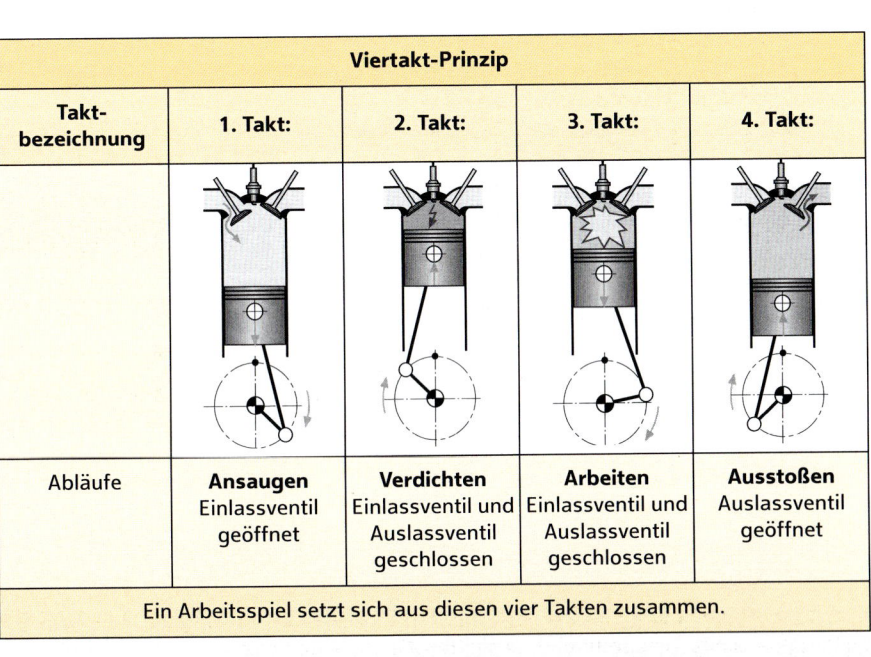

Ein Arbeitsspiel setzt sich aus diesen vier Takten zusammen.

Prüfungsgebiet Werkstattprozesse

Mechanische, hydraulische, pneumatische sowie elektrische und elektronische Systeme in Fahrzeugen unterscheiden und ihre Funktion erläutern

2. Aufgabe

Situation
Viele Ihrer Kunden haben Fragen zur Funktion des Motors. Sie wissen, dass derzeit bei Pkws in der Regel 4-Takt-Verbrennungsmotoren verbaut werden.

Welche Aussage zum 4-Takt-Verbrennungsmotor ist falsch?

Tragen Sie die Ziffer der falschen Aussage in das Kästchen ein.

1. 4-Takt-Verbrennungsmotoren haben Zylinder, Kolben, Einlass- und Auslassventile, Pleuel, Kurbel- und Nockenwelle.
2. Die 4 Takte sind „Ansaugen, Verdichten, Arbeiten, Ausstoßen".
3. Die Zündkerzen entzünden im Benzinmotor das Luft-Kraftstoff-Gemisch. Beim Dieselmotor übernehmen dies die Glühkerzen.
4. Die Kolben in den Zylindern werden durch die Verbrennung nach unten gedrückt.
5. Über die Pleuel wird die Bewegungsenergie auf die Kurbelwelle übertragen.

3. Aufgabe

Situation
Oft möchten Ihre Kunden auch über die Vor- und Nachteile von Benzin- und Dieselmotoren informiert werden.

Welche der folgenden Aussagen enthält nur Vorteile des Benzinmotors?

Tragen Sie die Ziffer der richtigen Aussage in das Kästchen ein.

1. Schnelleres Erreichen der Betriebstemperatur, leichtere Bauart möglich, geringerer NOx-Ausstoß.
2. Geringerer CO_2-Ausstoß, hoher Wirkungsgrad, besseres Drehmoment bei niedriger Drehzahl.
3. Geringerer CO_2-Ausstoß, niedriger Wirkungsgrad, besseres Drehmoment bei niedriger Drehzahl.
4. Schnelleres Erreichen der Betriebstemperatur, leichtere Bauart möglich, geringerer CO_2-Ausstoß.
5. Geringerer Verbrauch bei gleicher Leistung, weniger Schadstoffe, wirtschaftlicher Betrieb auch bei geringer jährlicher Fahrleistung.

4. Aufgabe

Situation
Neben den mit Benzin- und Dieselkraftstoff betriebenen Verbrennungsmotoren finden alternative Antriebskonzepte Anwendung und werden ständig weiterentwickelt.

Ordnen Sie die jeweils korrekte Erklärung dem Antriebskonzept zu.

Antriebskonzept		Erklärung
a) Hybridfahrzeug		1 Flüssiggasmotor
b) LPG-Motoren		2 Umwandlung von Wasserstoff in elektrische Energie
c) Brennstoffzellenfahrzeug		3 Kombination von zwei Antriebssystemen im Fahrzeug

Prüfungsgebiet Werkstattprozesse

Erläuterungen und Lösungen

2. Aufgabe

Lösung: 3

Grundsätzlich finden sich in jedem Verbrennungsmotor die Hauptkomponenten Zylinder, Kolben, Einlass- und Auslassventile, Pleuel, Kurbel- und Nockenwelle. Der „laufende" Motor stellt ein komplexes Zusammenspiel dieser Hauptbestandteile dar. In den vier Arbeitstakten „Ansaugen, Verdichten, Arbeiten, Ausstoßen" wird die Verbrennungsenergie in Bewegungsenergie umgewandelt. Verbrannt wird der Kraftstoff im Benzinmotor durch den Zündfunken der Zündkerze, beim Dieselmotor erfolgt die Verbrennung nur durch die Hitze, die durch die Kompression der Luft in den Zylindern entsteht (vgl. Erwärmung der Fahrradluftpumpe beim Pumpen). Die Glühkerzen dienen lediglich der Erwärmung des Zylinders bei kaltem Motor. Sie haben nach dem Starten des Motors keine Funktion mehr.

3. Aufgabe

Lösung: 1

Da durch die Kompression der Luft in den Zylindern des Dieselmotors viel höhere Druckverhältnisse im Motor auftreten als bei Benzinmotoren, müssen diese robuster gebaut werden. Benzinmotoren sind leichter konstruiert und erreichen schneller die Betriebstemperatur. Sämtliche Abgas-Filtersysteme funktionieren damit schneller. Durch die Selbstzündung des Dieselkraftstoffs verbrennt dieser effizienter als das mit Zündkerzen entzündete Benzin, ein höherer Wirkungsgrad wird so erreicht. Es entsteht weniger Kohlendioxid (CO_2), aber es entstehen mehr Stickoxide (NO_x) als beim Benzinmotor. Das maximale Drehmoment, also die Kraft des Motors, wird beim Diesel schon bei geringer Drehzahl erreicht. Der Dieselmotor ist deshalb gerade für Lkws bzw. im Anhängerbetrieb vorteilhafter als der Benzinmotor.

4. Aufgabe

Lösung: 3, 1, 2

Werden in einem Fahrzeug zwei Antriebssysteme kombiniert, spricht man von einem **Hybridfahrzeug**. Gängig ist derzeit eine Kombination von Verbrennungs- und Elektromotor. Andere Hybride werden entwickelt und erprobt. Je nach System erfolgt ein wechselnder Antrieb des Pkw per Verbrennungs- oder Elektromotor. Ein reiner Elektroantrieb mit Laden der Batterien per Verbrennungsmotor wird ebenfalls verbaut.

LPG (Liquified Petroleum Gas) wird für Flüssiggasmotoren verwendet. Ebenfalls kann CNG (Compressed Natural Gas, Erdgas) und Biogas in **Gasmotoren** verwendet werden.

Die **Brennstoffzellentechnik** ist ein zukunftsfähiges Antriebskonzept. Hier wird Wasserstoff in einer Brennstoffzelle in Strom umgewandelt, der wiederum einen Elektromotor antreibt.
In allen genannten Fällen wird der Schadstoffausstoß im Vergleich zu reinen Verbrennungsmotoren erheblich gesenkt.

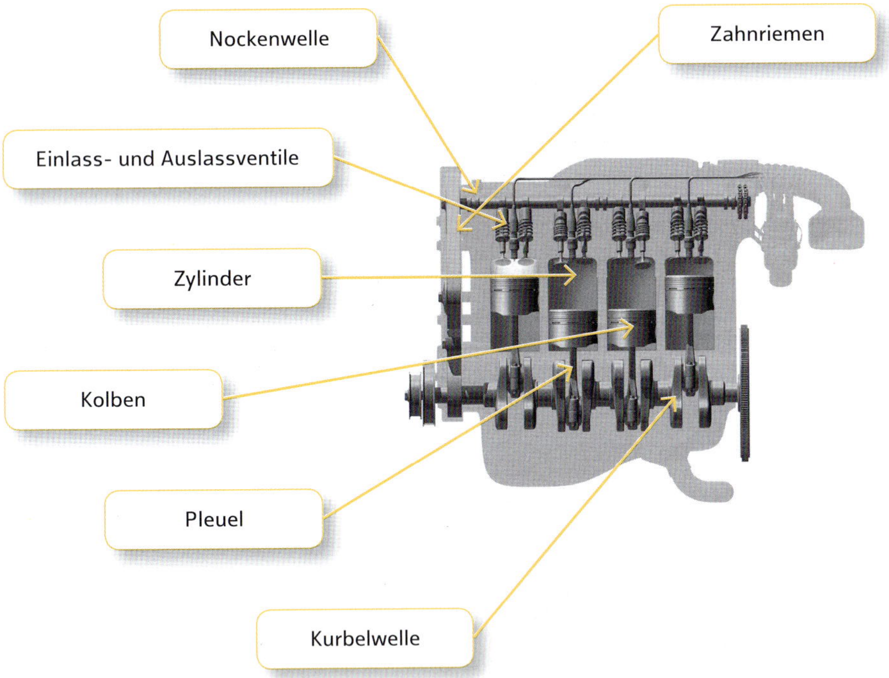

Prüfungsgebiet Werkstattprozesse

Mechanische, hydraulische, pneumatische sowie elektrische und elektronische Systeme in Fahrzeugen unterscheiden und ihre Funktion erläutern

Situation für die 5. und 6. Aufgabe
Die im Motor erzeugte Bewegungsenergie muss zu den Rädern übertragen werden.

5. Aufgabe

Bringen Sie die Hauptelemente der Kraftübertragung vom Motor bis zu den Rädern in die richtige Reihenfolge. Tragen Sie dazu in die Kästchen neben den einzelnen Elementen die Nummerierung von 1 bis 6 ein.

Motor ☐

Differential ☐

Antriebswelle ☐

Kupplung ☐

Getriebe ☐

Räder ☐

6. Aufgabe

Welche Aussagen zur Kupplung treffen zu?

Tragen Sie die Ziffern der richtigen Aussagen in die Kästchen ein. ☐ ☐

1 Die Kupplung verbindet die Kurbelwelle des Motors unlösbar mit dem Getriebe.
2 Die Kupplung verbindet die Kurbelwelle des Motors lösbar mit dem Getriebe.
3 Die Kupplung ermöglicht ein ruckfreies Anfahren und ein Schalten des Getriebes unter Last.

7. Aufgabe

Situation
Die Räder stellen die einzige Verbindung zwischen Fahrzeug und Straße dar. Das Fahrwerk übernimmt hierbei wesentliche Aufgaben.

Welche Aufgaben erfüllt das Fahrwerk am Kfz?

Tragen Sie die Ziffern der richtigen Aussagen in die Kästchen ein. ☐ ☐

1 Erhöhung des Fahrkomforts.
2 Senkung des Schadstoffausstoßes.
3 Sicherstellung der Bodenhaftung der Räder.
4 Zügiges Beschleunigen bei Überholvorgängen.

8. Aufgabe

Situation
Die Bremsanlage am Fahrzeug ist die wohl sicherheitsrelevanteste Einheit.

Welche der aufgeführten Aussagen ist richtig?

Tragen Sie die Ziffer der richtigen Aussage in das Kästchen ein. ☐

1 Hauptbestandteile der Bremsanlage sind Bremsklötze, Bremssattel, Bremsscheibe, Bremsleitung und Bremskraftbegrenzer.
2 Hauptbestandteile der Bremsanlage sind Bremsklötze, Bremssattel, Bremsscheibe, Bremsleitung und Bremskraftverstärker.
3 Hauptbestandteile der Bremsanlage sind Bremsklötze, Bremssattel, Bremsscheibe, Bremsleitung und Bremskraftdämpfer.

Prüfungsgebiet Werkstattprozesse

Mechanische, hydraulische, pneumatische sowie elektrische
und elektronische Systeme in Fahrzeugen unterscheiden und ihre Funktion erläutern

Erläuterungen und Lösungen

5. Aufgabe

Lösung: 1, 5, 4, 2, 3, 6

Die vom Motor erzeugte Kraft muss an die Räder übertragen werden. Um anfahren und schalten zu können, wird nach dem Motor eine Kupplung eingebaut. Diese trennt bei Bedarf den Kraftfluss zwischen Motor und Getriebe. Das Getriebe regelt je nach Motordrehzahl und Fahrgeschwindigkeit diesen Kraftfluss an die Räder. Durch das Getriebe hindurch wird die Kraft über die Antriebswelle an die Antriebsachse weitergeleitet. Ein Differentialgetriebe an der Antriebsachse sorgt dann schließlich für eine optimale Kraftverteilung auch bei Kurvenfahrten.

Beispiel eines heckgetriebenen Fahrzeugs

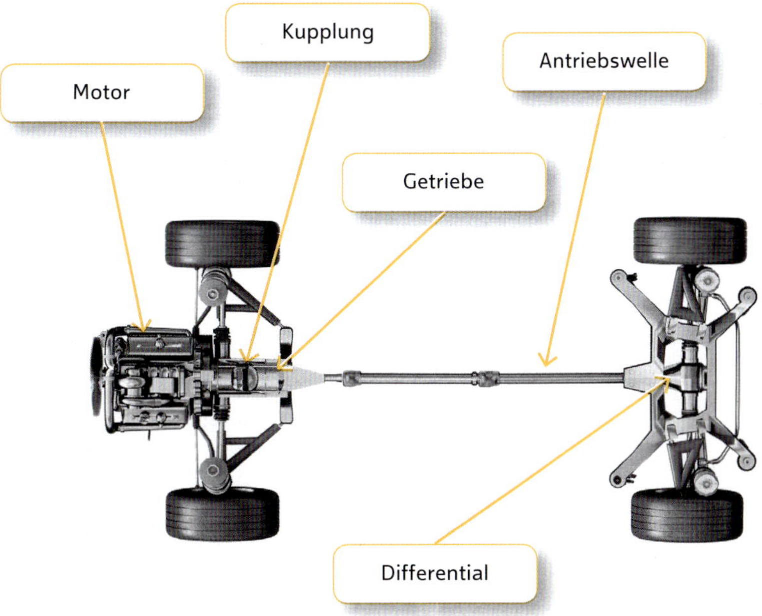

Kupplung

Antriebswelle

Motor

Getriebe

Differential

6. Aufgabe

Lösung: 2, 3

Um den Kraftfluss zwischen Motor und Getriebe trennen zu können, muss eine Kupplung zwischengeschaltet werden. Durch aktives oder automatisches Kuppeln (bei Automatik- oder auch DSG-Getrieben) trennt der Fahrer die Motorkraft vom restlichen Fahrwerk. Er kann ausgekuppelt mit dem stehenden Fahrzeug den Motor starten, durch langsames „Kommenlassen" der Kupplung anfahren und beim Fahren durch Ein- und Auskuppeln zwischen den Gängen schalten.

7. Aufgabe

Lösung: 1, 3

Das gesamte Fahrwerk sorgt dafür, dass die Räder als einziger direkter Kontakt des Kfz zur Straße immer möglichst optimal am Boden haften. Die Federn dämpfen Stöße, die durch Unebenheiten der Fahrbahn auf das Fahrzeug einwirken. Stoßdämpfer bremsen dann die entstehenden Schwingungsbewegungen wieder ab. Je nach Auslegung des Fahrwerks entsteht so ein weicheres, komfortableres oder ein straffes, eher sportliches Fahrgefühl.

8. Aufgabe

Lösung: 2

Betätigt der Fahrer das Bremspedal, wird dieser Bremsdruck hydraulisch über Bremsleitungen, in denen sich Bremsflüssigkeit befindet, an die Bremssättel übertragen. Dieser Bremsdruck allein ist aber zu schwach. Deshalb muss er durch Bremskraftverstärker erhöht werden. Am Bremssattel drücken nun Bremsklötze an die Bremsscheiben, die so durch die Reibung angebremst werden. Das Fahrzeug wird langsamer.

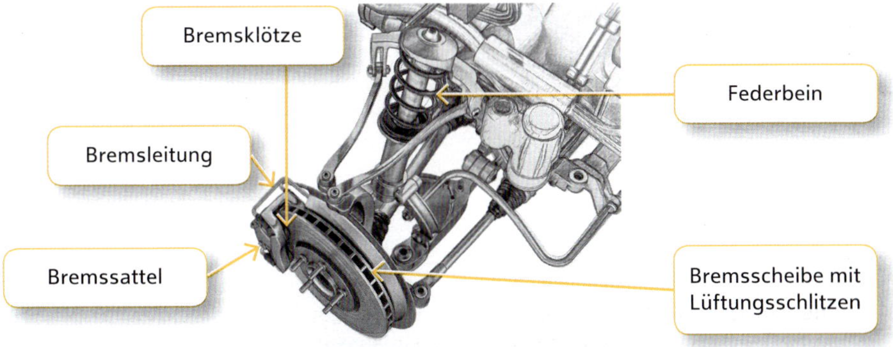

Bremsklötze

Federbein

Bremsleitung

Bremssattel

Bremsscheibe mit Lüftungsschlitzen

© Westermann Gruppe

Prüfungsgebiet Werkstattprozesse

Mechanische, hydraulische, pneumatische sowie elektrische und elektronische Systeme in Fahrzeugen unterscheiden und ihre Funktion erläutern

9. Aufgabe

Situation
Viele Kunden kaufen bei Ihnen Reifen und erwarten, dass Sie die geeignete Bereifung für ihr Fahrzeug ermitteln können.

Welche Unterlagen sind zur Ermittlung der zulässigen Bereifung für Kundenfahrzeuge geeignet?

Tragen Sie die Ziffer der richtigen Aussage in das Kästchen ein.

1. Zulassungsbescheinigung I und HU-Bescheinigung
2. Zulassungsbescheinigung II und HU-Bescheinigung
3. Zulassungsbescheinigung I und COC-Papiere
4. Zulassungsbescheinigung I und Verkaufsprospekte
5. Zulassungsbescheinigung I und Hersteller-Homepage

Situation zur 10. und 11. Aufgabe
Sie ermitteln, dass Reifen mit der Bezeichnung „245/50 R 19 105 W" für ein Kundenfahrzeug zugelassen sind.

10. Aufgabe

Ordnen Sie die jeweils korrekte Bedeutung der Bezeichnung zu.

Bezeichnung		Bedeutung
a) 245	☐	1 Felgendurchmesser in Zoll
b) 19	☐	2 Tragfähigkeit (Load Index)
c) 105	☐	3 Reifenbreite in mm

11. Aufgabe

Berechnen Sie die Reifenhöhe der angegebenen Reifendimension.

☐☐☐,☐☐ mm

12. Aufgabe

Situation
Bei einer Reifenlieferung bemerken Sie folgenden Aufkleber an jedem Reifen:

Ordnen Sie den drei Feldern des Reifenlabels die Ziffern in der Abbildung zu.

Externes Rollgeräusch ☐

Kraftstoffeffizienz ☐

Nasshaftung ☐

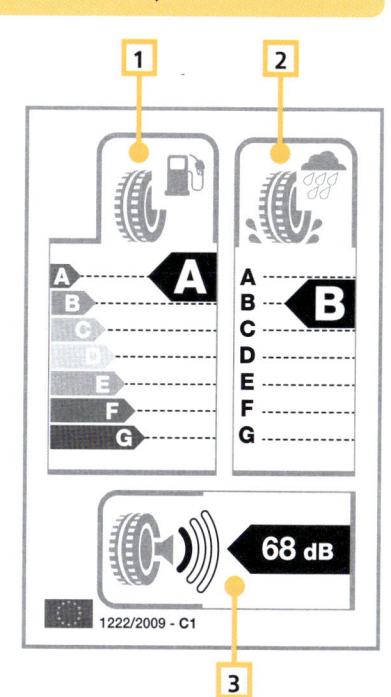

Prüfungsgebiet Werkstattprozesse

Mechanische, hydraulische, pneumatische sowie elektrische
und elektronische Systeme in Fahrzeugen unterscheiden und ihre Funktion erläutern

Erläuterungen und Lösungen

9. Aufgabe

Lösung: 3

Bei Auswahl der geeigneten Bereifung für ein Fahrzeug muss auf die Größen zurückgegriffen werden, die in der Zulassungsbescheinigung Teil I aufgelistet sind. Darüber hinaus sind Reifengrößen geeignet, die in den COC-Papieren des Fahrzeugs aufgelistet sind und somit eine EU-Zulassung besitzen.

Auszug aus der Zulassungsbescheinigung, Teil 1

„105" ist die Kennzahl für die Tragfähigkeit des Reifens (= Load Index), hier 925 kg. „W" ist der Kennbuchstabe für die zulässige Höchstgeschwindigkeit, mit der der Reifen gefahren werden darf, hier 270 km/h.

Weitere Tragfähigkeitsklassen (Load Index LI) (Auszug)

Tragfähigkeits-kennziffer LI	max. Reifentrag-fähigkeit in kg	Tragfähigkeits-kennziffer LI	max. Reifentrag-fähigkeit in kg
80	450	86	530
81	462	87	545
82	475	88	560
83	487	89	580
84	500	90	600
85	515	91	615

Weitere Geschwindigkeitsklassen (Speed Index SI) (Auszug)

SI	km/h	SI	km/ha
Q	160	H	210
R	170	V	240
S	180	W	270
T	190	ZR	über 240

10. Aufgabe

Lösung: 3, 1, 2

„245" bezeichnet die Reifenbreite in mm, „50" gibt die Reifenhöhe in Prozent der Reifenbreite an. „R" steht für radialen Reifenaufbau. Reifen, die höheren Lasten, wie z. B. in der Landwirtschaft, ausgesetzt sind, werden in diagonaler Lagenwicklung produziert und sind mit „D" gekennzeichnet. „19" gibt den Felgendurchmesser in Zoll an.

Bezeichnungen am Reifen

11. Aufgabe

Lösung: 122,50 mm
50 % von 245 mm = 122,50 mm

12. Aufgabe

Lösung: 3, 1, 2

Seit Juni 2012 besteht in der EU eine Reifenkennzeichnungspflicht. Die Kategorien „Kraftstoffeffizienz", „Nasshaftung" und „Externes Rollgeräusch" helfen, unterschiedlichste Reifen vergleichbarer zu machen, wobei die Stufe A den Bestwert und G die niedrigste Stufe darstellt.

© Westermann Gruppe

Prüfungsgebiet Werkstattprozesse

Mechanische, hydraulische, pneumatische sowie elektrische und elektronische Systeme in Fahrzeugen unterscheiden und ihre Funktion erläutern

13. Aufgabe

Situation
Das Design und die Form der Fahrzeugkarosserie variieren je nach Einsatzzweck, aber auch nach den Kundenwünschen.

Ordnen Sie die jeweils korrekte Beschreibung der Karosserieform zu.

Karosserieform		Beschreibung
a) Limousine	☐	1 Festes Dach, Hecktür, Ladefläche im Fahrgastraum
b) Kombi	☐	2 Geländegängig, Großraumlimousine, zwei- oder viertürig
c) SUV	☐	3 Zwei- oder viertürig, festes Dach, Kofferraum

14. Aufgabe

Situation
Neben Design und Wiedererkennungswert erfüllt die Karosserie noch zahlreiche andere Funktionen.

Welche Aussage zu den Funktionen der Karosserie trifft nicht zu?

Tragen Sie die Ziffer der falschen Aussage in das Kästchen ein. ☐

1 Die Karosserieform hat keinen Einfluss auf den Kraftstoffverbrauch.
2 Die Karosserie sorgt für sicheren Transport von Passagieren und Ladung.
3 Die Ausgestaltung der Karosserie stellt einen wesentlichen Aspekt der Fahrzeugsicherheit dar.

Situation zur 15. und 16. Aufgabe
Die Beleuchtungsanlage bildet einen wesentlichen Bestandteil des Karosserie-Designs. Daneben gehört sie auch zum elektrischen System eines Fahrzeugs.

15. Aufgabe

Welche Aussage zur Beleuchtungsanlage eines Kfz trifft zu?

Tragen Sie die Ziffer der richtigen Aussage in das Kästchen ein. ☐

1 Zur Beleuchtungsanlage eines Kfz zählen Scheinwerfer, Blinker, Bremsleuchten, Innenraumlampen und Unterbodenbeleuchtung.
2 Als Lampen werden Glühfadenlampen, Halogenlampen, Gasentladungslampen, LEDs oder Neonröhren verwendet.
3 Wegen der hohen Leuchtintensität neuerer Beleuchtungssysteme wie z. B. Xenon-Licht ist hier eine automatische Leuchtweitenregulierung vorgeschrieben.

16. Aufgabe

Welche Aufgaben erfüllt die Beleuchtungsanlage des Kfz?

Tragen Sie die Ziffer der richtigen Aussage in das Kästchen ein. ☐

1 Ausleuchten der Fahrbahn, der Gegenverkehr wird durch Blendung aufmerksam gemacht.
2 Verdeutlichen des Fahrzeuggewichts.
3 Anzeigen der Richtungswechsel und des Bremsens.
4 Beleuchten des Innenraums, der Armaturen und des Motorinnenraums.

Prüfungsgebiet Werkstattprozesse

Mechanische, hydraulische, pneumatische sowie elektrische
und elektronische Systeme in Fahrzeugen unterscheiden und ihre Funktion erläutern

Erläuterungen und Lösungen

13. Aufgabe

Lösung: 3, 1, 2

Dem Autokäufer stehen zahlreiche Karosserieformen zur Auswahl.
Derzeit entwickeln die Hersteller immer mehr Mischformen des Designs ihrer
Fahrzeuge. Die „Cross-Over" lassen sich nicht mehr in klassische Auto-
formen einordnen. Grundsätzlich bestehen aber folgende Bauformen:

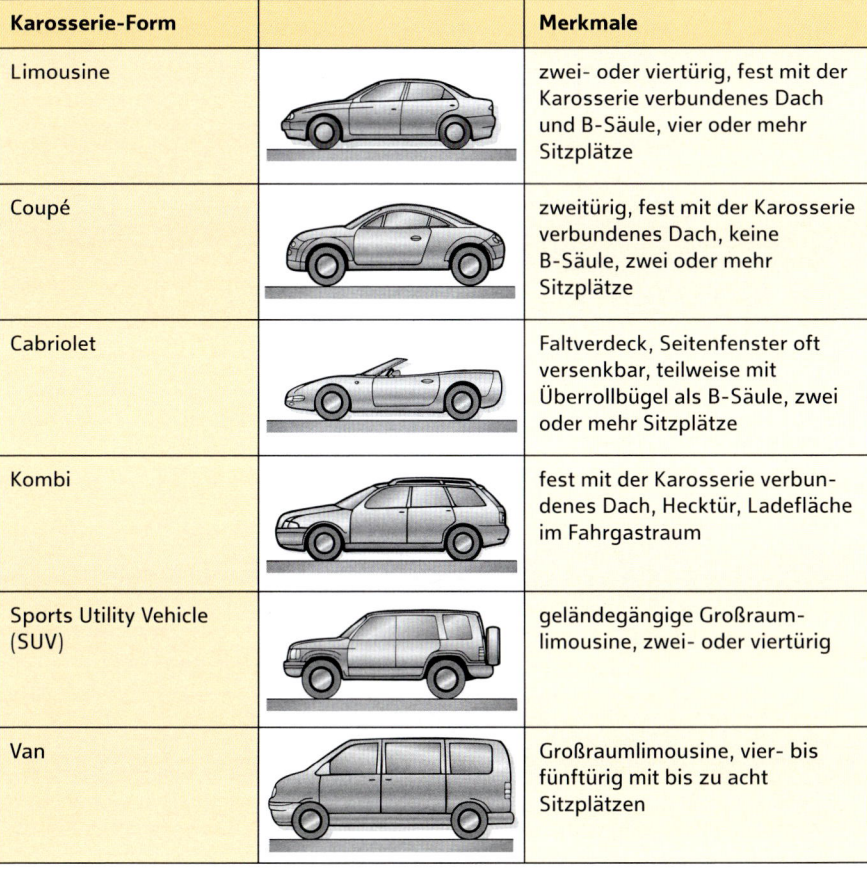

Karosserie-Form		Merkmale
Limousine		zwei- oder viertürig, fest mit der Karosserie verbundenes Dach und B-Säule, vier oder mehr Sitzplätze
Coupé		zweitürig, fest mit der Karosserie verbundenes Dach, keine B-Säule, zwei oder mehr Sitzplätze
Cabriolet		Faltverdeck, Seitenfenster oft versenkbar, teilweise mit Überrollbügel als B-Säule, zwei oder mehr Sitzplätze
Kombi		fest mit der Karosserie verbundenes Dach, Hecktür, Ladefläche im Fahrgastraum
Sports Utility Vehicle (SUV)		geländegängige Großraumlimousine, zwei- oder viertürig
Van		Großraumlimousine, vier- bis fünftürig mit bis zu acht Sitzplätzen

14. Aufgabe

Lösung: 1

Das Design, also die äußere Form der Karosserie, sorgt dafür, dass ein Fahrzeug
sich von den Modellen der Mitbewerber unterscheidet und wiedererkannt wird.
Daneben bringt eine „windschnittige" Form nicht nur optisch Vorteile, sondern
senkt durch den geringeren Luftwiderstand auch den Kraftstoffverbrauch. Durch
die Konstruktion des Fahrzeugkörpers entsteht um die Insassen und die Ladung
ein Käfig. Dieser ist im Falle eines Aufpralls so gestaltet, dass er die Aufprall-
kräfte aufnimmt und um die Insassen leiten soll. Dadurch werden die Fahrzeuge
immer sicherer.

15. Aufgabe

Lösung: 3

Die Beleuchtungsanlage eines Fahrzeugs besteht aus Scheinwerfer, Blinker,
Bremsleuchten, Rückleuchten und Innenraumlampen. Weitere Beleuchtungen
unterliegen gesetzlichen Prüfverfahren und benötigen eine Sondergenehmi-
gung. Neben Glühfaden- und Halogenlampen finden immer mehr LED- und
Gas-Entladungs-(= Xenon-)Lampen Verwendung. Damit andere Verkehrsteil-
nehmer nicht geblendet werden, müssen bei Neufahrzeugen Leuchtweiten-
regulierungssysteme verbaut werden.

16. Aufgabe

Lösung: 3

Durch die Fahrzeugbeleuchtung soll die Fahrbahn ausgeleuchtet werden, ohne
den Gegenverkehr zu blenden. Die Fahrzeuggröße wird verdeutlicht, um auch bei
Dunkelheit Zusammenstöße zu vermeiden. Durch Blinker und Bremslichter
lassen sich die Fahrzeugbewegungen verdeutlichen. Die Innenraumbeleuchtung
hilft dem Fahrer, die Fahrzeuginstrumente sicher zu erkennen.

© Westermann Gruppe

Prüfungsgebiet Werkstattprozesse

Mechanische, hydraulische, pneumatische sowie elektrische und elektronische Systeme in Fahrzeugen unterscheiden und ihre Funktion erläutern

17. Aufgabe

Situation
Ohne elektrischen Strom funktioniert ein modernes Fahrzeug nicht. Die Elektrik sorgt für die ausreichende Energieversorgung und Funktion der entsprechenden Bauteile, die Elektronik steuert diese.

Um welche elektrischen Teile am Fahrzeug handelt es sich jeweils? Ordnen Sie zu.

Zündschloss ☐

Zündspule ☐

Starterbatterie ☐

Anlasser/Starter ☐

Generator ☐

18. Aufgabe

Situation
An einer Starterbatterie finden Sie u. a. die Bezeichnung „12 V 44 Ah 450 A".

Ordnen Sie die jeweils korrekte Bedeutung den Bezeichnungen zu.

Bezeichnung		Bedeutung
a) 12 V	☐	1 Kälteprüfstrom
b) 44 Ah	☐	2 Nennspannung
c) 450 A	☐	3 Nennkapazität

19. Aufgabe

Situation
Sowohl das stehende als auch das fahrende Kfz benötigt ständig Strom, um zu funktionieren. Wichtig hierbei sind Batterie und Generator.

Welche der Aussagen beschreibt die Funktionen von Batterie und Generator korrekt?

Tragen Sie die Ziffer der richtigen Aussage in das Kästchen ein. ☐

1 Die Batterie versorgt nur die Beleuchtung mit Strom. Alle anderen Stromverbraucher erhalten die Energie immer vom Generator.

2 Während die Batterie das Fahrzeug im Stillstand mit Energie versorgt, übernimmt dies der Generator während der Fahrt.

3 Die Batterie ist wartungsfrei und hat eine unbegrenzte Lebensdauer, der Generator muss regelmäßig getauscht werden.

4 Ist die Batterie schwach, muss sie extern geladen werden. Der Generator erzeugt nur für die Stromverbraucher die notwendige Energie.

Prüfungsgebiet Werkstattprozesse

Mechanische, hydraulische, pneumatische sowie elektrische
und elektronische Systeme in Fahrzeugen unterscheiden und ihre Funktion erläutern

Erläuterungen und Lösungen

17. Aufgabe

Lösung: 3, 5, 2, 1, 4

Wird der Zündschlüssel im Zündschloss gedreht bzw. der Startknopf gedrückt, erhält der Anlasser aus der Starterbatterie die Energie, um den Motor starten zu können. Die Zündspule (beim Benzinmotor) kann nun die Zündanlage mit Strom versorgen und der Motor läuft. Über Keilriemen treibt der laufende Motor den Generator an, der jetzt den nötigen Strom für alle Verbraucher am Fahrzeug erzeugt.

18. Aufgabe

Lösung: 2, 3, 1

Die **Nennspannung** von 12 V ist bei Pkws standardmäßig festgelegt. Entsprechend muss die Batterie gekennzeichnet sein. Die tatsächliche Spannung kann aber niedriger sein („schwache Batterie"). Diese ist abhängig vom Ladezustand und der jeweiligen Belastung. So wird z.B. beim Starten des Motors im Winter mehr Batterieleistung benötigt als im Sommer.

Die **Nennkapazität** gibt die Speicherkapazität der Batterie an. Da Dieselmotoren bzw. Motoren mit großem Hubraum eine höhere Starterleistung benötigen, haben die Batterien eine entsprechend höhere Nennkapazität (z.B. 72 Ah – 104 Ah).

Der **Kälteprüfstrom** ist ein Maß für die Startfähigkeit der Batterie bei Kälte.

19. Aufgabe

Lösung: 2

Der Motor ist die zentrale Einheit zur Energieerzeugung beim Auto. Die zum Starten des Motors nötige Energie wird durch die Starterbatterie bereitgestellt. Läuft der Motor, wird über Keilriemen der Generator angetrieben. Er erzeugt den Strom für die elektrischen Verbraucher. Nicht benötigte Energie wird zum Laden der Starterbatterie genutzt. Diese wird also im Fahrbetrieb ebenfalls vom Generator geladen. Sind während der Fahrt sehr viele Verbraucher aktiviert bzw. reicht die Fahrzeit bei häufigen Kurzstrecken nicht aus, um die Batterie wieder vollständig laden zu können, wird diese immer schwächer.
Im schlimmsten Falle reicht die Restenergie dann nicht mehr zum Starten des Motors. Die Batterie muss nun extern über Ladegeräte wieder auf Nennspannung gebracht werden.

Elektrische Verbraucher am Auto

Beispiele:
• Starter
• Beleuchtung
• Scheibenwischermotor
• Lüftung
• Klimaanlage
• Steuergeräte
• Sensoren
• Navigationsgerät
• Infotainment

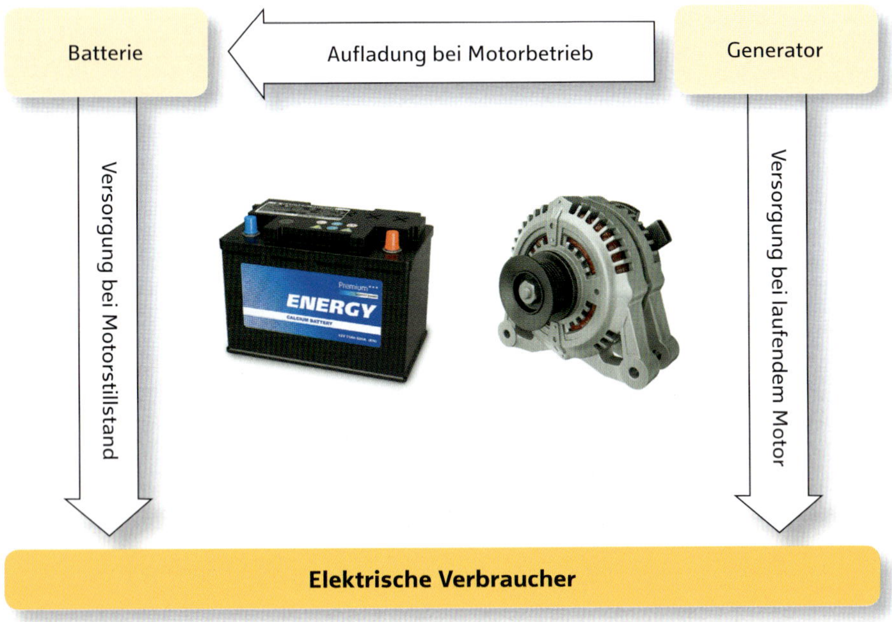

Batterie ← Aufladung bei Motorbetrieb ← Generator

Versorgung bei Motorstillstand

Versorgung bei laufendem Motor

Elektrische Verbraucher

Prüfungsgebiet Werkstattprozesse

Mechanische, hydraulische, pneumatische sowie elektrische und elektronische Systeme in Fahrzeugen unterscheiden und ihre Funktion erläutern

Situation zur 20. bis 22. Aufgabe
Die Elektronik eines Fahrzeugs besteht aus Systemen, die die Nutzung eines Fahrzeugs einfacher, sicherer und effizienter machen sollen.

20. Aufgabe

Welche Aussage zur Elektronik eines Pkw trifft zu?

Tragen Sie die Ziffer der richtigen Aussage in das Kästchen ein.

1. Fahrzeugelektronik besteht nur aus den Bereichen „Steuersysteme" und „Infotainmentsysteme".
2. Ein Fahrzeug funktioniert auch ohne Elektronik, sobald der Motor läuft.
3. Die Elektronik verarbeitet Daten, die von Sensoren gemeldet werden. Steuergeräte leiten die Informationen an den Fahrer weiter, der dann reagieren muss.
4. Die gesamte Elektronik eines Pkw bildet das Fahrzeug-Management-System. Teilsysteme arbeiten gleichzeitig und regeln ständig den Fahrbetrieb.

21. Aufgabe

Ordnen Sie den genannten Ausstattungen das entsprechende Elektroniksystem zu.

Ausstattung	Elektroniksystem
a) Lambda-Sonde	1 Kommunikationssystem
b) Tempomat	2 Komfortsystem
c) Digitales Armaturenbrett	3 Motorsteuerung

22. Aufgabe

Welche elektronischen Teilsysteme verbergen sich hinter den folgenden Abkürzungen? Ordnen Sie das jeweilige elektronische Teilsystem der korrekten Abkürzung zu, indem Sie die Ziffern in die Kästchen eintragen.

Abkürzung	Elektronisches Teilsystem
a) ABC	1 Elektronische Einparkhilfe
b) ABS	2 Elektronische Serviceinformation
c) ACC	3 Reifendruck-Kontrollsystem
d) ASR	4 Elektronische Wegfahrsperre
e) ESP	5 Aktive Karosserie-Kontrolle
f) ESI	6 Elektronische Fehlerdiagnose
g) EWS	7 Elektronisches Stabilitäts-Programm
h) HUD	8 Anti-Schlupf-Regelung
i) OBD	9 Automatische Abstandsregelung
j) PDC	10 Elektronische Ventilsteuerung
k) RDKS	11 Anti-Blockier-System
l) Valvetronic	12 Frontscheibenanzeige

Prüfungsgebiet Werkstattprozesse

Mechanische, hydraulische, pneumatische sowie elektrische
und elektronische Systeme in Fahrzeugen unterscheiden und ihre Funktion erläutern

Erläuterungen und Lösungen

20. Aufgabe

Lösung: 4

Moderne Fahrzeuge sind eine Kombination höchst komplexer technischer Vorgänge. Hinter der simplen Funktion „Fahren" verbergen sich unzählige Einflüsse, die durch elektronische Systeme kontrolliert, geregelt und gesteuert werden. Ohne dieses Fahrzeug-Management-System funktioniert ein Auto nicht: Neben Steuersystemen arbeiten Antriebsstrang-, Komfort-, Kommunikations-, Infotainment- und Sicherheitssysteme ständig zusammen und müssen permanent aufeinander abgestimmt werden.

21. Aufgabe

Lösung: 3, 2, 1

Die Lambda-Sonde misst im Katalysator den Restsauerstoff in den Abgasen und meldet diesen an die **Motorsteuerung**. Diese regelt daraufhin die Menge des Kraftstoffs, der in den Motor eingespritzt wird.

Motorsteuergerät

Der Tempomat ermöglicht es dem Fahrer, eine von ihm gewählte Geschwindigkeit einzustellen, die das Fahrzeug dann automatisch einhält. Lediglich bei Änderungen im Verkehrsfluss muss der Fahrer eingreifen. Dieses **Komfortsystem** überwacht dabei ständig das gesamte fahrende Auto.

Das digitale Armaturenbrett ist zentrale Informationsquelle für den Fahrzeuginsassen. Das Auto **kommuniziert** über Instrumente und Displays mit dem Fahrer und warnt vor äußeren Einflüssen, sodass er dann früher reagieren kann.

Kommunikationssystem Armaturenbrett

22. Aufgabe

Lösung: 5, 11, 9, 8, 7, 2, 4, 12, 6, 1, 3, 10

ABC = Active-Body-Control: Fährt ein Kfz in eine Kurve, neigt sich durch die Fliehkraft die gesamte Karosserie. ABC erkennt die Neigung und wirkt dieser entgegen.

ABS = Anti-Blockier-System: ABS verhindert das Blockieren der Räder beim Bremsen. Dadurch kann trotz Vollbremsung gelenkt werden.

ACC = Automatic-Cruise-Control: Automatische Abstandskontrolle.

ASR = Anti-Schlupf-Regelung: ASR verhindert das Durchdrehen der Räder beim Anfahren.

ESP = elektronisches Stabilitätsprogramm: Durch Abbremsen einzelner Räder wird ein Ausbrechen des Fahrzeugs verhindert.

ESI = Elektronische Serviceinformation: Anzeige für anstehende Servicearbeiten

EWS = Elektronische Wegfahrsperre: Blockierung des Fahrzeugs als Diebstahlschutz.

HUD = Head-Up-Display: Projizieren relevanter Fahrzeugdaten ins Blickfeld des Fahrers.

OBD = On-Board-Diagnose: Fehlerspeicher des Fahrzeugs, zeigt beim Auslesen gespeicherte Fehlermeldungen.

PDC = Park-Distance-Control: Elektronische akustische Einparkhilfe („Park-Piepser").

RDKS = Reifendruck-Kontrollsystem: Ständige Überwachung des Reifendrucks über Sensoren, Warnhinweis bei Druckverlust.

Valvetronic = elektronische Ventilverstellung: Je nach Motortemperatur wird die Ventilsteuerung automatisch angepasst.

Auslesen des Fehlerspeichers

Prüfungsgebiet Werkstattprozesse

Mechanische, hydraulische, pneumatische sowie elektrische und elektronische Systeme in Fahrzeugen unterscheiden und ihre Funktion erläutern

> **Situation zur 23. bis 25. Aufgabe**
> Für Ihre Kunden spielt neben dem reinen Nutzen sowie dem Design ihres Autos auch der Sicherheitsaspekt eine erhebliche Rolle bei der Auswahl des entsprechenden Fahrzeugs.
> Man unterscheidet hierbei u. a. zwischen aktiver und passiver Sicherheit am Fahrzeug.

23. Aufgabe

Welche Aussage zur aktiven Sicherheit am Fahrzeug trifft zu?

Tragen Sie die Ziffer der richtigen Aussage in das Kästchen ein.

1 Bei der aktiven Sicherheit greifen technische Systeme aktiv in die Lenkbewegungen ein, um Unfälle zu vermeiden.
2 Aktive Sicherheitssysteme schützen den Fahrer vor allen Unfällen im Straßenverkehr.
3 Der Fahrer wählt und aktiviert die Sicherheitssysteme vor Fahrtbeginn. So schützen sie im Falle eines Unfalls.
4 Aktive Sicherheitssysteme unterstützen den Fahrer beim Fahren und helfen bei der Unfallvermeidung.
5 Durch die aktiven Sicherheitssysteme kann der Fahrer während der Fahrt z. B. telefonieren. Diese sorgen aktiv für Sicherheit.

24. Aufgabe

Welche Aussage zur passiven Sicherheit am Fahrzeug trifft zu?

Tragen Sie die Ziffer der richtigen Aussage in das Kästchen ein.

1 Die passive Sicherheit sorgt dafür, dass die Fahrzeuginsassen in allen Situationen sicher ans Ziel kommen.
2 Passive Sicherheitssysteme sollen den Fahrer im Falle eines Unfalls vor Verletzungen schützen.
3 Weil der Fahrer selbst aktiv fährt, sind alle Sicherheitssysteme im Auto passiv.
4 Passive Sicherheitssysteme unterstützen den Fahrer beim Fahren und helfen bei der Unfallvermeidung.
5 Weil aktive Sicherheitssysteme in modernen Fahrzeugen perfekt arbeiten, tritt die passive Sicherheit mehr und mehr in den Hintergrund.

25. Aufgabe

Zahlreiche Funktionen und Teile dienen der aktiven und passiven Sicherheit am Fahrzeug.
Ordnen Sie den Beispielen den zutreffenden Begriff zu.

Beispiel	Zuordnung
a) Antiblockiersystem (ABS)	1 Aktive Sicherheit
b) Seitenaufprallschutz	2 Passive Sicherheit
c) Reifendruck-Kontrollsystem (RDKS)	
d) Airbags	
e) Scheibenwaschanlage	
f) Elektronisches Stabilitätsprogramm (ESP)	
g) Sicherheitsfahrgastzelle	

Prüfungsgebiet Werkstattprozesse

Mechanische, hydraulische, pneumatische sowie elektrische
und elektronische Systeme in Fahrzeugen unterscheiden und ihre Funktion erläutern

Erläuterungen und Lösungen

23. Aufgabe

Lösung: 4

Die aktiven Sicherheitssysteme in modernen Fahrzeugen sollen Unfälle verhindern. Sie greifen in Fahrsituationen, die überraschend auftreten (z. B. Aquaplaning, plötzliches Hindernis auf der Straße), steuernd ein und/oder unterstützen den Fahrer aktiv bei der Unfallvermeidung. Eine Aktivierung ist bei Fahrtantritt nicht nötig, es lassen sich manche Funktionen aber deaktivieren. Aufmerksamkeit im Straßenverkehr ist jedoch unerlässlich!

24. Aufgabe

Lösung: 2

Kommt es trotz der aktiven Sicherheitssysteme zum Unfall, so kann der Fahrer das weitere Geschehen nicht mehr steuern. Die passiven Sicherheitssysteme sorgen nun dafür, die Verletzungen der Fahrzeuginsassen möglichst gering zu halten.

25. Aufgabe

Lösung: 1, 2, 1, 2, 1, 1, 2

ABS und ESP dienen der Stabilisierung des Fahrzeugs in physikalischen Grenzsituationen. ABS verhindert ein Blockieren der Räder bei Vollbremsung und das Fahrzeug bleibt lenkbar. ESP sorgt mit einem „intelligenten" Verteilen der Bremswirkung auf die vier Räder dafür, dass ein Ausbrechen des Fahrzeugs gemindert wird. RDKS überwachen den korrekten Reifendruck und warnen bei Druckverlust. Eine saubere Windschutzscheibe hilft, Gefahrensituationen schon früh zu erkennen und rechtzeitig reagieren zu können.
All dies sorgt dafür, Unfälle zu verhindern.
Im Falle eines Unfalls sorgen Seitenaufprallschutz und Airbags dafür, die Unfallwucht abzufangen und die Insassen vor starken Verletzungen zu schützen. Die steife Fahrgastzelle in Verbindung mit „Knautschzonen" der Karosserie fangen ebenfalls die wirkenden Kräfte auf und leiten sie an den Insassen vorbei. Da diese hier nur noch passiv beteiligt sind, spricht man von passiver Fahrzeugsicherheit.

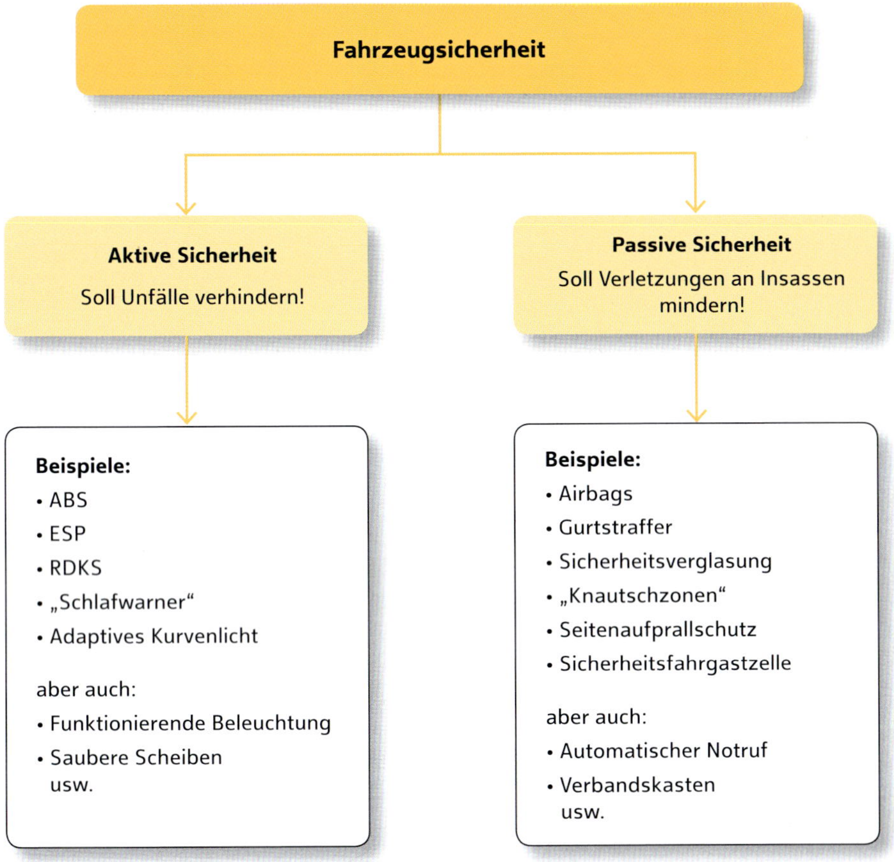

Fahrzeugsicherheit

Aktive Sicherheit

Soll Unfälle verhindern!

Beispiele:
- ABS
- ESP
- RDKS
- „Schlafwarner"
- Adaptives Kurvenlicht

aber auch:
- Funktionierende Beleuchtung
- Saubere Scheiben
  usw.

Passive Sicherheit

Soll Verletzungen an Insassen mindern!

Beispiele:
- Airbags
- Gurtstraffer
- Sicherheitsverglasung
- „Knautschzonen"
- Seitenaufprallschutz
- Sicherheitsfahrgastzelle

aber auch:
- Automatischer Notruf
- Verbandskasten
  usw.

© Westermann Gruppe

Prüfungsgebiet Werkstattprozesse

Mechanische, hydraulische, pneumatische sowie elektrische und elektronische Systeme in Fahrzeugen unterscheiden und ihre Funktion erläutern

Situation zur 26. bis 29. Aufgabe:
In Fachzeitschriften finden Sie zahlreiche Artikel zur automobilen Zukunft. Sie lesen immer wieder die Schlagworte „Elektromobilität" und „autonomes Fahren".
Die Elektromobilität stellt ein Mobilitätskonzept mit Zukunft dar. Dennoch sind damit derzeit noch erhebliche Nachteile gegenüber herkömmlicher Antriebe verbunden.
Die Digitalisierung unserer Gesellschaft führt auch zur Vernetzung des Straßenverkehrs. Dadurch wird autonomes Fahren erst möglich.

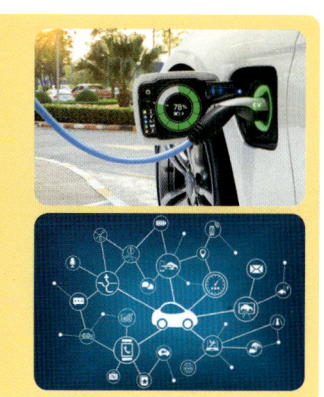

26. Aufgabe

Welche Aussage zur Elektromobilität ist richtig?

Tragen Sie die Ziffer der richtigen Aussage in das Kästchen ein.

1 Elektromobilität umfasst die Antriebskonzepte „Hybridantrieb", „Elektroantrieb" und „bivalenter Antrieb".
2 Elektrisch betriebene Fahrzeuge erhalten ihre Energie aus einer Batterie. Diese arbeitet im Niedervoltbereich.
3 Elektrisch betriebene Fahrzeuge erhalten ihre Energie aus einer Batterie. Diese arbeitet im Hochvoltbereich.

27. Aufgabe

Welche Hauptkomponenten finden Sie bei elektrischen Antriebssystemen?

Tragen Sie die Ziffer der richtigen Aussage in das Kästchen ein.

1 Elektromotor, Batterie, Ladeanschluss, Regler, Schaltgetriebe
2 Elektromotor, Batterie, Ladeanschluss, Regler, Generator
3 Elektromotor, Batterie, Ladeanschluss, Regler, Partikelfilter

28. Aufgabe

Welche der folgenden Aussagen enthält ausschließlich Nachteile der Elektromobilität?

Tragen Sie die Ziffer der richtigen Aussage in das Kästchen ein.

1 Hoher Anschaffungspreis, geringe Reichweite des Fahrzeugs, geringere Höchstgeschwindigkeit.
2 Hoher Anschaffungspreis, geringe Reichweite des Fahrzeugs, geringerer „Durchzug" beim Anfahren.
3 Hoher Anschaffungspreis, geringe Reichweite des Fahrzeugs, fehlende Lademöglichkeiten.

29. Aufgabe

Welche Aussage zum autonomen Fahren ist falsch?

Tragen Sie die Ziffer der falschen Aussage in das Kästchen ein.

1 Beim autonomen Fahren übernimmt das Fahrzeug sämtliche Aufgaben des Fahrers.
Ein Eingreifen ist nicht nötig und nicht möglich.
2 Beim autonomen Fahren übernimmt das Fahrzeug sämtliche Aufgaben des Fahrers.
Ein Eingreifen ist nur in Sondersituationen nötig.
3 Beim autonomen Fahren übernimmt das Fahrzeug sämtliche Aufgaben des Fahrers. Die Vernetzung der Fahrzeuge untereinander erhöht hierbei die Sicherheit.

Prüfungsgebiet Werkstattprozesse

Mechanische, hydraulische, pneumatische sowie elektrische
und elektronische Systeme in Fahrzeugen unterscheiden und ihre Funktion erläutern

Erläuterungen und Lösungen

26. Aufgabe

Lösung: 3

Da die natürlich vorkommenden fossilen Brennstoffe wie Erdöl oder Kohle nur begrenzt verfügbar sind und deren Verbrauch enorme Schadstoffmengen freisetzt, werden in der Automobilindustrie verstärkt alternative Antriebstechniken entwickelt. Der Elektromotor findet als einzige Antriebseinheit beim reinen Elektroantrieb bzw. als zweiter Motor neben einem herkömmlichen Verbrennungsmotor beim Hybridantrieb Verwendung. Vom „bivalenten Antrieb" spricht man bei der Kombination zweier Verbrennungskonzepte in einem Motor (z. B. Diesotto-Motor) ohne Elektromotoreinheit. Für den Antrieb benötigen Elektromotoren eine hohe Voltzahl. Deshalb dürfen auch nur speziell ausgebildete Mechatroniker unter Beachtung strenger Sicherheitsvorschriften Reparaturen an Elektrofahrzeugen im Hochvoltbereich durchführen.

27. Aufgabe

Lösung: 2

Grundsätzlich besteht ein Elektroantrieb aus den Hauptkomponenten Elektromotor, Batterie, Ladeanschluss, Regler und Generator. Da keine Verbrennung im Motor stattfindet, werden somit Abgasfiltersysteme nicht benötigt. Auch das Schalten entfällt im Elektroauto. Der Antrieb erfolgt direkt.

Grundaufbau des Elektroantriebs

28. Aufgabe

Lösung: 3

Die Nachfrage nach Elektrofahrzeugen steigt derzeit noch sehr langsam. Den Kunden ist zwar bewusst, dass die Umweltschonung der Hauptvorteil dieser Antriebsart darstellt. Auch Vorteile wie schnelle Beschleunigung sprechen eigentlich für Elektromotoren. Doch Nachteile wie hohe Anschaffungskosten, geringe Reichweite und fehlende Lademöglichkeiten in Stadt und Land sprechen derzeit für viele noch gegen den Kauf eines Elektroautos. Staatliche Förderprogramme und Entwicklungen der Industrie werden aber mit Sicherheit diese Nachteile in der Zukunft ausgleichen.

29. Aufgabe

Lösung: 1

Beim autonomen Fahren werden sämtliche bisher vom Fahrer durchgeführten Tätigkeiten vom Fahrzeug selbst gesteuert und durchgeführt. Nach Festlegen des Fahrtziels steuert das Auto selbstständig und reagiert in den ständig wechselnden Verkehrssituationen entsprechend. Ein Eingreifen durch den Fahrer ist jedoch jederzeit möglich.
Solche „Smart-Cars" funktionieren natürlich erst richtig, wenn möglichst viele Fahrzeuge miteinander vernetzt sind. Ein Informationsaustausch kann so vollständig stattfinden und den Verkehrsfluss optimieren. Mit fortschreitender Digitalisierung auch der Städte, können dann auch z. B. Staus verhindert oder freie Parkplätze gefunden werden. „Connected-Drive", „Smart-Cities" und „Internet of things" sind Schlagworte, die die automobile Zukunft mit Sicherheit bestimmen werden.

„Smart-Car" in der „Smart-City" des Elektroantriebs

Prüfungsgebiet Werkstattprozesse

Termine planen und mit den zuständigen Bereichen koordinieren

Situation zur 1. und 2. Aufgabe

Frau Maier, seit Jahren Stammkundin in Ihrem Haus, ruft bei Ihnen an. Sie erzählt, dass ihr neun Jahre alter Kombi einen großen Ölfleck in der Garage hinterlassen hat. Frau Maier möchte mit ihrem Fahrzeug in zwei Tagen in den Urlaub fahren. Ihnen liegt der aktuelle Stand für die Werkstattauslastung der nächsten drei Tage vor. Nach den ersten Schilderungen von Frau Maier geht die Werkstatt von einem Reparaturaufwand von 120 Minuten aus.

1. Aufgabe

Welche Möglichkeiten haben Sie, Frau Maier entgegenzukommen und den Urlaub nicht zu gefährden?

Tragen Sie die Ziffern der richtigen Aussagen in die Kästchen ein.

1 Sie bieten Frau Maier ein Ersatzfahrzeug an.
2 Interne Umplanung der Bühnen, soweit dies möglich ist, und Reparatur des Fahrzeugs innerhalb der nächsten zwei Tage.
3 Sie übernehmen die Reisekosten von Frau Maier.
4 Sie bieten Frau Maier einen Hol- und Bringservice für das Fahrzeug an.
5 Sie ermutigen Frau Maier, ihr Fahrzeug nach dem geplanten Urlaub reparieren zu lassen.

2. Aufgabe

Frau Maier bestätigt vorab telefonisch ihren Auftrag. Welcher Vorteil ergibt sich dadurch?

Tragen Sie die Ziffer der richtigen Aussage in das Kästchen ein.

1 Frau Maier erfährt vorab den exakten Rechnungsbetrag und kann bereits vor der Reparatur bezahlen.
2 Termine von Nicht-Stammkunden können zeitig verschoben werden.
3 Der Bedarf an Ersatzteilen und Mitarbeitern kann bereits ermittelt werden und es kommt zu keinen langen Standzeiten.
4 Durch eine telefonische Bestätigung ist das Autohaus zu einer sorgfältigen Ausführung des Auftrags verpflichtet.
5 Frau Maier muss bei Absage ihres Termins keine Konventionalstrafe bezahlen.

Uhrzeit	7	8	9	10	11	12	13	14	15	16	17	18
Bühne 1												
Bühne 2												
Bühne 3												
Bühne 4												

Uhrzeit	7	8	9	10	11	12	13	14	15	16	17	18
Bühne 1												
Bühne 2												
Bühne 3												
Bühne 4												

Uhrzeit	7	8	9	10	11	12	13	14	15	16	17	18
Bühne 1												
Bühne 2												
Bühne 3												
Bühne 4	gesperrt wegen Wartungsarbeiten											

Prüfungsgebiet Werkstattprozesse　　　　　　　　　Termine planen und mit den zuständigen Bereichen koordinieren

Erläuterungen und Lösungen

1. Aufgabe

Lösung: 1, 2

Trotz des Wunsches einer optimalen Terminplanung kommt es in der Praxis vor, dass ungeplante Reparaturen auftauchen. Ziel ist es, den Kundenauftrag anzunehmen und den Kunden zufriedenzustellen, auch wenn keine freien Kapazitäten vorhanden sind oder das Material noch nicht verfügbar ist. In diesem Fall bietet das Autohaus einige Serviceleistungen an, um dem Kunden den gewünschten Termin zu ermöglichen:

- **Hol- und Bringservice**
  - Auto: Das Autohaus holt das Fahrzeug am gewünschten Ort ab und bringt es wieder dorthin zurück.
  - Fahrer: Der Kunde wird nach der Abgabe des Fahrzeugs zur Arbeitsstelle oder nach Hause gefahren.

- **Ersatzmobilität**
  - Leihfahrzeuge: Der Kunde bekommt ein Leihfahrzeug aus Ihrem Bestand. Ob der Kunde hierfür etwas zu bezahlen hat, obliegt dem Autohaus selbst und ist eine individuelle Entscheidung.
  - Taxigutscheine: Ist der Weg für den Kunden nicht weit, können Taxigutscheine an den Kunden vergeben werden.
  - Leihfahrräder: Gerade in Großstädten sind Fahrräder eine gute Alternative zum Pkw.

2. Aufgabe

Lösung: 3

Die Vergabe eines geeigneten Termins mit dem Kunden ist die Grundvoraussetzung für einen reibungslosen Ablauf im Autohaus. Dabei sind insbesondere zwei Aspekte zu berücksichtigen:

- **Materialplanung**

  Erste Angaben des Kunden ermöglichen Ihnen bereits eine Einschätzung der Materialien. Hierzu ist die Aufnahme der Fahrzeugdaten, wie z. B. Kilometerstand und Alter des Fahrzeugs, oder die Aussage des Kunden zu eventuellen Defekten oder Beschädigungen sehr wichtig. Viele Teile hat das Autohaus bereits auf Lager, andere Teile können für den Kunden direkt beschafft werden. Erfolgen diese Prozesse abgestimmt, kommt es zu keiner Lagerung der Ersatzteile, da diese direkt in das Fahrzeug eingebaut werden können.

- **Kapazitätsplanung**

  Bei der Kapazitätsplanung müssen zwei Kapazitäten im Autohaus berücksichtigt werden:
  - die vorhandenen Räumlichkeiten (Hebebühnen in der Werkstatt)
  - die verfügbaren Mitarbeiter (mit den jeweiligen Qualifikationen)

  Ziel ist die optimale Auslastung der Werkstatt, da Leerlaufzeiten für das Autohaus hohe Kosten bedeuten. Daher hat der Hersteller Richtwerte für gängige Arbeiten vorgegeben, an denen sich das Autohaus orientieren kann. Um spontan auf Notsituationen von Kunden, z. B. Verkehrsunfälle, oder der Tatsache, dass Arbeiten an einem Fahrzeug länger dauern können, reagieren zu können, sollte bei der Kapazitätsplanung immer ein Puffer berücksichtigt werden.

Eine telefonische Voranmeldung/Auftragserteilung bringt sowohl für das Autohaus als auch für den Kunden erhebliche Vorteile:

Vorteile Autohaus	Vorteile Kunden
• Planung der Materialien ist möglich. Fehlende Materialien können nachbestellt werden.	• Keine langen Wartezeiten
• Kundentermine können zeitlich hintereinander erfolgen. Der Mitarbeiter kann sich intensiv um den Kunden kümmern.	• Der Mitarbeiter hat ein offenes Ohr für die Probleme des Kunden.
• Die Mitarbeiter können den jeweiligen Aufträgen nach ihrer Qualifikation zugeordnet werden.	• Der Werkstattauftrag kann direkt mit dem Kunden besprochen werden.
	• Rückfragen können vermieden werden.
	• Der Kunde bekommt eine Einschätzung der Kosten.

Prüfungsgebiet Werkstattprozesse — Werkstattaufträge unter Berücksichtigung von Daten aus technischen Unterlagen und Fahrzeugpapieren erstellen

> **Situation zur 1. bis 4. Aufgabe**
> Sie befinden sich am Service und sind für die Koordination der einzelnen Aufträge zuständig.

1. Aufgabe

Ordnen Sie die verschiedenen Auftragsarten den Beispielen zu.

Beispiel

a) Inspektionen an zwei Langstehern auf dem Gebrauchtwagenplatz.

b) Zwei Neufahrzeuge erhalten eine Anhängerkupplung.

c) Kunde Müller bemängelt die mangelnde Qualität seiner Soundanlage im vor drei Wochen gekauften Fahrzeug.

d) Die Lackierung wird an eine externe Lackiererei vergeben.

Zuordnung

1 Interner Reparaturauftrag

2 Interner Wartungsauftrag

3 Fremdleistung/Unterauftrag

4 Gewährleistungsauftrag

2. Aufgabe

Welche Definition beschreibt einen Werkvertrag in Ihrem Autohaus?

Tragen Sie die Ziffer der richtigen Aussage in das Kästchen ein.

1 Kunde Müller lässt bei Ihnen den Wechsel der Sommerräder durchführen. Die Räder sind bereits vorhanden und der Kunde bringt diese mit.

2 Kunde Müller lässt die kleine Inspektion bei Ihnen durchführen.

3 Kunde Müller beauftragt Ihr Autohaus, eine geeignete Anhängerkupplung zu beschaffen und diese auch zu montieren.

4 Kunde Müller hatte einen Unfall. Sie sind für die Lackierarbeiten am Fahrzeug zuständig.

5 Kunde Müller benötigt einen neuen Motor und entscheidet sich für ein Austauschteil, welches Sie besorgen und einbauen.

3. Aufgabe

Bei der Ausführung von speziellen Lackierarbeiten wird die benachbarte Lackiererei Weber beauftragt. Welche Aussage zu diesem Auftrag ist richtig?

Tragen Sie die Ziffer der richtigen Aussage in das Kästchen ein.

1 Die Beauftragung der Lackiererei ist kostengünstiger, da die Lackiererei Weber keine Steuern zu bezahlen braucht.

2 Diese Art von Auftrag stellt einen Unterauftrag/Fremdauftrag des Autohauses dar. Dieser ist jederzeit rechtlich möglich und in den AGB geregelt.

3 Bei der Lackierung im eigenen Autohaus entstehen keine zusätzlichen Kosten, so ist die Lackierung im eigenen Haus immer kostengünstiger.

4 Die Überführungskosten des Fahrzeugs zur Lackiererei können dem Kunden in Rechnung gestellt werden.

5 Die Lackiererei muss niedrigere Stundenverrechnungssätze anbieten. Dadurch werden die Reparaturkosten für den Kunden geringer.

4. Aufgabe

Bringen Sie den Ablauf eines Werkstattauftrags in die richtige Reihenfolge. Tragen Sie dazu die Nummerierung von 1 bis 7 in die Kästchen ein.

Kundenzufriedenheit durch eine telefonische Befragung überprüfen.

Fertigstellungstermin mit dem Kunden vereinbaren.

Kundendaten erfassen (aus dem EDV-System bzw. bei neuen Kunden aus den Fahrzeugpapieren).

Werkstattauftrag ausfüllen und den Kunden unterschreiben lassen, auf die AGB hinweisen.

Ersatzmobilität anbieten.

Kundenauftrag ausführen.

Rechnung erstellen.

Prüfungsgebiet Werkstattprozesse | Werkstattaufträge unter Berücksichtigung von Daten aus technischen Unterlagen und Fahrzeugpapieren erstellen

Erläuterungen und Lösungen

1. Aufgabe

Lösung: 2, 1, 4, 3

Formen der Auftragsarten

- **Unteraufträge/Fremdleistungen:** Ein anderer Betrieb wird mit der Ausführung der Arbeiten beauftragt. Grund hierfür ist oft, dass dieser Betrieb über speziell geschultes Personal verfügt oder die Vergabe des Auftrags kostengünstiger ist.
- **Werkstattaufträge:** Instandhaltungen an eigenen Maschinen oder Anlagen
- **Interne Aufträge:** Bei internen Aufträgen erbringt eine Abteilung eine Leistung für die andere Abteilung, z. B. Inspektionsarbeiten an einem Gebrauchtfahrzeug.
- **Gewährleistungsaufträge:** Der Auftrag selbst kommt vom Kunden. Da der Schaden aber in der Gewährleistungsfrist entstanden ist, wird dieser zu besonderen Konditionen mit dem Hersteller abgerechnet.

2. Aufgabe

Lösung: 1

Beauftragt ein Kunde ein Autohaus mit der Wartung oder Reparatur eines Fahrzeugs, wird immer ein Vertrag zwischen Kunden und Betrieb abgeschlossen. Es handelt sich hier um einen Vertrag mit zwei übereinstimmenden Willenserklärungen. Im BGB werden in diesem Zusammenhang der Werkvertrag und Kaufvertrag und somit die Anwendung des Kaufrechts unterschieden.

Verträge des BGB

Werkvertrag

Der Kunde beschafft die Teile selbst und beauftragt das Autohaus mit dem Einbau oder der Montage. Der Kunde bezahlt nur die Arbeitszeit.
Das Autohaus gibt keine Gewährleistung auf das Ersatzteil, sondern nur auf die ausgeführte Arbeit.

Kaufvertrag mit anschließender Montageverpflichtung

Der Kunde beauftragt das Autohaus mit der Beschaffung und Montage des Ersatzteils. Der Kunde muss die Arbeitszeit und die Kosten des Ersatzteils bezahlen. Das Autohaus gibt Gewährleistung für das Ersatzteil und die ausgeführte Arbeit.

3. Aufgabe

Lösung: 2

4. Aufgabe

Lösung: 7, 4 , 1, 2, 3, 5, 6

Abwicklung eines Reparaturauftrages

Kunde

Auftragserteilung

Rechnungserläuterung

Kundendienstberater

Rechnung

Kunden-Auftrag nach Endkontrolle

Rechnungsabteilung

Kundenauftrag

Übergabe zur Probefahrt

Berechnung der Teile

Werkstattmeister

ET-Lager

Kundenauftrag

Abnahme

Teile

Lackierer | Monteur Elektrik | Servicetechniker | Karosserieschlosser | Monteur allgemeine Reparaturen

Ausführung des Kundenauftrages

© Westermann Gruppe

Prüfungsgebiet Werkstattprozesse — Werkstattaufträge unter Berücksichtigung von Daten aus technischen Unterlagen und Fahrzeugpapieren erstellen

Situation zur 5. und 6. Aufgabe
Ein Kunde möchte für sein Fahrzeug bei Ihnen eine Inspektion nach entsprechenden Herstellervorgaben durchführen lassen. Zur Auftragsannahme und Durchführung brauchen Sie einige Informationen.

5. Aufgabe

Welche der genannten Unterlagen benötigen Sie zur Auftragserfassung?

Tragen Sie die Ziffer der richtigen Aussage in das Kästchen ein.

1. Zulassungsbescheinigung I, letztes HU-Prüfprotokoll
2. Zulassungsbescheinigung II, Führerschein des Kunden
3. Zulassungsbescheinigung II, Serviceheft
4. Zulassungsbescheinigung I, Serviceheft
5. Zulassungsbescheinigung I, Personalausweis des Kunden

6. Aufgabe

Welche der genannten Daten finden Sie in der Zulassungsbescheinigung Teil I (Fahrzeugschein)?

Tragen Sie die Ziffer der richtigen Aussage in das Kästchen ein.

1. Fahrzeugidentifikationsnummer, Anzahl der Vorbesitzer, Schadstoffschlüssel
2. Fahrzeugidentifikationsnummer, Kilometerstand, Schadstoffschlüssel
3. Fahrzeugidentifikationsnummer, Herstellerfarbton, Schadstoffschlüssel
4. Fahrzeugidentifikationsnummer, Produktionsort, Schadstoffschlüssel
5. Fahrzeugidentifikationsnummer, HU-Gültigkeit, Schadstoffschlüssel

Fortführung der Situation für die 7. Aufgabe
Sie erfassen den Kilometerstand bei Auftragseröffnung. Im Beisein des Kunden lesen Sie diesen vom Kilometerzähler ab.

7. Aufgabe

Welche der genannten Aussagen trifft zu?

Tragen Sie die Ziffer der richtigen Aussage in das Kästchen ein.

1. Der Kilometerstand muss erfasst werden, damit das Kundenfahrzeug schon jetzt für eine spätere Inzahlungnahme bewertet werden kann.
2. Der Kilometerstand muss erfasst werden, damit der Inspektionsumfang festgestellt werden kann. Auch eventuelle Garantieansprüche bei unerwarteten Schäden können geprüft werden.
3. Der Kilometerstand muss erfasst werden, damit eventuelle Kontrollfahrten belegt werden können. Bis 500 km sind diese erlaubt.
4. Der Kilometerstand muss nicht unbedingt erfasst werden. Da wir den Kunden kennen, sind unsere Daten zu seinem Fahrzeug immer aktuell.
5. Der Kilometerstand muss nicht unbedingt erfasst werden. Wir tun es aber dennoch im Kundenbeisein, um kompetent zu erscheinen.

Fortführung der Situation für die 8. Aufgabe
Bei dem Fahrzeug des Kunden soll eine „kleine" Inspektion durchgeführt werden.

8. Aufgabe

Welche der genannten Arbeiten fallen hierbei in jedem Fall an?

Tragen Sie die Ziffer der richtigen Aussage in das Kästchen ein.

1. Ölwechsel, Ölfilterwechsel, Kontrolle der Flüssigkeitsstände, Zahnriemenwechsel
2. Ölwechsel, Ölfilterwechsel, Kontrolle der Flüssigkeitsstände, Glühkerzenwechsel
3. Ölwechsel, Ölfilterwechsel, Kontrolle der Flüssigkeitsstände, Funktionskontrolle der Beleuchtung
4. Ölwechsel, Ölfilterwechsel, Kontrolle der Flüssigkeitsstände, Auslösekontrolle der Airbags
5. Ölwechsel, Ölfilterwechsel, Kontrolle der Flüssigkeitsstände, Getriebeölwechsel

Prüfungsgebiet Werkstattprozesse — Werkstattaufträge unter Berücksichtigung von Daten aus technischen Unterlagen und Fahrzeugpapieren erstellen

Erläuterungen und Lösungen

5. Aufgabe

Lösung: 4

Bei der Anlage eines Werkstattauftrags müssen alle fahrzeugrelevanten Daten erfasst bzw. vorhandene Daten auf Aktualität geprüft werden. Die Zulassungsbescheinigung Teil I (Fahrzeugschein)ist hierzu zwingend notwendig. Die Zulassungsbescheinigung Teil II (Fahrzeugbrief) enthält hierzu wenige Daten. Außerdem sollte diese nicht im Fahrzeug verbleiben, da sie den Eigentumsnachweis über das Fahrzeug darstellt. Das Serviceheft gibt Auskunft über die anstehenden Arbeiten, die im Rahmen der Inspektion laut Hersteller durchzuführen sind. Es wird also zur Planung der Dauer des Auftrags und die Anzahl der benötigten Teile gebraucht.

6. Aufgabe

Lösung: 5

In der Zulassungsbescheinigung Teil I finden sich alle fahrzeugrelevanten Daten, die eine eindeutige Identifizierung des Kfz ermöglichen. Auch der Termin, ab dem eine neue Hauptuntersuchung für das Fahrzeug ansteht, ist vermerkt. Die Anzahl der Vorbesitzer wird in der Zulassungsbescheinigung Teil II festgehalten. Der exakte, oft durch Marketingkonzepte beeinflusste Herstellerfarbton ist nicht erfasst, lediglich die Grundfarbe wird angegeben. Km-Stand und Produktionsort sind variabel.

7. Aufgabe

Lösung: 2

Der Km-Stand ist unbedingt zu erfassen, damit der Inspektionsumfang festgelegt werden kann. Dieser ist nach Laufleistung und Zeit bestimmt. Auch Garantieleistungen sind an Fahrzeugalter und Laufleistung geknüpft. Ebenso kann der Umfang von Kontrollfahrten belegt werden, eine Grenze bis 500 km existiert jedoch nicht.

8. Aufgabe

Lösung: 3

Der Umfang der durchzuführenden Arbeiten bei Inspektionen variiert von Hersteller zu Hersteller. Ölwechsel, Ölfilterwechsel, Kontrolle der Flüssigkeitsstände und Funktionskontrolle der Beleuchtung gehören jedoch immer dazu. Der Zahnriemen wird jedoch meist erst ab ca. 100.000 km gewechselt. Ein Glühkerzenwechsel erfolgt bei Dieselfahrzeugen nicht im Rahmen von Inspektionen, sondern erst nach eventuellen Defekten. Die Funktion der Airbags kann

sicher erst bei Auslösung bestimmt werden, jedoch nie im Rahmen einer Inspektion. Ein Getriebeölwechsel erfolgt ebenfalls nur nach Herstellervorgabe und nicht im Rahmen einer klassischen „kleinen" Inspektion.

Zulassungsbescheinigung Teil I

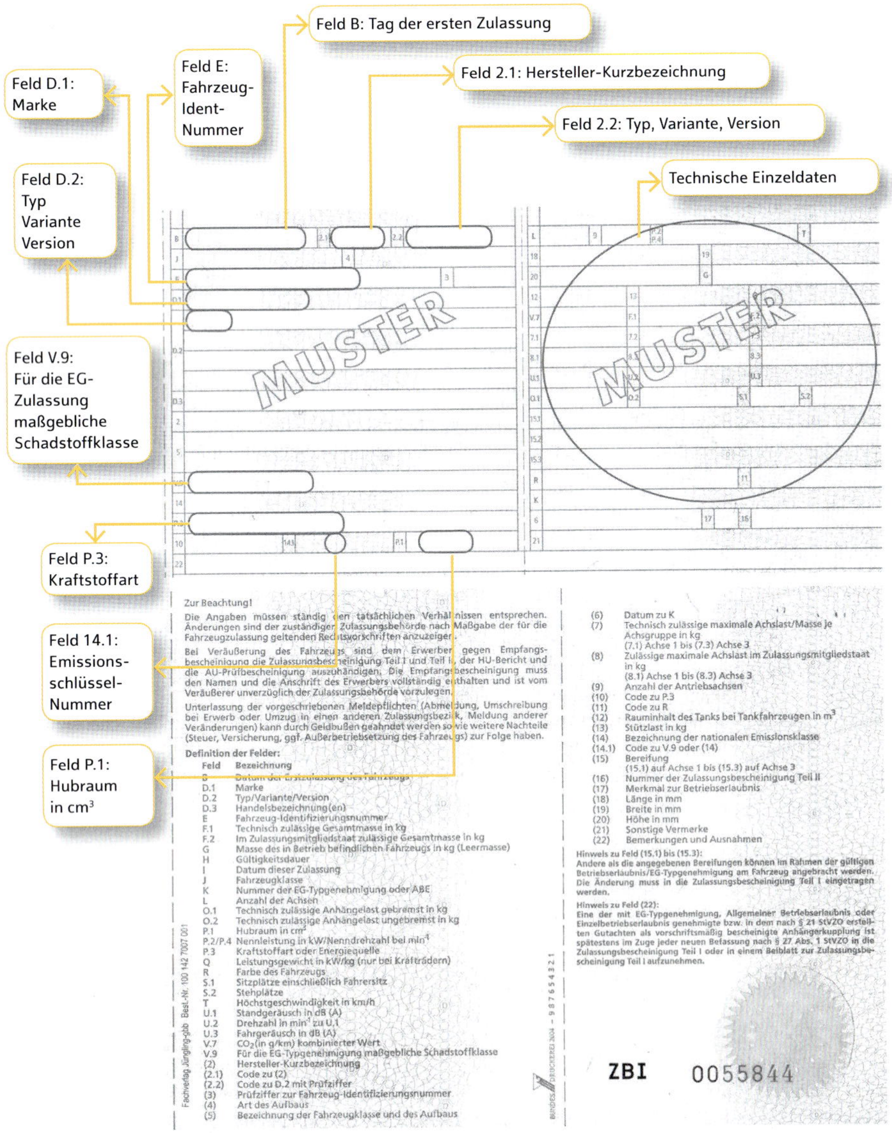

Prüfungsgebiet Werkstattprozesse — Werkstattaufträge unter Berücksichtigung von Daten aus technischen Unterlagen und Fahrzeugpapieren erstellen

---

Situation zur 9. und 10. Aufgabe
Die Auftragsannahme gehört zu ihrer täglichen Arbeit. Sie bearbeiten auch den Reparaturauftrag von Frau Dinkel. Bei Frau Dinkels Pkw sind der Stoßdämpfer und das Radlager defekt.

9. Aufgabe

Nachdem Sie den Auftrag angelegt haben, machen Sie die Kundin auf die Wirksamkeit der Kfz-Reparaturbedingungen aufmerksam (AGB). Welche Aussagen sind dazu richtig?

Tragen Sie die Ziffern der richtigen Aussagen in die Kästchen ein.

1. Bei den AGBs handelt es sich um vorformulierte Vertragsbedingungen, die das Autohaus seinen Kunden bei Vertragsabschluss stellt.
2. AGBs müssen nur in einem Autohaus vorher vereinbart werden.
3. Die AGBs werden bei jedem Kunden neu ausgehandelt und können somit individuell auf jeden Kunden zugeschnitten werden.
4. Die Kunden müssen auf die AGBs extra hingewiesen werden.
5. AGBs sind auch ohne schriftliche Zustimmung des Kunden gültig.

10. Aufgabe

Welche Inhalte sind in den Kfz-Reparaturbedingungen geregelt?

Tragen Sie die Ziffer der richtigen Aussage in das Kästchen ein.

1. Probefahrten, Erteilung von Unteraufträgen, Bezahlung der Rechnung.
2. Anzahl der Auszubildenden, erweitertes Pfandrecht, Ansprüche des Auftraggebers wegen Sachmängeln.
3. Probefahrten, Bezahlung der Rechnung, Haftungsausschluss für das Autohaus bei Verlust oder Schäden am Auftragsgegenstand.
4. Anzahl der Mitarbeiter des Autohauses, Probefahrten, Erteilung von Unteraufträgen, Bezahlung der Rechnung.
5. Probefahrten, exakte Höhe der Reparaturkosten, Annahmeverzug durch den Kunden.

Fortführung der Situation für die 11. Aufgabe
Frau Dinkel hat die Reparatur nach vorherigem Kostenvoranschlag bei Ihnen in Auftrag gegeben.
Der Rechnungsbetrag übersteigt den Kostenvoranschlag um 150,00 €, da der Reparaturaufwand höher ist.
In den Kfz-Reparaturbedingungen, die Frau Dinkel vorliegen, findet sich dazu Folgendes:

II. Preisangaben im Auftragsschein; Kostenvoranschlag

1. Auf Verlangen des Auftraggebers vermerkt der Auftragnehmer im Auftragsschein auch die Preise, die bei der Durchführung des Auftrags voraussichtlich zum Ansatz kommen. Preisangaben im Auftragsschein können auch durch Verweisung auf die infrage kommenden Positionen der beim Auftragnehmer ausliegenden Preis- und Arbeitswertkataloge erfolgen.

2. Wünscht der Auftraggeber eine verbindliche Preisangabe, so bedarf es eines schriftlichen Kostenvoranschlags; in diesem sind die Arbeiten und Ersatzteile jeweils im Einzelnen aufzuführen und mit dem jeweiligen Preis zu versehen. Der Auftragnehmer ist an diesen Kostenvoranschlag bis zum Ablauf von 3 Wochen nach seiner Abgabe gebunden. Die zur Abgabe eines Kostenvoranschlags erbrachten Leistungen können dem Auftraggeber berechnet werden, wenn dies im Einzelfall vereinbart ist. Wird aufgrund des Kostenvoranschlags ein Auftrag erteilt, so werden etwaige Kosten für den Kostenvoranschlag mit der Auftragsrechnung verrechnet und der Gesamtpreis darf bei der Berechnung des Auftrags nur mit Zustimmung des Auftraggebers überschritten werden.

11. Aufgabe

Muss Frau Dinkel den höheren Betrag bezahlen?

Tragen Sie die Ziffer der richtigen Aussage in das Kästchen ein.

1. Frau Dinkel ist verpflichtet, die Mehrkosten zu tragen. Eine vorherige Informationspflicht gegenüber dem Kunden existiert hier nicht.
2. Frau Dinkel muss den Mehrpreis bezahlen, wenn sie vorab darüber informiert wurde, dass der Reparaturaufwand höher ist, und sie trotzdem mit der Reparatur einverstanden war.
3. Das Autohaus hat den Mehrpreis zu bezahlen und darf nicht mehr verlangen, als im Kostenvoranschlag veranschlagt.
4. Die Differenz von 150,00 € erhält das Autohaus vom Hersteller.
5. Kostenvoranschläge sind immer nur geschätzte Kosten, daher muss Frau Dinkel den Mehrpreis bezahlen.

Prüfungsgebiet Werkstattprozesse — Werkstattaufträge unter Berücksichtigung von Daten aus technischen Unterlagen und Fahrzeugpapieren erstellen

Erläuterungen und Lösungen

9. Aufgabe

Lösung: 1, 4

Die AGBs dienen dazu, bereits bei Vertragsabschluss Regelungen mit dem Kunden zu treffen, um Diskussionen nach der Arbeitsleistung zu vermeiden. Für das Kfz-Gewerbe sind dies die Kfz-Reparaturbedingungen.

Ziel der Reparaturbedingungen:

- Individuelle Absprachen mit dem Kunden sind nicht möglich, dies spart Zeit und Kosten.
- Die Stellung des Kfz-Betriebs gegenüber dem Kunden ist gestärkt.

Anforderungen an die Kfz-Reparaturbedingungen:

- Der wirtschaftlich Schwächere (der Kunde) darf nicht unangemessen benachteiligt werden.
- Der Kfz-Betrieb muss dem Kunden die Möglichkeit geben, sich über die AGBs zu informieren. Dies kann durch den Abdruck auf der Rückseite des Auftrags geschehen, durch den Aushang in den Geschäftsräumen des Kundendienstes, durch die Aushändigung eines separaten Textblattes oder durch den beleuchteten Aushang am Einwurfschalter für Auftragstaschen.

Die Einbindung der Kfz-Reparaturbedingungen muss vom Kunden schriftlich erfolgen. Geschieht dies nicht, gelten die Bedingungen des BGB bzgl. des Werkvertrags. In diesen Bestimmungen ist der Kfz-Betrieb in einigen Bereichen wesentlich schlechter gestellt.

10. Aufgabe

Lösung: 1

11. Aufgabe

Lösung: 2

Die Bedingungen für die Ausführung von Arbeiten an Kraftfahrzeugen, Anhängern, Aggregaten und deren Teilen und für Kostenvoranschläge bestimmen u. a.:

1. **Auftragserteilung:** durch Auftragsschein oder Bestätigungsschreiben; ermächtigt den Auftragnehmer zur Durchführung von Unteraufträgen, Probefahrten und Überführungsfahrten.
2. **Preisangaben im Auftragsschein, Kostenvoranschlag:** Vermerk der Preise auf Verlangen des Auftraggebers; auf Wunsch schriftlicher Kostenvoranschlag mit Angabe der Arbeiten und Ersatzteile sowie der jeweiligen Preise.
3. **Fertigstellung:** Einhaltung eines schriftlich als verbindlich bezeichneten Fertigstellungstermins; bei schuldhafter Verzögerung: Ersatz- oder Mietfahrzeug, Schadenersatzansprüche des Auftraggebers.
4. **Abnahme:** erfolgt durch Auftraggeber im Kfz-Betrieb; bei Abnahmeverzug: Mahnung und Berechnung einer ortsüblichen Aufbewahrungsgebühr; Gefahren der Aufbewahrung gehen auf Auftraggeber über.
5. **Berechnung des Auftrags:** Rechnungslegung mit Einzelpreisen für Arbeitsleistung, Ersatzteile und Materialien; bei Kostenvoranschlägen: Bezugnahme auf diesen genügt, zusätzliche Arbeiten gesondert; Berichtigung oder Beanstandungen bis sechs Wochen nach Zugang der Rechnung.
6. **Zahlung:** innerhalb einer Woche nach Meldung der Fertigstellung und Aushändigung oder Zustellung der Rechnung; ohne Skonto oder sonstige Nachlässe.
7. **Erweitertes Pfandrecht:** Dem Auftragnehmer steht ein vertragliches Pfandrecht an den in seinen Besitz gelangten Gegenständen zu; zum Ausgleich von Forderungen aus früheren Leistungen.
8. **Haftung:** Ansprüche des Auftraggebers wegen Sachmängeln verjähren innerhalb eines Jahres ab Abnahme; Folgen: kostenlose Nachbesserung, Minderung des Werklohnes oder Rücktritt vom Vertrag; Haftung des Auftragnehmers für Schäden und Verluste am Auftragsgegenstand und zusätzlichen Wageninhalt, wenn dieser in Verwahrung genommen ist.
9. **Eigentumsvorbehalt des Auftragnehmers:** bis zur vollständigen Bezahlung; an Zubehör- und Ersatzteilen und Aggregat, die nicht wesentlicher Bestandteil des Auftragsgegenstandes geworden sind.
10. **Schiedsstelle:** Auftraggeber können bei Streitigkeiten die Schiedsstelle des Kraftfahrzeughandwerks anrufen; gilt für Fahrzeuge mit einem zulässigen Gesamtgewicht von nicht mehr als 3,5 t.
11. **Gerichtsstand:** Für sämtliche Ansprüche aus Geschäftsverbindungen mit Kaufleuten ist der Gerichtsstand der Sitz des Auftragnehmers.

Prüfungsgebiet Werkstattprozesse

Sichtprüfungen zur Verkehrs- und Betriebssicherheit von Fahrzeugen durchführen

Situation zur 1. und 2. Aufgabe
Ein Kunde erscheint zum vereinbarten Termin bei Ihnen. Bevor sein Fahrzeug in die Werkstatt kommt, wird eine Dialog- oder auch Direktannahme durchgeführt. Hierbei wird sein Fahrzeug einer ersten Sichtprüfung unterzogen.

1. Aufgabe

Welche Aussagen zur Dialogannahme treffen nicht zu?

Tragen Sie die Ziffern der falschen Aussagen in die Kästchen ein.

1. Die Dialogannahme muss von Vertragswerkstätten durchgeführt werden, da die Hersteller dies vorschreibt.
2. Die Dialogannahme muss von Vertragswerkstätten durchgeführt werden, da der Gesetzgeber dies vorschreibt.
3. Die Dialogannahme wird im Beisein des Kunden durchgeführt. Die Arbeitszeit, die hierfür anfällt, wird ihm nicht berechnet.
4. Die Dialogannahme wird im Beisein des Kunden durchgeführt. Die Arbeitszeit, die hierfür anfällt, wird ihm berechnet.

2. Aufgabe

Welche Vorteile hat Ihre Werkstatt durch die Dialogannahme?

Tragen Sie die Ziffern der richtigen Aussagen in die Kästchen ein.

1. Verkürzung der Reparaturdauer.
2. Zusatzverkäufe können getätigt werden.
3. Der Umfang der Werkstattarbeiten kann dem Kunden anschaulich gemacht werden.
4. Die Rechnungserläuterung bei Fahrzeugabholung entfällt.
5. Nötige Zusatzreparaturen können sofort mit dem Kunden besprochen werden.

Fortführung der Situation für die 3. und 4. Aufgabe
Sie bringen Ihren Kunden zum zuständigen Service-Mitarbeiter und sehen bei der Durchführung der Dialogannahme zu.

3. Aufgabe

Welche drei der genannten Prüfpunkte werden u. a. durchgeführt?

Tragen Sie die Ziffern der richtigen Aussagen in die Kästchen ein.

1. Kontrollleuchten und Kilometerstand.
2. Funktion Kupplung, Bremsen und Scheibenwaschanlage.
3. Sichtprüfung Korrosion und Lackzustand.
4. Einhaltung der Schadstoffgrenzwerte.
5. Bereifung entsprechend Zulassungsbescheinigung I.

4. Aufgabe

Der Service-Mitarbeiter hat die Dialogannahme abgeschlossen. Welche Tätigkeiten fallen nun an?

Tragen Sie die Ziffer der richtigen Aussage in das Kästchen ein.

1. Da der Auftrag bereits bei Terminvergabe erteilt ist, muss nichts mehr veranlasst werden. Der Kunde kann gehen.
2. Ein Befundbericht wird angefertigt. Der Kunde bestätigt diesen und unterschreibt jetzt den aktualisierten Auftrag.
3. Ein Befundbericht wird angefertigt. Dieser kommt zu den Auftragsunterlagen. Der Kunde kann gehen.

Prüfungsgebiet Werkstattprozesse

Sichtprüfungen zur Verkehrs- und Betriebssicherheit von Fahrzeugen durchführen

Erläuterungen und Lösungen

1. Aufgabe

Lösung: 1, 3

Bei der Dialog- oder Direktannahme handelt es sich um die erste Sichtprüfung des Kundenfahrzeugs durch die beauftragte Werkstatt. Handelt es sich dabei um einen mit Servicevertrag an einen Hersteller gebundenen Servicepartner, ist die Dialogannahme Teil der im Vertrag vorgeschriebenen Qualitätsanforderungen, die die Fachwerkstatt zu erfüllen hat. Es handelt sich also um ein Marketinginstrument, eine gesetzliche Durchführungsverpflichtung wie z. B. die regelmäßig durchzuführende Hauptuntersuchung besteht nicht. Die dabei anfallenden Kosten werden nicht als Einzelkosten direkt mit dem Kunden abgerechnet. Natürlich werden diese aber als Gemeinkosten indirekt im Stundenverrechnungssatz berücksichtigt.

2. Aufgabe

Lösung: 2, 3, 5

Durch die Dialogannahme verkürzt sich die Reparaturdauer natürlich nicht. Ebenso muss die Rechnung, die dem Kunden bei Fahrzeugabholung übergeben wird, bezüglich der durchgeführten Arbeitspositionen erläutert werden. Dies kann aber leichter erfolgen, da der Kunde ja bei der Dialogannahme über Umfang und Aufwand der Arbeiten informiert wurde. Eventuelle zusätzliche Arbeiten können gleich im Vorfeld erkannt und in den Auftrag mit aufgenommen werden. Zeitaufwändiges „Hinterhertelefonieren" entfällt für die Werkstatt. Ebenso können Zusatzverkäufe getätigt werden, wenn z. B. die Reifenprofiltiefe oder die Bremsscheiben sich der Verschleißgrenze nähern. Schließlich präsentiert sich die Fachwerkstatt als kompetenter Vertragspartner. Die Dialogannahme ist eines der zentralen Kundenbindungsinstrumente einer Werkstatt.

3. Aufgabe

Lösung: 1, 2, 3

Die Direktannahme stellt einen „Vorab-Check" des Kundenfahrzeugs dar. In kurzer Zeit sollen wesentliche Prüfpunkte per Sichtprüfung am Kundenfahrzeug durchgeführt werden (siehe Befundbericht). Eine Prüfung der Einhaltung der Schadstoffgrenzwerte erfolgt bei der Abgasuntersuchung. Die zugelassenen Reifendimensionen für das Fahrzeug können den COC-Unterlagen entnommen werden. Beides übersteigt den Umfang einer Dialogannahme erheblich.

4. Aufgabe

Lösung: 2

Nach der Dialogannahme werden die Ergebnisse in einem Befundbericht festgehalten. Der Werkstattauftrag kommt erst zustande, wenn der Kunde den Befundbericht bestätigt und den aktualisierten Auftrag unterschrieben hat.

BEFUNDBERICHT			FAHRZEUG: (Kennzeichen oder VIN)
AUFTRAGSNUMMER:			
DATUM:			Letzter Besuch:
KUNDE: (Name und / oder Kundennummer)			War letztes Mal alles OK? / Datum: / Auftr.:
Besondere Hinweise / Auffälligkeiten / Kundenwünsche			☐ JA ☐ NEIN* Mech.:

Annahme Checkliste	OK	nicht OK / Notiz
Vor dem Einfahren		
Fälligkeit TÜV / AU prüfen		
Beim Einfahren in die DA		
Kontrollleuchten, Kilometerstand, Tankinhalt		
Kupplung, Bremse, Handbremse, Scheibenwaschanlage		
Sichtprüfung des Fahrzeugs von außen		
Korrosions- und Lackzustand		
Front- und Scheinwerferscheiben, Wischerblätter		
Motorraum, Keilriemen, Aggregaten Zustand		
Keilriemen / Nebenaggregate auf Zustand prüfen		
Leitungen, Schläuche, Dichtigkeit, Flüssigkeitstand		
Beschädigung / Korrosionszustand Unterboden		
Schalldämpfer sichtprüfen		
Servolenkung (Dichtigkeit) sichtprüfen		
Stoßdämpfer sichtprüfen		
Bremsscheiben und -beläge sichtprüfen		
Kraftstoffleitung und Tank (Dichtigkeit) sichtprüfen		

Reifen-Check	Profiltiefe in mm
Baujahr, Hersteller, Typ, etc.	

* Gründe (falls letztes Mal nicht perfekt)		VORMERKUNGEN (für nächsten Besuch)
Diagnose	Dokumentation	Was?
Werkzeug	Arbeitsqualität	Wann?
Zeit	Bekannt o. L.	
Teile	Endkontrolle	QUALITÄTSKONTROLLE
Kommentar / Teile-Nr.		Probefahrt OK
		Kunde zufrieden bei Übergabe
		Kunde angerufen nach 3 - 5 Tage

Prüfungsgebiet Werkstattprozesse — Sichtprüfungen zur Verkehrs- und Betriebssicherheit von Fahrzeugen durchführen

> **Fortführung der Situation für die 5. bis 8. Aufgabe**
> Bei der Dialogannahme stellen Sie fest, dass die Hauptuntersuchung am Kundenfahrzeug längst fällig ist. Heute wird ohnehin in Ihrer Werkstatt die HU von einer Prüforganisation durchgeführt. Ihr Kunde lässt diese gleich mitmachen.

5. Aufgabe

Wann hätte die Hauptuntersuchung laut Prüfplakette spätestens erfolgen müssen?

☐ Monat ☐ Jahr

6. Aufgabe

Welche Aussage zu den Prüffristen der HU ist richtig?

Tragen Sie die Ziffer der richtigen Aussage in das Kästchen ein.

1. Alle Fahrzeuge müssen grundsätzlich nach zwei Jahren zur HU.
2. Da Mietfahrzeuge, Taxis und Lkws besonders gründlich gewartet werden, genügt eine HU alle drei Jahre.
3. Neue Pkws müssen erst nach drei Jahren zur HU, danach alle zwei Jahre.
4. Fahrzeuge, die älter als zehn Jahre sind, müssen jährlich zur HU.

7. Aufgabe

Die Prüfplakette am hinteren Nummernschild als äußere Kennzeichnung einer durchgeführten HU hilft z. B. der Polizei bei Kontrollen.
Welchen Dokumenten können Sie den Fälligkeitstermin der nächsten HU entnehmen?

Tragen Sie die Ziffer der richtigen Aussage in das Kästchen ein.

1. Aktueller HU-Prüfbericht, Zulassungsbescheinigung Teil II
2. Aktueller HU-Prüfbericht, Zulassungsbescheinigung Teil I
3. Aktueller HU-Prüfbericht, Zulassungsbescheinigung Teil I + II

8. Aufgabe

Sie stellen fest, dass Ihr Kunde den Prüftermin um zwei Monate überschritten hat.
Mit welchen Konsequenzen hätte Ihr Kunde bei einer polizeilichen Kontrolle rechnen müssen?

Tragen Sie die Ziffer der richtigen Aussage in das Kästchen ein.

1. Es fällt ein Bußgeld von 25,00 € an.
   Es muss eine „vertiefte" HU nachgeholt werden.
2. Ein Überschreiten des Termins um drei Monate führt lediglich zu einem Hinweis der Polizei. Weitere Konsequenzen treten nicht ein.
3. Es fällt ein Verwarngeld von 15,00 € an.
   Es muss eine „vertiefte" HU nachgeholt werden.
4. Es fällt ein Bußgeld von 60,00 € an.
   Es muss eine „vertiefte" HU nachgeholt werden und es wird 1 Punkt im Verkehrszentralregister Flensburg eingetragen.
5. Es fällt ein Verwarngeld von 15,00 € an.
   Es muss eine „vertiefte" HU nachgeholt werden. Der Versicherungsschutz erlischt.

Prüfungsgebiet Werkstattprozesse

Sichtprüfungen zur Verkehrs- und Betriebssicherheit von Fahrzeugen durchführen

Erläuterungen und Lösungen

5. Aufgabe

Lösung: 07 17

Der Monat und das Jahr, bis zu dem die nächste Hauptuntersuchung durchgeführt werden muss, wird durch eine Prüfplakette am hinteren Fahrzeugkennzeichen kenntlich gemacht.

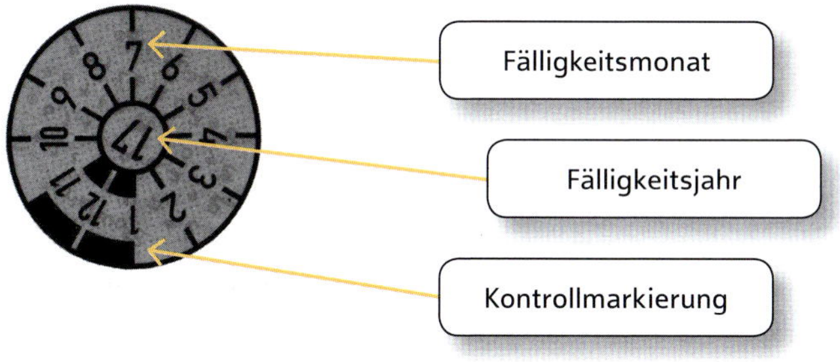

Die oben stehende Zahl gibt den Fälligkeitsmonat an. Das Fälligkeitsjahr befindet sich jeweils in der Mitte der Plakette. Um Kontrollen im fließenden Verkehr zu erleichtern, wechseln die Farben der Plaketten pro Jahr (z. B. 2017 = rosa, 2018 = grün, 2019 = orange). Die Monate 1, 12 und 11 sind schwarz markiert. So kann der Fälligkeitsmonat auch auf Distanz leichter erkannt werden. Die fällige HU darf nur von staatlich zertifizierten Prüforganisationen wie DEKRA, TÜV, GTÜ, KÜS, VÜK usw. durchgeführt werden.

6. Aufgabe

Lösung: 3

Um die Verkehrs- und Betriebssicherheit der Fahrzeuge im öffentlichen Straßenverkehr zu gewährleisten, sind diese regelmäßig auf eventuelle Mängel zu untersuchen. Diese Prüffristen sind für neue Pkw 36 Monate ab Erstzulassung, danach alle 24 Monate. Auch ältere Fahrzeuge müssen nur alle 24 Monate untersucht werden. Für gewerblich genutzte Fahrzeuge wie Mietwagen, Taxis, Omnibusse und Lkws gilt eine Prüffrist von 12 Monaten.

7. Aufgabe

Lösung: 2

Die Prüfplakette markiert nur äußerlich die Fälligkeit der nächsten HU. Zusätzlich wird diese noch im Prüfbericht, den die Prüforganisation ausstellt, festgehalten. Daneben wird das nächste Prüfdatum in die Zulassungsbescheinigung Teil I eingetragen.

8. Aufgabe

Lösung: 2

Wird ein fälliger Prüftermin überschritten, sind die Konsequenzen für den Fahrzeughalter bei einer polizeilichen Kontrolle zeitlich gestaffelt.

Eine Überschreitung des Termins bis zu zwei Monaten führt nur zu einem Hinweis der Polizei auf die fällige HU.

Wird der Termin zwei bis vier Monate überschritten, sind 15,00 € Verwarngeld zu zahlen. Außerdem muss nun das Fahrzeug einer „vertieften HU" unterzogen werden. Diese ist genauer, somit sind die Prüfgebühren deutlich höher als bei der „normalen" HU.

Vier bis acht Monate Überschreitung führen zu einem Bußgeld von 25,00 €. Natürlich ist auch hier eine „vertiefte HU" nachzuholen.

Überschreitungen von mehr als acht Monaten haben 60,00 € Bußgeld und die „vertiefte HU" zur Folge. Zusätzlich erhält man einen Punkt im Verkehrszentralregister Flensburg. Dies bedeutet für junge Fahrerinnen und Fahrer eine Verlängerung der Führerschein-Probezeit.

Kommt es nach dem fälligen HU-Termin zu einem Unfall, der durch technische Mängel am Fahrzeug verursacht wurde, so reguliert die Versicherung trotzdem den Schaden. Sie kann den Unfallverursacher aber in Regress nehmen. Ein Teil der Kosten muss dann selbst gezahlt werden.

© Westermann Gruppe

Prüfungsgebiet **Werkstattprozesse** — Sichtprüfungen zur Verkehrs- und Betriebssicherheit von Fahrzeugen durchführen

Fortführung der Situation für die 9. bis 11. Aufgabe

Die HU am Kundenfahrzeug wird durchgeführt. Sie beobachten den Sachverständigen bei seiner Tätigkeit.

9. Aufgabe

Welche Aussagen zu den Prüfpunkten einer HU sind richtig?

Tragen Sie die Ziffern der richtigen Aussagen in die Kästchen ein.

1. Untersucht werden alle sicherheitsrelevanten Systeme, Bauteile und Baugruppen: Bremsen, Lenkung, Beleuchtung usw.
2. Es erfolgt eine eingehende Sicht-, Funktions- und Wirkungsprüfung. Bei Bedarf werden auch Teile zur Begutachtung zerlegt.
3. Es erfolgt eine eingehende Sicht-, Funktions- und Wirkungsprüfung ohne weitere Zerlegungsarbeiten.
4. Auch korrekte Flüssigkeitsstände wie Ölstand oder Bremsflüssigkeit werden kontrolliert.

10. Aufgabe

Werden Mängel festgestellt, erfolgt eine Einteilung in Mängelklassen. Welche Aussage zu den Mängelklassen ist falsch?

Tragen Sie die Ziffer der falschen Aussage in das Kästchen ein.

1. Werden „Geringe Mängel" festgestellt, werden diese im Untersuchungsbericht festgehalten. Eine neue Plakette wird nach Beseitigung der Mängel zugeteilt.
2. Werden „Geringe Mängel" festgestellt, werden diese im Untersuchungsbericht festgehalten. Eine neue Plakette wird zugeteilt.
3. Bei „Erhebliche Mängel" ist eine Verkehrsgefährdung zu erwarten. Deshalb wird keine neue Plakette zugeteilt. Eine Nachuntersuchung ist erforderlich.

11. Aufgabe

Am Ende der HU wird im Untersuchungsbericht das Prüfergebnis festgehalten. Welchen Aussagen zum Untersuchungsbericht stimmen Sie zu?

Tragen Sie die Ziffern der richtigen Aussagen in die Kästchen ein.

1. Der Untersuchungsbericht enthält nur Angaben zu den festgestellten Mängeln, einer Zuteilung der Plakette sowie die neue HU-Fälligkeit.
2. Der Untersuchungsbericht enthält Angaben zu den festgestellten Mängeln, einer Zuteilung der Plakette sowie die neue HU-Fälligkeit. Messwerte der Bremsenprüfung werden ebenfalls angegeben.
3. Der Fahrzeughalter muss den Untersuchungsbericht bis zur nächsten HU aufbewahren.
4. Der Fahrzeughalter muss den Untersuchungsbericht bis zur nächsten HU aufbewahren und wie den Führerschein ständig vorzeigen können.

Prüfungsgebiet Werkstattprozesse

Sichtprüfungen zur Verkehrs- und Betriebssicherheit von Fahrzeugen durchführen

Erläuterungen und Lösungen

9. Aufgabe

Lösung: 1, 3

Bei der HU wird die Einhaltung der Straßenverkehrszulassungsordnung (StVZO) sowie die Verordnung über die EG-Typgenehmigung für Fahrzeuge und Fahrzeugteile in regelmäßigen Abständen auf Verkehrssicherheit geprüft. Hierbei werden alle sicherheitsrelevanten Teile eingehend geprüft. Eine Zerlegung von Teilen erfolgt nicht. Ebenso werden die Flüssigkeitsstände am Fahrzeug nicht kontrolliert, solange das Fahrzeug verkehrssicher bleibt.

Beispiele für Prüfpunkte bei der HU:

Beleuchtung: Schlusslicht, Bremslicht, Kennzeichenbeleuchtung, Rückfahrscheinwerfer. Nebelschlussleuchte, Kennzeichen; Verbandskasten, Warndreieck

Windschutzscheibe, Scheibenwischer, sämtliche Spiegel

Flüssigkeitsstände; Hupe, Batterie, Motorraum

Elektronikcheck

Auspuffanlage, Anhängerkupplung

Korrosion; Karosserie ohne scharfe Kanten

Räder und Reifen; Bremsen, Handbremse

Räder und Reifen; Lenkung, Bremsen

Beleuchtung: Abblendlicht, Fernlicht, Standlicht, Blinker, Zusatzscheinwerfer; Kennzeichen

10. Aufgabe

Lösung: 1

Die anhand der Mängel festgestellte Mängelklasse entscheidet schließlich darüber, ob das Fahrzeug derzeit verkehrssicher ist und eine neue Plakette zugeteilt werden kann:

Mängelklasse „OM" = ohne erkennbare Mängel, Plakette wird erteilt;

Mängelklasse „GM" = geringe Mängel, Eintragung in den Untersuchungsbericht, Plakette wird erteilt, Nachuntersuchung nicht nötig;

Mängelklasse „EM" = erhebliche Mängel, Verkehrsgefährdung ist möglich, keine Plakette, Nachuntersuchung erforderlich;

Mängelklasse „VU" = verkehrsunsicher, unmittelbare Verkehrsgefährdung liegt vor, Entfernen der alten Prüfplakette und Information der Zulassungsstelle, erneute HU entfällt.

Mängelklasse „VM" = gefährlicher Mangel, Mängel am Fahrzeug gefährden den Verkehr. eine Fahrt direkt nach Hause oder zur Reparatur wird aber noch als vertretbar angesehen.

11. Aufgabe

Lösung: 2, 3

Nach Durchführung der HU erhält der Fahrzeughalter einen Untersuchungsbericht, der u. a. die festgestellten Mängel, die Ergebnisse der Bremsenprüfung und das Ergebnis der HU enthält. Dieser Bericht ist aufzubewahren, muss aber nicht ständig mitgeführt werden.

Beispiel für HU-Untersuchungsberichte:

Untersuchungsbericht Nr.: H740410417
Untersuchungsart: HU
Untersuchungsdatum: 03.08.20..

Kunde:
Fahrzeug: PKW

amtl. Kennzeichen:
Fz.Ident.-Nr.: WDB2100371A380140

Hersteller: DAIMLERCHRYSLER (D)   (0710)   zul. Gesamtgewicht: 1950 kg
Typ: 210-110KW   (304)   Kilometerstand: 92764 km
Erstzul.:   1997   letzte HU-Prüfung: 07.02

Festgestellte Mängel:

123 Bremsschläuche Mitte und hinten: links rechts porös
128 Bremstrommeln/Bremsscheiben: hinten Korrosion Innenseite

Messwerte:

	Betriebsbr. (daN) links rechts		Feststellbr. (daN) links rechts	
Achse 1:	230	230	—	—
Achse 2:	110	120	160	200
Achse 3:	—	—	—	—
Achse 4:	—	—	—	—
Achse 5:	—	—	—	—

Bemerkungen: keine

Untersuchungsergebnis: Plakette: Wiedervorführung:
erhebliche Mängel   keine   zur Nachkontrolle

....
Prüfingenieur

Stempel

Prüfungsgebiet Werkstattprozesse — Sichtprüfungen zur Verkehrs- und Betriebssicherheit von Fahrzeugen durchführen

Fortführung der Situation für die 12. und 13. Aufgabe

Seit dem 01.01.2010 ist mit der HU auch eine Abgasuntersuchung (= AU) durchzuführen. Das Kundenfahrzeug wird jetzt geprüft.

12. Aufgabe

Welche Aussage zur Durchführung einer AU ist richtig?

Tragen Sie die Ziffer der richtigen Aussage in das Kästchen ein.

1. Die AU darf nur von den Prüforganisationen durchgeführt werden, die auch die HU vornehmen. Einen extra AU-Prüfnachweis gibt es nicht.
2. Die AU darf auch von einer dafür zugelassenen und ausgestatteten Werkstatt durchgeführt werden. Der AU-Nachweis muss dann zur HU vorliegen.
3. Es erfolgt eine eingehende Sichtprüfung der Abgas- und Filteranlage.
4. Die bestandene AU wird durch eine Plakette am vorderen Nummernschild des Fahrzeugs nachgewiesen.

13. Aufgabe

Da sich die Prüfverfahren z. B. von Benzin- und Dieselmotoren erheblich unterscheiden, muss jedes Fahrzeug genau identifiziert werden. Welche Daten aus der Zulassungsbescheinigung Teil I (Fahrzeugschein) benötigen Sie zur AU?

Tragen Sie die Ziffer der richtigen Aussage in das Kästchen ein.

1. Fahrzeugidentifikationsnummer, Erstzulassung, Emissionsschlüsselnummer, Herstellernummer
2. Fahrzeugidentifikationsnummer, Erstzulassung, Emissionsschlüsselnummer, Kraftstoffart
3. Fahrzeugidentifikationsnummer, Erstzulassung, Emissionsschlüsselnummer, Schadstoffklasse

Fortführung der Situation für die 14. Aufgabe

Das Kundenfahrzeug erbringt nicht die Sollwerte.
Die AU wird als „NICHT BESTANDEN" bewertet.

14. Aufgabe

Welche Auswirkung hat das AU-Prüfergebnis „NICHT BESTANDEN" auf die Zuteilung der HU-Prüfplakette?

Tragen Sie die Ziffer der richtigen Aussage in das Kästchen ein.

1. Da die Messwerte nur den Schadstoffausstoß betreffen und das Fahrzeug ansonsten betriebssicher ist, erfolgt eine Einstufung in die Mängelklasse „Ohne Mängel". Die Plakette wird zugeteilt.
2. Da die Messwerte den Schadstoffausstoß betreffen und das Fahrzeug somit Mängel aufweist, aber ansonsten betriebssicher ist, erfolgt eine Einstufung in die Mängelklasse „Geringe Mängel". Die Plakette wird zugeteilt.
3. Da die Messwerte den Schadstoffausstoß betreffen und das Fahrzeug gesetzliche Grenzwerte nicht einhält, ist es nicht mehr verkehrssicher. Es erfolgt eine Einstufung in die Mängelklasse „Erhebliche Mängel". Die Plakette wird nicht zugeteilt.

Prüfungsgebiet Werkstattprozesse

Sichtprüfungen zur Verkehrs- und Betriebssicherheit von Fahrzeugen durchführen

Erläuterungen und Lösungen

12. Aufgabe

Lösung: 2

Die AU wird innerhalb der Europäischen Union vorgeschrieben. In Deutschland dürfen diese sowohl die zugelassenen Prüforganisationen wie auch zugelassene und entsprechend ausgestattete Werkstätten durchführen. Nach einer Sicht- und Funktionsprüfung wird ein AU-Prüfnachweis ausgestellt. Dieser ist der einzige Nachweis über die Durchführung und das Ergebnis der AU. Extra-Plaketten für die AU gibt es seit dem 01.01.2010 nicht mehr.

13. Aufgabe

Lösung: 2

Je nach Fahrzeug gibt es bei der AU fünf unterschiedliche Prüfverfahren. Welches angewendet werden muss, ergibt sich aus Fahrzeugidentifikationsnummer, Erstzulassung, Emissionsschlüsselnummer und Kraftstoffart.

14. Aufgabe

Lösung: 3

Die Einhaltung der Abgas-Soll-Werte ist gesetzlich vorgeschrieben. Werden diese bei einem Fahrzeugmodell nicht erfüllt, erhält es keine EU-Typgenehmigung. Werden die Abgas-Soll-Werte bei der mit der HU regelmäßig durchzuführenden AU nicht mehr erfüllt, so muss ein technischer Defekt die Ursache sein. Dieser ist als ein erheblicher Mangel einzustufen. Die Plakette kann erst nach Reparatur des Defekts und einer erfolgreichen Nachprüfung erteilt werden. Beispiel eines AU-Nachweises:

Prüfungsgebiet Werkstattprozesse

Werkstattmitarbeiter/-innen unterstützen und dabei sowohl Arbeitsprozesse und Fahrzeugtechnologien berücksichtigen als auch technische Standards und gesetzliche Bestimmungen einhalten

Situation zur 1. und 2. Aufgabe
Ein Kunde hat in der Zeitschrift „Autowelt" gelesen, dass sein Fahrzeug von einer Rückrufaktion betroffen sei. Sie haben davon noch nichts gehört, wissen jedoch, dass Sie sich in der „Datenbank Rückrufe" des Kraftfahrt-Bundesamtes (= KBA, Sitz: Flensburg) über Rückrufaktionen informieren können.

1. Aufgabe

Welche Aussage zu Rückrufaktionen der Fahrzeughersteller ist richtig?

Tragen Sie die Ziffer der richtigen Aussage in das Kästchen ein.

1 Sämtliche Fehler an Fahrzeugen müssen dem KBA gemeldet werden.
2 Die Entscheidung, welche Fahrzeuge zur Fehlerbehebung in die Werkstätten zurückgerufen werden, trifft das KBA.
3 Liegt eine ernste Gefährdung vor, nutzen die Hersteller das Zentrale Fahrzeugregister (= ZFZR) des KBA mit den dort erfassten Anschriften der Fahrzeughalter.
4 Die Hersteller müssen bei jedem Fehler eine Rückrufaktion durchführen.
5 Die Kosten für den Rückruf teilen sich Werkstatt und Hersteller.

2. Aufgabe

Welche weiteren Register neben dem ZFZR führt das KBA u. a.?

Tragen Sie die Ziffern der richtigen Aussagen in die Kästchen ein.

1 Pannenstatistikregister
2 Fahreignungsregister („Punktekonto")
3 Zentrales Fahrerlaubnisregister

Fortführung der Situation für die 3. Aufgabe
Nach dem Sie den Kunden über die Rückrufaktion beraten haben, bleibt Ihnen Zeit, sich die Homepage des KBA genauer anzusehen. Sie lesen, dass im Rahmen des Straßenverkehrsgesetzes (StVG) das KBA die Einhaltung der Regelungen der Straßenverkehrszulassungsordnung (StVZO) überwacht. Hierzu gehört auch die Erteilung einer „Allgemeinen Betriebserlaubnis" (= ABE).

3. Aufgabe

Welche Aussage zur ABE ist falsch?

Tragen Sie die Ziffer der falschen Aussage in das Kästchen ein.

1 Die ABE ist der Nachweis dafür, dass verwendete Teile oder Fahrzeuge den gesetzlichen Vorschriften entsprechen.
2 Gilt die ABE in der ganzen EU, liegt eine EG-Typgenehmigung vor.
3 Jedes reihenweise gefertigte Fahrzeugteil muss ein Typenzeichen tragen.
4 Genehmigte Teile müssen immer in den Fahrzeugpapieren eingetragen werden.
5 Fehlt die ABE für ein Teil am Fahrzeug, erlischt diese für das gesamte Auto.

Prüfungsgebiet Werkstattprozesse

Erläuterungen und Lösungen

1. Aufgabe

Lösung: 3

Rückrufe werden von Herstellern durchgeführt, um Produktmängel zu beseitigen. Da sich Produktmängel sehr unterscheiden, ist Rückruf nicht gleich Rückruf. Eine allgemeine Meldepflicht an das KBA besteht jedoch nicht. Bei ernsten Gefährdungen hat der Hersteller kaum eine andere Wahl, als einen sehr teuren Rückruf durchzuführen. Damit alle Halter informiert werden, sollen Fahrzeughersteller für solche Rückrufe die Halteranschriften aus dem Zentralen Fahrzeugregister (ZFZR) des KBA verwenden. In weniger schweren Fällen werden Rückrufe oft vermieden. So soll das Markenimage nicht leiden. Die Kunden werden dann bei Auftreten des Fehlers über Gewährleistung, Garantie oder auch Kulanz zufriedengestellt. Die Kosten für Rückrufaktionen trägt der Hersteller.

2. Aufgabe

Lösung: 2, 3

Neben dem Zentralen Fahrzeugregister (ZFZR) führt das KBA das Fahreignungsregister (FAER). Im Fahreignungsregister werden die verkehrssicherheitsrelevanten Verkehrsverstöße der Fahrer erfasst. Bei Erreichen bestimmter Punktestände informiert das KBA die Behörden, damit z. B. der Führerschein für eine bestimmte Zeit entzogen wird oder sich die Probezeit für Fahranfänger verlängert.
Das Zentrale Fahrerlaubnisregister (ZFER) erfasst alle erteilten Führerscheine. Die Daten erhält das KBA durch die Fahrerlaubnisbehörden. Die Führerscheindaten dienen insbesondere der Überprüfung, dass jede Person nur einen Führerschein hat, dass Führerscheine aus EU-Mitgliedstaaten gültig sind sowie der Ausstellung von Ersatzführerscheinen oder der Erweiterung von Fahrerlaubnissen.
Pannenstatistiken werden von Herstellern, Verbänden und Versicherungen geführt. Das KBA führt hierzu kein Register.

3. Aufgabe

Lösung: 4

Hat das Kraftfahrt-Bundesamt eine Allgemeine Betriebserlaubnis (= ABE) erteilt, so liegt der Nachweis vor, dass alle relevanten gesetzlichen Vorschriften erfüllt sind. Nachträgliche Änderungen führen dazu, dass die vormals erteilte ABE wieder erlischt.

EU-weit gültige ABE nennt man EU-Typgenehmigung. Genehmigte Teile werden durch ein Typenzeichen gekennzeichnet:

$$\left(\text{E}_1\right) \qquad \boxed{\text{e}\,1}$$

Eine Eintragung genehmigter Teile in die Fahrzeugpapiere kann erfolgen.
Ist das Typenzeichen angebracht, genügt dies zur Dokumentation. Im Zweifel ist es empfehlenswert, die Teilegenehmigung im Fahrzeug mitzuführen, um sie bei Bedarf vorzeigen zu können.

Fehlt die ABE oder das Typenzeichen, ist das Teil für den Betrieb nicht genehmigt. Ein Sachverständiger müsste ein Einzelgutachten erstellen und, falls alles in Ordnung ist, dies in die Fahrzeugpapiere eintragen. Ist es ohne Genehmigung oder ohne Gutachten am Fahrzeug verbaut, verliert das gesamte Fahrzeug mit allen Teilen die Betriebserlaubnis. Der Versicherungsschutz erlischt. Vorsicht also beim Tuning!

Prüfungsgebiet Werkstattprozesse — Rechnungen erstellen und erläutern und Zahlungen entgegennehmen

1. Aufgabe

Situation
Herr Heinz Kühne hatte sein Fahrzeug bei Ihnen zur Inspektion.
Sie bereiten die Rechnung für Herrn Kühne vor.

In der folgenden Rechnung fehlen noch einzelne Positionen – siehe A), B) und C).

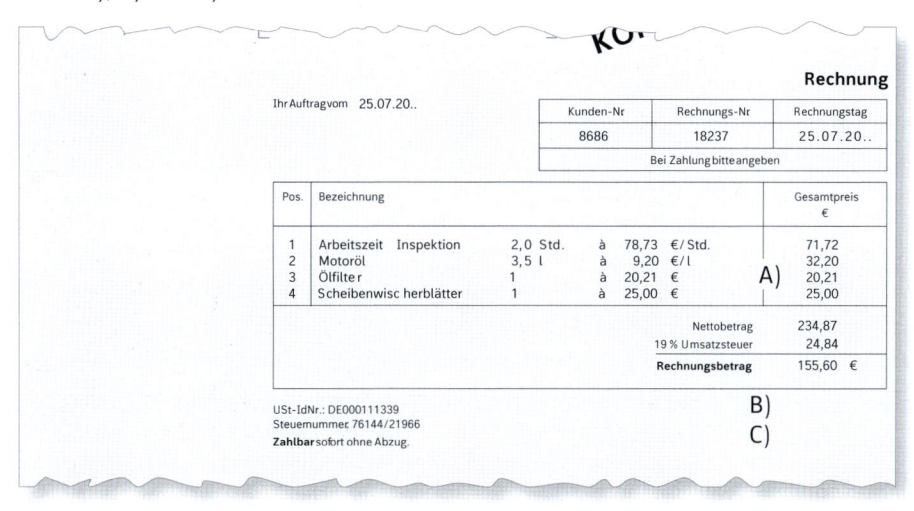

Rechnung

Ihr Auftrag vom 25.07.20..			
	Kunden-Nr	Rechnungs-Nr	Rechnungstag
	8686	18237	25.07.20..
	Bei Zahlung bitte angeben		

Pos.	Bezeichnung				Gesamtpreis €
1	Arbeitszeit Inspektion	2,0 Std.	à	78,73 €/Std.	71,72
2	Motoröl	3,5 l	à	9,20 €/l	32,20
3	Ölfilter	1	à	20,21 €	20,21
4	Scheibenwischerblätter	1	à	25,00 €	25,00

A)

Nettobetrag 234,87
19 % Umsatzsteuer 24,84
Rechnungsbetrag 155,60 €

B)
C)

USt-IdNr.: DE000111339
Steuernummer 76144/21966
Zahlbar sofort ohne Abzug.

Ordnen Sie die richtigen Werte den fehlenden Bestandteilen der Rechnung zu.

Tragen Sie die Ziffer der richtigen Aussage in das Kästchen ein.

1 A) 78,73; B) 34,36; C) 279,50
2 A) 157,46; B) 44,63; C) 279,50
3 A) 157,46; B) 46,44; C) 256,00
4 A) 78,73; B) 44,63; C) 278,50

Situation zur 2. und 3. Aufgabe
Sie bieten im Autohaus Ihren Kunden unterschiedliche Möglichkeiten zur Bezahlung an, u. a. die Bezahlung mit Kreditkarte.

2. Aufgabe

Welche Besonderheit trifft auf diese Zahlungsart zu?

Tragen Sie die Ziffer der richtigen Aussage in das Kästchen ein.

1 Die Kunden dürfen bei Bezahlung mit Kreditkarte zusätzlich Skonto abziehen.
2 Die Kunden müssen bei Bezahlung mit Kreditkarte einen gültigen Personalausweis oder ein ähnliches Dokument vorlegen.
3 Ihrem Autohaus wird bei der Abrechnung mit der Kreditkartenorganisation ein bestimmter Prozentsatz der abzurechnenden Beträge abgezogen.
4 Die Kreditkarte darf gesetzlich nur bei einem Zahlbetrag von über 1.000,00 € verwendet werden.
5 Der Kunde ist verpflichtet, eine Bearbeitungsgebühr in Höhe von 1 % des Rechnungsbetrags zu bezahlen.

3. Aufgabe

Bringen Sie die Schritte einer Kreditkartenzahlung in die richtige Reihenfolge.

Tragen Sie dazu die Nummerierung von 1 bis 6 in die Kästchen ein.

Der Kunde unterschreibt auf der Kreditkartenrechnung.

Der Kunde kauft bei Ihnen ein Ersatzteil ein.

Die Kreditkartengesellschaft bezahlt Ihnen den Rechnungsbetrag.

Der Kunde bekommt von seiner Kreditkartengesellschaft die monatliche Abrechnung.

Die Kreditkartengesellschaft bekommt vom Autohaus eine Rechnungskopie/Zahlungsaufforderung.

Dem Kunden wird die Monatsrechnung von seinem Konto abgebucht.

Prüfungsgebiet Werkstattprozesse

Rechnungen erstellen und erläutern und Zahlungen entgegennehmen

Erläuterungen und Lösungen

1. Aufgabe

Lösung: 2

Die in der dargestellten Rechnung fehlenden Positionen sind wie folgt zu berechnen:

A) Berechnung der Arbeitszeit

1 Stunde Arbeitszeit wird mit 78,73 € verrechnet.
Hier wurden aber 2 Std. gebraucht.

78,73 €/Std. x 2,0 Std. = 157,46 €

B) Berechnung der Umsatzsteuer

Die Werte der Arbeitszeit und der Teile werden addiert.
Somit erhalten Sie den Nettorechnungsbetrag von 234,87 €.
Dieser ist die Grundlage zur Berechnung der Umsatzsteuer.

Umsatzsteuer = 19 % von 234,87 € = 44,63 €

C) Berechnung des gesamten Rechnungsbetrags

Nettobetrag + Umsatzsteuer = Gesamtrechnungsbetrag

234,87 € + 44,63 € = 279,50 €

2. Aufgabe

Lösung: 3

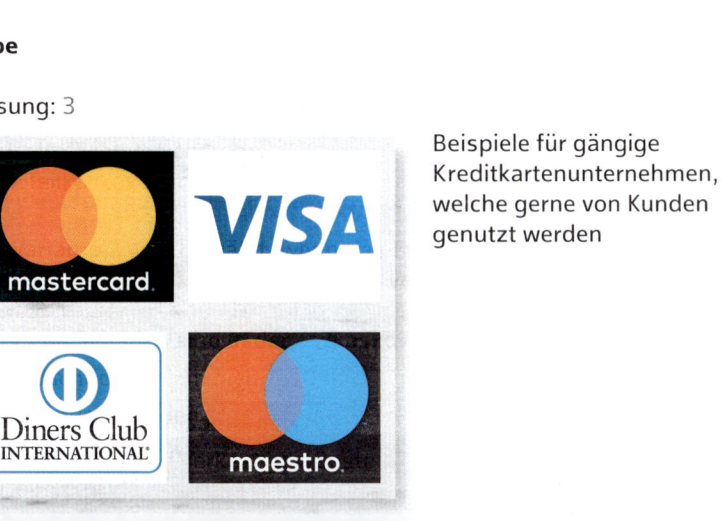

Beispiele für gängige Kreditkartenunternehmen, welche gerne von Kunden genutzt werden

Vorteile für das Autohaus

Durch die Zahlung mit der Kreditkarte hat das Autohaus eine Zahlungsgarantie durch das Kreditkartenunternehmen. Die Abwicklung ist sehr schnell und dauert nur ein paar Sekunden. Die Serviceleistungen des Autohauses werden erweitert, da es für viele Kunden selbstverständlich ist, mit der Kreditkarte bezahlen zu können.

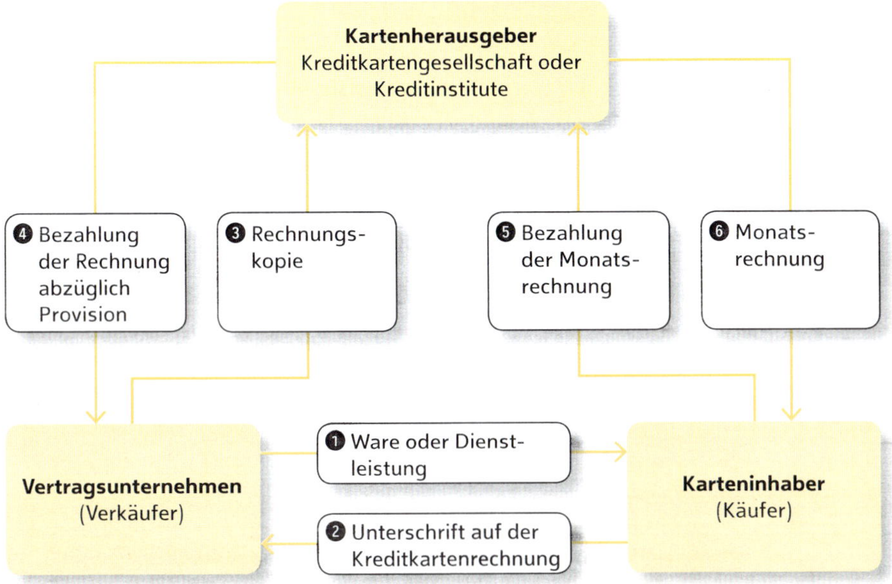

Nachteile für das Autohaus

Das Autohaus hat Kosten, die prozentual auf den Umsatz berechnet werden. Diese Gebühr muss an das Kreditkartenunternehmen bezahlt werden.

3. Aufgabe

Lösung: 2, 1, 4, 5, 3, 6

Prüfungsgebiet Werkstattprozesse

Rechnungen erstellen und erläutern und Zahlungen entgegennehmen

Situation zur 4. und 5. Aufgabe
Neben der Kreditkarte finden auch weitere Zahlungsformen Anwendung, z. B. das Girocard-Verfahren und das SEPA-Lastschriftverfahren.

4. Aufgabe

Welche Beschreibung trifft auf das Girocard-Verfahren zu?

Tragen Sie die Ziffer der richtigen Aussage in das Kästchen ein.

1. Das Autohaus hat eine Zahlungsgarantie, da eine Prüfung des Kundenbankkontos stattfindet.
2. Dem Autohaus entstehen für diese Zahlungsform keinerlei Kosten.
3. Das Verfahren kann nur bis zu einem Zahlbetrag von 50,00 € angewendet werden.
4. Die Kosten für das Autohaus sind gegenüber der Kreditkartenzahlung höher.
5. Der Kunde braucht bei diesem Verfahren keine PIN, sondern lediglich eine Unterschrift.

5. Aufgabe

Sehr langen Stammkunden bieten Sie die Möglichkeit der Teilnahme am SEPA-Lastschriftverfahren an. Durch welche Merkmale ist dieses Verfahren gekennzeichnet?

Tragen Sie die Ziffer der richtigen Aussage in das Kästchen ein.

1. Der Kunde ermächtigt seine Hausbank, die Rechnung des Autohauses direkt zu überweisen.
2. Für wiederkehrende regelmäßige Zahlungen in gleichbleibender Höhe erhält die Hausbank den Auftrag zur Ausführung bis auf Widerruf.
3. Der Kunde erteilt der Hausbank des Autohauses den einmaligen Auftrag zum Einzug wiederkehrender Leistungen.
4. Der Kunde ermächtigt seine Hausbank, die Hausbank des Autohauses über das SEPA-Lastschriftverfahren zu informieren.
5. Der Kunde kann einer Belastung seines Kontos nicht widersprechen.

Situation zur 6. und 7. Aufgabe
Aufgrund eines EDV-Ausfalls haben einige Kunden eine Rechnung für die Inspektion ihres Fahrzeugs erhalten. Eigentlich müssen die Kunden ihre Inspektionsrechnungen bei der Abholung des Fahrzeuges bar bezahlen. Dies war aufgrund des EDV-Ausfalls nicht möglich. Von diesen haben einige noch nicht gezahlt.

6. Aufgabe

Welchem Kunden müssen Sie zuerst eine Mahnung schreiben, bevor dieser in Zahlungsverzug kommt?

Tragen Sie die Ziffer der richtigen Aussage in das Kästchen ein.

1. Hubert Maier; Zahlung bis Ende September
2. Birgit Schäfer; zahlbar innerhalb von 14 Tagen nach Rechnungsdatum
3. Klaus Winter; zahlbar bis 15. September
4. Marko Schmidt; zahlbar innerhalb von vier Wochen
5. Jens Müller; Zahlung muss bis 10. Dezember 20.. erfolgen

7. Aufgabe

Bei welchem Gericht müssen Sie den Antrag für den Erlass eines Mahnbescheids stellen?

Tragen Sie die Ziffer der richtigen Aussage in das Kästchen ein.

1. Beim zuständigen Amtsgericht des Käufers.
2. Beim Finanzamt des Verkäufers.
3. Beim Amtsgericht des Verkäufers.
4. Der Antrag muss bei keinem Gericht gestellt werden.
5. Beim Finanzgericht des Verkäufers.

Prüfungsgebiet Werkstattprozesse

Rechnungen erstellen und erläutern und Zahlungen entgegennehmen

Erläuterungen und Lösungen

4. Aufgabe

Lösung: 1

Das Girocard-Verfahren:

Vorteile für das Autohaus

- Es gibt eine Zahlungsgarantie durch die ausgebende Bank.
- Ein Missbrauch der Karte ist durch die PIN sehr schwer.
- Schneller Zahlungseingang durch automatische Gutschrift auf dem Konto des Autohauses.
- Hohe Sicherheit durch Online-Prüfung der Sperrdatei und Kundenbonität.

Nachteil für das Autohaus

- Transaktionskosten: Das Autohaus muss umsatzabhängige Kosten an die jeweilige Bank bezahlen.

5. Aufgabe

Lösung: 3

Eine SEPA-Lastschrift wird vom Zahlungspflichtigen ausgefüllt und dem Zahlungsempfänger übergeben.

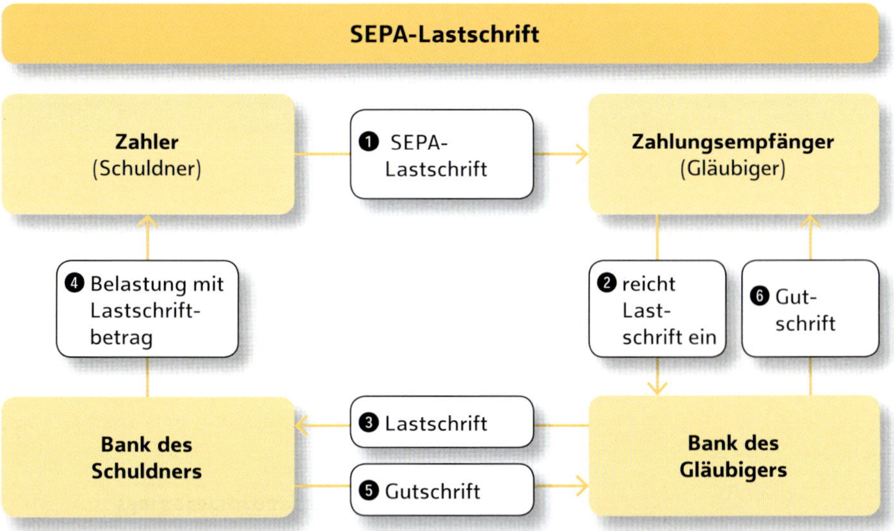

6. Aufgabe

Lösung: 4

Um entscheiden zu können, ob sich ein Kunde bereits im Zahlungsverzug befindet oder ob er erst angemahnt werden muss, ist der vereinbarte Zahlungszeitpunkt näher zu betrachten. Ist die Fälligkeit kalendermäßig bestimmt, ist keine Mahnung erforderlich. Ist die Fälligkeit nicht kalendermäßig bestimmbar, muss eine Mahnung mit Fristsetzung erfolgen, damit der Kunde in Zahlungsverzug gerät.

Kalendermäßig bestimmte Termine	Kalendermäßig unbestimmte Termine
• Zahlung bis Ende November • Zahlbar 14 Tage nach Rechnungsdatum • Zahlbar bis 15. April • Die Zahlung muss bis 10. Dezember 20.. erfolgen.	• Zahlung 7 Tage nach Erhalt der Rechnung • Zahlung innerhalb von vier Wochen • Der Rechnungsbetrag ist sofort fällig.

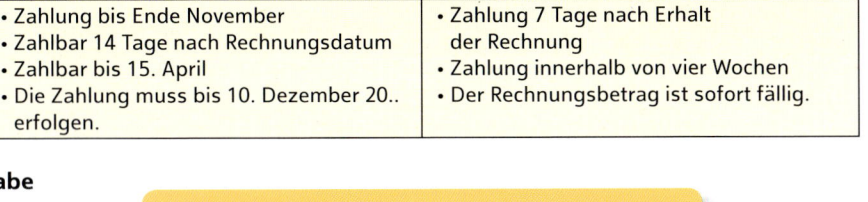

7. Aufgabe

Lösung: 3

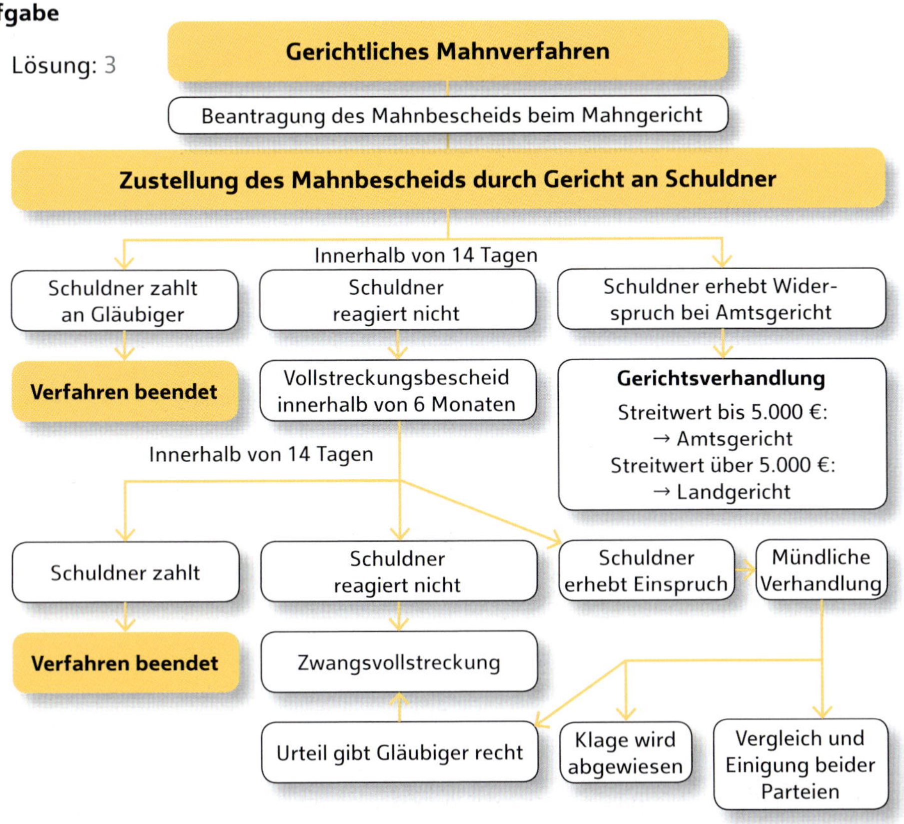

Prüfungsgebiet Werkstattprozesse

Gewährleistungs- und Kulanzanträge bearbeiten

1. Aufgabe

Situation
Sie bearbeiten derzeit die Gewährleistungs-, Garantie- und Kulanzfälle im Autohaus Schmidt.

Ordnen Sie den in der Tabelle beschriebenen Situationen die verschiedenen Begriffe zu.

Situation

a) Ihr Stammkunde, Herr Meier, beschwert sich über die Qualität der drei Jahre alten Scheibenwischer. Sie ersetzen die Scheibenwischer, ohne sie zu berechnen.

b) Andreas Müller bekommt eine neue Klimaanlage. Er konnte die vertraglichen Bedingungen bzgl. der gefahrenen Kilometer und dem Alter des Fahrzeugs erfüllen.

c) Simon Müller beschwert sich über das Knacken seines drei Monate alten Fahrzeugs beim Rückwärtsfahren.

d) Philip Neuer erwirbt einen vier Jahre alten Kleinwagen bei Ihnen.

Zuordnung

1. 2-jährige Gewährleistung
2. 1-jährige Gewährleistung
3. Kulanz
4. Garantie

2. Aufgabe

Situation
Herr Klaus Wolke hat einen Dachlastträger beim Autohaus Schmidt erworben. Bereits nach zwei Wochen rostet dieser an den Befestigungsschrauben. Das Autohaus bessert mit Edelstahlschrauben nach.

Ist diese Nachbesserung aus rechtlicher Sicht so in Ordnung?

Tragen Sie die Ziffer der richtigen Aussage in das Kästchen ein.

1. Klaus Wolke muss dies nicht akzeptieren. Er kann sofort vom Kaufvertrag zurücktreten.
2. Klaus Wolke fordert einen komplett neuen Dachlastträger und beruft sich auf seine vorrangigen Rechte.
3. Die Nachbesserung durch das Autohaus ist rechtens, da eine Neulieferung des Dachlastträgers mit erheblichen Mehrkosten ohne größeren Nutzen verbunden wäre.
4. Klaus Wolke verlangt Schadenersatz, da es ein arglistig verschwiegener Mangel ist.
5. Klaus Wolke hat gar kein Recht der Nachbesserung, weil Rostschäden im europäischen Klima nicht zu vermeiden sind.

3. Aufgabe

Situation
Im Falle einer Schlechtleistung hat das Autohaus Schmidt die Chance der Nacherfüllung.

Wann wird nicht von einer fehlgeschlagenen Nacherfüllung gesprochen?

Tragen Sie die Ziffer der Aussage in das Kästchen ein.

1. Eine Neulieferung ist nicht möglich.
2. Trotz mehrmaligem Nachbessern tritt der Fehler immer wieder auf.
3. Das Autohaus hat bereits einmal versucht, den Schaden zu beheben.
4. Der Verkäufer verweigert eine Nacherfüllung.
5. Die Ware ist komplett zerstört.

Prüfungsgebiet Werkstattprozesse

Gewährleistungs- und Kulanzanträge bearbeiten

Erläuterungen und Lösungen

1. Aufgabe

Lösung: 3, 4, 1, 2

Formen der Auftragsarten		
Gewährleistung	**Garantie**	**Kulanz**
Die Gewährleistung (Sachmangelhaftung) ist gesetzlich vorgeschrieben und sichert dem Käufer innerhalb der Laufzeit einen Schadenersatzanspruch zu.	Die Garantie ist eine freiwillige Leistung des Herstellers oder des Händlers. Oft gehen die Garantieleistungen über die gesetzlichen Gewährleistungsrechte hinaus.	Kulanz ist eine freiwillige Leistung des Händlers oder des Herstellers. Der Kunde hat keinen rechtlichen Anspruch aufgrund von Gewährleistungsansprüchen oder Garantieansprüchen.
Verbrauchsgüterkauf: 2 Jahre.	Die Dauer und der Inhalt der Garantie wurden vorher vertraglich vereinbart. Dies ist von Hersteller zu Hersteller unterschiedlich.	Ziel ist die Kundenzufriedenheit. Daher werden kleine Reparaturen bei Stammkunden übernommen.
Gebrauchte Produkte: In den AGBs auf 1 Jahr beschränkbar.		
Beweislastumkehr: Tritt innerhalb der ersten 6 Monate nach Kauf ein Fehler auf, geht man davon aus, dass der Fehler bereits bei der Übergabe an den Käufer vorhanden war. Nach Ablauf der 6 Monate muss der Käufer beweisen, dass ein nun auftretender Fehler nicht von ihm verursacht wurde.	**Mobilitätsgarantie:** Sie gewährleistet die Mobilität des Kunden. Oft ist dieses Versprechen der Hersteller an die Inanspruchnahme von Kundendienstleistungen, wie z. B. die rechtzeitige und regelmäßige Inspektion des Fahrzeugs in einer Vertragswerkstatt, gebunden.	

2. Aufgabe

Lösung: 3

3. Aufgabe

Lösung: 3

Übersicht zu Aufgabe 2 und 3

Rechtsfolgen bei mangelhafter Lieferung

Voraussetzungen:
➡ Wirksamer Kaufvertrag
➡ Mängelrüge mit Fristsetzung innerhalb der Gewährleistungsfrist

1. Vorrangiges Recht: Nacherfüllung

Nachbesserung   oder   Ersatzlieferung

+ Schadenersatz, wenn der Verkäufer den Mangel verschuldet

- **Nach Ablauf einer angemessenen Frist zur Nacherfüllung**
  ODER:
- nach 2 erfolglosen Nachbesserungsversuchen
- Nacherfüllung wird vom Verkäufer verweigert oder ist unmöglich
- Nacherfüllung ist zwecklos (Zweckkauf) oder unzumutbar (Fixkauf)

2. Nachrangiges Recht

Rücktritt vom Vertrag
➡ nur bei erheblichem Mangel

Preisminderung
➡ auch bei geringfügigem Mangel

+ Schadensersatz statt Leistung
➡ bei nachweisbarem Schaden
➡ nur bei Verschulden

+ Ersatz vergeblicher Aufwendungen
➡ Aufwendungen, die in Erwartung der ordnungsgemäßen Leistung getätigt werden
➡ nur bei Verschulden

Prüfungsgebiet Werkstattprozesse — Qualitätsvorgaben im Kundenservice anwenden

1. Aufgabe

> **Situation**
> Ein Kunde hat letzte Woche bei Ihnen sein Auto reparieren lassen. Heute ruft er an und berichtet verwundert darüber, dass sich der Fahrzeughersteller bei ihm gemeldet hat. Dieser wollte wissen, wie zufrieden er mit dem Ergebnis der Reparatur und auch dem Verhalten Ihres Betriebs bei der Auftragsabwicklung war. Sie erklären dem Kunden, dass dies ganz normal ist und Kundenzufriedenheitsbefragungen Teil des Qualitätsmanagement-Systems (QM-System) sind.

Welche Maßnahme gehört nicht zum QM-System eines Kfz-Betriebs?

Tragen Sie die Ziffer der Aussage in das Kästchen ein.

1. Regelmäßige Befragungen der Kunden.
2. Zertifizierung des Betriebs durch betriebsfremde Prüforganisationen.
3. Gewährung hoher Rabatte.
4. Verbesserung der Werkstattleistung durch Schulungen.
5. „Mystery-Shopping".

> **Fortführung der Situation für die 2. bis 4. Aufgabe**
> Nach dem Telefonat erkundigen Sie sich bei Ihrem Chef, woher die Qualitätsstandards kommen, die Sie bei Ihrer täglichen Arbeit einhalten müssen. Ihr Chef erklärt, dass die meisten Vorgaben vom Fahrzeughersteller stammen. Als Vertragswerkstatt muss er sich an diese Vorgaben halten. Der Hersteller darf dies aufgrund der Gruppenfreistellungsverordnung (GVO) der EU. Da Sie noch nie etwas von einer GVO gehört haben, recherchieren Sie im Internet.

2. Aufgabe

Welche Aussage zur aktuellen GVO trifft zu?

Tragen Sie die Ziffer der richtigen Aussage in das Kästchen ein.

1. Ziel der GVO ist die Beherrschung des Kfz-Markts durch einige wenige Anbieter.
2. Durch die GVO soll der Wettbewerb gestärkt und sollen die Endverbraucher vor überhöhten Preisen geschützt werden.

3. Aufgabe

Welche der folgenden Inhalte entprechen der aktuellen GVO?

Tragen Sie die Ziffern der richtigen Aussagen in die Kästchen ein.

1. Die GVO gilt u. a. für den Ersatzteilvertrieb und Reparatur/Wartung.
2. In einem EU-Staat dürfen Hersteller exklusive und selektive Serviceverträge vergeben.
3. Unabhängige Werkstätten erhalten kostenlosen Zugang zu technischen Informationen.
4. Unabhängige Werkstätten dürfen dieselben Reparaturen wie die Vertragswerkstätten durchführen.
5. Hat eine Werkstatt einen Servicevertrag, muss sie sich auch an die Qualitätsvorgaben des Herstellers halten.

4. Aufgabe

Kann eine Vertragswerkstatt die Qualitätsstandards nicht erfüllen, so hat dies natürlich Folgen.
Mit welchen Konsequenzen muss nach GVO gerechnet werden?

Tragen Sie die Ziffer der richtigen Aussage in das Kästchen ein.

1. Es liegt ein Vertragsverstoß vor. Der Servicevertrag kann sofort fristlos gekündigt werden.
2. Es liegt ein Vertragsverstoß vor. Der Servicevertrag kann dann sofort fristlos gekündigt werden, wenn der Verstoß erheblich war.
3. Es liegt ein Vertragsverstoß vor. Der Servicevertrag kann gekündigt werden. Die regelmäßige Kündigungsfrist beträgt 24 Monate.

Prüfungsgebiet Werkstattprozesse

Qualitätsvorgaben im Kundenservice anwenden

Erläuterungen und Lösungen

1. Aufgabe

Lösung: 3

Was macht gute Qualität aus? Qualität umfasst alle Maßnahmen, die den Kunden langfristig zufriedenstellen und dafür sorgen, dass er immer wieder in den Betrieb zurückkommt. Die Qualität ist also eines der besten Instrumente zur Kundenbindung.

Hohe Rabatte oder auch niedrige Preise sorgen sicher kurzfristig für hohe Zufriedenheit. Soll ein Kunde aber an ein bestimmtes Autohaus und seine Marke gebunden werden, muss viel mehr bezüglich Qualität getan werden. Durch regelmäßige Kundenbefragungen können Defizite in der Auftragsabwicklung erkannt und behoben werden. Die gesamte Serviceleistung muss von neutralen Prüfern nach allgemeinen Kriterien betrachtet und bewertet werden. Ein allgemeines Qualitätssiegel belegt dann die Einhaltung gewisser Standards, auf die sich der Kunde verlassen kann. Ständige Personalschulungen qualifizieren die Mitarbeiterinnen und Mitarbeiter auf einem hohen Niveau. Testkunden legen beim „Mystery-Shopping" Defizite im Alltagsgeschäft offen. Entsprechende Verbesserungen können dann zielgerichtet umgesetzt werden.

All diese Maßnahmen sind Qualitäts-Sicherungssysteme (QS-Systeme). Die QS-Systeme eines Betriebs zusammen ergeben dann das Qualitäts-Managementsystem (QM-System).

2. Aufgabe

Lösung: 2

Ziel der Wirtschaftspolitik in der EU ist der freie Markt. Sämtliche Markteilnehmer können sich also völlig frei betätigen, Nachfrage steuert das Angebot. Der Wettbewerb sorgt für optimale Preise, Innovationen und Marktbereinigungen. Leider gibt es aber Märkte, in denen z. B. nur wenige Anbieter auf viele Nachfrager treffen. In diesen Angebotsoligopolen haben die Anbieter eine sehr große Marktmacht. Die Nachfrager haben dadurch viele Nachteile. Der Kfz-Markt mit dem dazugehörigen Werkstattgeschäft ist ein solches Angebotsoligopol. Wenige Autohersteller treffen auf viele Nachfrager. Um den Wettbewerb zu stärken und die Endverbraucher vor überhöhten Preisen zu schützen, hat die EU den Automobilmarkt vom Ziel „Freier Markt" durch eine Gruppenfreistellungsverordnung (GVO) freigestellt. Dies bedeutet, dass die EU marktbeschränkende Vorgaben zum Vorteil des Endverbrauchers erlässt. Das widerspricht zwar genau dem freien Markt, schützt aber den Konsumenten.

3. Aufgabe

Lösung: 1, 3, 4, 5

Die GVO gilt für den Teilevertrieb sowie den Servicebereich inklusive aller Reparaturarten. Für den Fahrzeughandel hat diese ebenfalls Gültigkeit.

Eine wichtige Regelung hierbei ist, dass sich Fahrzeughersteller in einem EU-Staat festlegen müssen, ob sie einen exklusiven oder selektiven Vertrieb wählen.

Beim exklusiven Vertrieb erhält ein Vertragspartner das Alleinvertriebsrecht in einem festgelegten Vertriebsgebiet. Außerhalb des Gebiets darf er nicht aktiv werben oder verkaufen. Beim selektiven Vertriebsnetz gibt der Hersteller Qualitätsstandards vor. Wer diese erfüllt, wird Vertragspartner und darf EU-weit agieren.

Die Höhe der Qualitätsstandards sorgt für eine Selektion. Dennoch muss unabhängigen Werkstätten kostenlos Zugang z. B. zu Ersatzteilkatalogen, Softwareupdates, Diagnosedaten, Informationen zu Wartung und Reparaturen usw. gewährt werden.

Auch Originalersatzteile können von ihnen bezogen werden. Deshalb können von ihnen auch alle Reparaturen durchgeführt werden. Bei Gewährleistungs-, Garantie- und Kulanzarbeiten dürfen die Hersteller jedoch darauf bestehen, diese von Vertragswerkstätten durchführen zu lassen.

Wichtigstes Alleinstellungsmerkmal in diesem hart umkämpften Markt ist deshalb die Qualität, die ein Betrieb rund um den Werkstattauftrag bietet. Deshalb dürfen Hersteller diese Qualitätsstandards auch von ihren Vertragspartnern fordern.

4. Aufgabe

Lösung: 3

Will einer der Vertragsparteien den Vertrag kündigen, so schreibt die GVO eine Kündigungsfrist von 24 Monaten vor.

Bei Nichterfüllung von Vertragspflichten kommt es darauf an, wie erheblich die Vertragsverletzung ist. Die fristlose Kündigung ist nur bei Verstößen möglich, die das Weiterbestehen des Vertragsverhältnisses unzumutbar machen.

Prüfungsgebiet Werkstattprozesse — Die umweltgerechte Entsorgung und das Recycling von Fahrzeugen und deren Komponenten und von deren Betriebsstoffen organisieren

1. Aufgabe

Situation
Ihr Chef beklagt immer wieder die hohen Kosten, die durch unnötigen Müll entstehen. Auch durch die Waschanlage steigt der Wasserverbrauch enorm. Nicht zuletzt kostet das Entsorgen von Altöl viel Geld. Sie machen sich Gedanken darüber und stellen fest, dass es einige Möglichkeiten gibt, Kosten zu sparen und trotzdem die Umwelt zu schützen.

Welche Maßnahmen im Autohaus verbessern den Umweltschutz und senken die Kosten?

Tragen Sie die Ziffern der richtigen Aussagen in die Kästchen ein.

1. Sammeln von Altöl in speziellen Behältern.
2. Reinigen des Waschwassers und Wiederverwendung.
3. Verkauf von Gebrauchtteilen an Kunden mit älteren Fahrzeugen.
4. Einkauf von Motoröl in Großgebinden.
5. Bevorzugung regionaler Lieferanten.

Fortführung der Situation für die 2. Aufgabe
Sie stellen fest, dass es verschiedene Gesetze und Verordnungen gibt, die den Umweltschutz in Ihrem Autohaus vorschreiben und regeln. So gilt z. B. das Kreislaufwirtschaftsgesetz, das für Ressourcenschonung und umweltverträgliche Abfallentsorgung sorgen soll.

2. Aufgabe

Welche Regelung finden Sie im Kreislaufwirtschaftsgesetz?

Tragen Sie die Ziffer der richtigen Aussage in das Kästchen ein.

1. Abfälle sind grundsätzlich zu vermeiden bzw. zu verwerten.
2. Abfälle werden in „gefährlich", „nicht gefährlich" und „unnötig" eingeteilt.
3. Die Berufsgenossenschaft stellt einen „Abfallbeauftragten".

Fortführung der Situation für die 3. Aufgabe
Es gibt eine weitere Reihe von Verordnungen und Gesetzen zum Umweltschutz im Kfz-Betrieb.

3. Aufgabe

Welches Gesetz/welche Verordnung müssen Sie jeweils vorrangig beachten? Ordnen Sie den beschriebenen Situationen die Verordnung zu, die beachtet werden muss.

Situation

a) Alte Bremsflüssigkeit ist abgeholt worden.

b) Bremsflüssigkeit wird gewechselt.

c) Eine Waschanlage wird genutzt.

d) Der Altölbehälter ist voll.

e) Ein Unfallfahrzeug muss verschrottet werden.

f) Ein Leistungsprüfstand wird benutzt.

Zuordnung

1. Altölverordnung (AltölV)
2. Altfahrzeugverordnung (AltfahrzeugV)
3. Nachweisverordnung (NachwV)
4. Gefahrstoffverordnung (GefStoffV)
5. Abwasserverordnung (AbwV)
6. Bundes-Immissionsschutzgesetz (BImSchG)

Prüfungsgebiet Werkstattprozesse — Die umweltgerechte Entsorgung und das Recycling von Fahrzeugen und deren Komponenten und von deren Betriebsstoffen organisieren

Erläuterungen und Lösungen

1. Aufgabe

Lösung: 2, 3, 4

Wird das Waschwasser der Fahrzeugwaschanlage gesammelt, gereinigt und wiederverwendet, sinken der Wasserverbrauch und die Abwassermenge. Noch funktionierende Gebrauchtteile werden weiterverwendet, indem sie Kunden angeboten und verkauft werden, die sonst vielleicht gar nicht in eine Fachwerkstatt gehen. Durch den Einkauf in größeren Mengen entfallen Einzelverpackungen und der Einkaufspreis sinkt durch Mengenrabatte. All dies senkt die Kosten, sorgt sogar für Zusatzerträge und schont die Umwelt. Das reine Sammeln von gefährlichen Abfällen wie Altöl, alter Bremsflüssigkeit, Altbatterien usw. erfüllt zwar gesetzliche Umweltschutzauflagen, spart aber keine Kosten. Der Einkauf bei regionalen Anbietern spart zwar Transportkosten, muss aber nicht immer kostengünstig sein. Sämtliche Maßnahmen des Umweltschutzes lassen sich aber im Marketing als Imagepflege gut integrieren, auch wenn keine Kostenersparnis damit verbunden ist.

2. Aufgabe

Lösung: 1

Das Kreislaufwirtschaftsgesetz (KrWG) bildet den rechtlichen Rahmen der Entsorgung von Abfall. Es soll dazu führen, die natürlichen Ressourcen zu schonen und Abfälle zu vermeiden. Fallen dennoch Abfälle an, sollen diese möglichst wiederverwertet oder im schlechtesten Falle verträglich entsorgt werden. Hierbei erfolgt eine Einteilung in gefährliche und nicht gefährliche Abfälle.

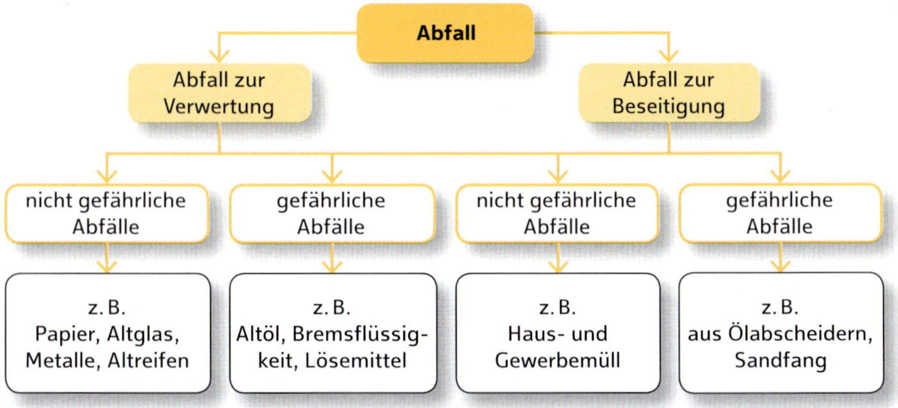

Ebenfalls müssen Betriebe, in denen regelmäßig gefährliche Abfälle entstehen, einen „Betriebsbeauftragten für Abfall" benennen. Jeder Kfz-Betrieb muss also einen solchen Abfallbeauftragten haben!

3. Aufgabe

Lösung: 3, 4, 5, 1, 2, 6

a) Bremsflüssigkeit ist als chemische Substanz hochgiftig. Wird diese abgeholt, muss deren Verbleib und ordnungsgemäße Entsorgung per Beleg nachgewiesen werden können.

b) Da Bremsflüssigkeit giftig ist, geht beim Umgang mit ihr Gefahr für Lebewesen und die Umwelt aus. Die Gefahrstoffverordnung regelt den korrekten Umgang und auch die Kennzeichnung der gefährlichen Stoffe.

c) Waschanlagen benötigen eine große Menge an Wasser. Dieses muss, auch wenn es mehrfach verwendet wird, irgendwann entsorgt werden. Die Abwasserverordnung regelt dies.

d) Die Altölverordnung legt fest, was mit dem gesammelten Altöl letztendlich korrekt zu geschehen hat.

e) Bei der endgültigen Verschrottung und Zerlegung von Fahrzeugen greift die Altfahrzeugverordnung. Sie legt u. a. fest, dass die Zerlegung nur in zugelassenen Betrieben durchgeführt werden darf und nur diese Verschrottungsnachweise ausstellen dürfen.

f) Auf Leistungsprüfständen wird der Motor mit Vollgas getestet und werden die Leistungswerte ermittelt. Dies erzeugt viel Lärm, der ebenfalls eine Umweltbelastung darstellt. Auch hier regelt das Bundes-Immissionsschutzgesetz den richtigen Umgang. Emissionen stellen die von einem Gegenstand, einer Maschine oder Lebewesen ausgehenden Schadstoffe oder auch Lärm dar. Immissionen wirken auf Lebewesen oder die Umwelt ein. Die jeweiligen Grenzwerte werden z. B. in der „Technischen Anweisung Lärm" (TA Lärm) oder „Technischen Anweisung Luft" (TA Luft) vorgegeben.

Prüfungsgebiet Werkstattprozesse

Einen Unfallschaden abwickeln

> **Situation zur 1. bis 7. Aufgabe**
> Sie sind für die Bearbeitung von Kfz-Versicherungsanträgen Ihrer Kunden zuständig. In diesem Zuge beraten Sie Nora Kaiser. Frau Kaiser ist 19 Jahre alt und hat sich im Autohaus Schmidt ein junges gebrauchtes Fahrzeug gekauft. Frau Kaiser entschließt sich, die Kfz-Versicherung für ihr Fahrzeug bei Ihnen abzuschließen.

1. Aufgabe

Welche Vorteile ergeben sich für Ihr Autohaus aus dem Verkauf von Kfz-Versicherungen?

Tragen Sie die Ziffern der richtigen Aussagen in die Kästchen ein.

1. Provisionserträge.
2. Weniger Verwaltungsaufwand.
3. Kundenbindung durch ständigen Kontakt mit dem Kunden.
4. Erweiterung der Serviceleistungen für den Kunden.
5. Schnellere Abwicklung des Kundenauftrags.

2. Aufgabe

Frau Kaiser hat etwas von der Kfz-Versicherungspflicht gehört. Was ist darunter zu verstehen?

Tragen Sie die Ziffer der richtigen Aussage in das Kästchen ein.

1. Privatpersonen müssen für ihre Fahrzeuge eine Kfz-Haftpflichtversicherung abschließen, Unternehmen sind dazu nicht verpflichtet.
2. Die Kfz-Versicherung ist ähnlich wie die Sozialversicherung. Die Abrechnung erfolgt über die Lohn- und Gehaltsabrechnung.
3. Fahrzeuge, die auf öffentlichen Straßen bewegt werden, unterliegen der Kfz-Haftpflichtversicherungspflicht. Ohne diese ist eine Zulassung nicht möglich.
4. Um den Beitrag zu reduzieren, ist eine hohe Selbstbeteiligung in der Kfz-Haftpflichtversicherung möglich.
5. Die Kfz-Haftpflichtversicherungspflicht gilt für ältere Fahrzeuge.

3. Aufgabe

Sie unterbreiten Frau Kaiser ein Versicherungsangebot. Hier spielen die objektiven und subjektiven Beitragsmerkmale eine Rolle. Was wird unter den subjektiven Beitragsmerkmalen verstanden?

Tragen Sie die Ziffer der richtigen Aussage in das Kästchen ein.

1. Einkommen von Frau Kaiser, Jahresfahrleistung, Anzahl der Fahrer
2. Wohnort von Frau Kaiser, Fahrerkreis, Beruf, Garagenstellplatz
3. Einkommen von Frau Kaiser, Fahrerkreis, Garagenstellplatz
4. Typklasse, Fahrerkreis, Jahresfahrleistung, Beruf von Nora Kaiser
5. Schadenfreiheitsklasse der Eltern, Typklasse, Alter der Fahrer

4. Aufgabe

Was ist unter der Schadenfreiheitsklasse zu verstehen?

Tragen Sie die Ziffer der richtigen Aussage in das Kästchen ein.

1. Hersteller vergeben ihren Modellen aufgrund der letztjährigen Unfallstatistik eine Schadenfreiheitsklasse.
2. Die Schadenfreiheitsklasse wird durch den Wohnort/der Region von Frau Kaiser bestimmt.
3. Die Schadenfreiheitsklasse ist eine Einstufung aufgrund der Leistungen in der Führerscheinprüfung. Diese ändert sich nicht mehr.
4. Die Schadenfreiheitsklasse ist eine willkürliche Berechnung und hat keinen Einfluss auf die Höhe des Versicherungsbeitrags.
5. Die Schadenfreiheitsklasse zeigt an, wie viele Jahre der Fahrer mit dem Fahrzeug in der Vergangenheit unfallfrei gefahren ist.

Prüfungsgebiet Werkstattprozesse

Einen Unfallschaden abwickeln

Erläuterungen und Lösungen

1. Aufgabe

Lösung: 1, 3, 4

Der Verkauf von Versicherungen gehört zum Sortiment eines Autohauses. Vorteile für das Autohaus sind:

- Zusätzliche Provisionserträge durch die Vertragsvermittlung.
- Kundenbindung zum Kunden. Das Autohaus kann über den Versicherungsvertrag Kontakt zum Kunden halten.
- Zusätzliche Serviceleistung für den Kunden „alles aus einer Hand".
- Bevorzugter Ansprechpartner bei Kfz-Schäden.

2. Aufgabe

Lösung: 3

Bei der Zulassung eines Fahrzeugs ist der Nachweis einer Kfz-Haftpflichtversicherung zwingend erforderlich. Dies kann der Fahrzeughalter durch die eVB-Nummer (elektronische Versicherungsbestätigungsnummer). Sie zeigt an, dass eine Kfz-Haftpflichtversicherung für das Fahrzeug besteht.

3. Aufgabe

Lösung: 2

Die Höhe des Versicherungsbeitrags ist von vielen Faktoren abhängig:

- **Schadenfreiheitsklasse/Schadensrabatt**

  Anhand dieser wird der aktuelle Prozentsatz ermittelt, der vom Versicherten gezahlt werden muss. SF-Klasse 1 entspricht einem schadenfreien Versicherungsjahr.

- **Regionalklasse**

  Die Regionalklasse spiegelt die Schaden- und Unfallbilanz einer Region wider. Sie ist eines von zahlreichen Tarifmerkmalen, das die Versicherer zur Berechnung des Versicherungsbeitrags berücksichtigen. Die Regionalklasse wird in der Kfz-Haftpflichtversicherung vom Fahrverhalten der Autofahrer in einem Zulassungsbezirk beeinflusst. In der Kaskoversicherung fließen örtliche Besonderheiten wie Diebstahlhäufigkeit, Sturm- und Hagelschäden und die Anzahl der Wildunfälle mit ein.

- **Typklasse**

  Unter einer Typklasse wird ein Indexwert verstanden, auf dessen Basis die Beitragshöhe für die Kfz-Haftpflichtversicherung wie auch die des Kaskoversicherungsschutzes berechnet wird. Jedes Jahr wird der Wert der Typklasse neu auf der Grundlage des Schadenbedarfs eines jeden Fahrzeugtyps ermittelt.

- **Objektive Beitragsmerkmale**

  Merkmale, die eng mit dem Fahrzeug verbunden sind: Erstzulassung, Motorisierung, Verwendungszweck.

- **Subjektive Beitragsmerkmale**

  Merkmale, die eng mit dem Fahrzeughalter/Fahrer verbunden sind: Beruf, Garage, Schadensfreiheitsrabatt, Fahrerkreis, Jahreskilometerleistung, Alter der eingetragenen Fahrer.

4. Aufgabe

Lösung: 5

Die Schadenfreiheitsklasse/der Schadenfreiheitsrabatt spiegelt wider, wie viele Jahre der Fahrer bereits unfallfrei gefahren ist. Daher reduziert sich die Schadenfreiheitsklasse jedes Jahr, wenn kein Schaden von der Versicherung gezahlt werden muss.

Beispiel: Frau Ute Meier hat im Kalenderjahr 2021 die Schadenfreiheitsklasse 3. Sie hat im Jahr 2021 keinen Unfall, daher befindet sie sich ab dem 01.01.2022 in der Schadenfreiheitsklasse 4.

Die Schadenfreiheitsklasse spielt bei folgenden Versicherungen eine Rolle:

- Kfz-Haftpflichtversicherung (SFR vorhanden);
- Vollkaskoversicherung (SFR vorhanden).

Bei der Teilkaskoversicherung ist keine SFR vorhanden, da die Schäden in der Teilkaskoversicherung durch den Fahrer nur schwer selbst beeinflusst werden können.

Prüfungsgebiet Werkstattprozesse — Einen Unfallschaden abwickeln

5. Aufgabe

Welche Schäden sind in der gesetzlich vorgeschriebenen Kfz-Haftpflichtversicherung abgedeckt?

Tragen Sie die Ziffer der richtigen Aussage in das Kästchen ein.

1 Schäden an Dritten (Vermögensschäden und Personenschäden).
2 Diebstahl des Fahrzeugs durch Unbekannte.
3 Vermögensschäden, Sachschäden und Personenschäden, die einem Dritten zugefügt wurden.
4 Beschädigung des Fahrzeugs durch Unbekannte.
5 Selbstverursachte Schäden am eigenen Fahrzeug durch Unachtsamkeit.

6. Aufgabe

Frau Kaiser entscheidet sich neben der Kfz-Haftpflichtversicherung für eine Teilkaskoversicherung mit 150,00 € Selbstbeteiligung. Welche Gefahren sind in der Teilkaskoversicherung abgedeckt?

Tragen Sie die Ziffern der richtigen Aussagen in die Kästchen ein.

1 Elementarschäden (Sturm ab Windstärke 8, Hagel, Überschwemmung).
2 Schäden durch einen Unbekannten am Fahrzeug.
3 Selbstverschuldete Schäden am Fahrzeug.
4 Diebstahl.
5 Wildschäden, Glasbruch.

7. Aufgabe

Welche Schäden sind in der Vollkaskoversicherung abgedeckt?

Tragen Sie die Ziffern der richtigen Aussagen in die Kästchen ein.

1 Schäden an Dritten (Vermögensschäden und Personenschäden).
2 Diebstahl des Fahrzeugs durch Unbekannte.
3 Vermögensschäden, Sachschäden und Personenschäden, die einem Dritten zugefügt wurden.
4 Beschädigung des Fahrzeugs durch Unbekannte.
5 Selbstverursachte Schäden am eigenen Fahrzeug durch Unachtsamkeit.

Fortführung der Situation für die 8. Aufgabe
Frau Kaiser ist leider ein Pechvogel. Bereits drei Wochen später wird ihr Fahrzeug zu Ihnen in den Hof geschleppt. Frau Kaiser hatte einen Auffahrunfall. Michael Kreuzer ist Frau Kaiser hinten aufgefahren. Die Schuldfrage ist eindeutig geklärt, Frau Kaiser ist nicht schuld am Unfall.

8. Aufgabe

Welche Versicherung hat den Schaden von Frau Kaiser zu tragen?

Tragen Sie die Ziffer der richtigen Aussage in das Kästchen ein.

1 Die Vollkaskoversicherung von Herrn Kreuzer.
2 Die Vollkaskoversicherung von Frau Kaiser.
3 Die Teilkaskoversicherung von Frau Kaiser.
4 Die Haftpflichtversicherung von Michael Kreuzer.
5 Die Haftpflichtversicherung von Frau Kaiser.

Prüfungsgebiet Werkstattprozesse

Einen Unfallschaden abwickeln

Erläuterungen und Lösungen

5. Aufgabe

Lösung: 3

Die Kfz-Haftpflichtversicherung deckt Schäden ab, die dem Dritten durch das versicherte Fahrzeug zugefügt wurden. Hierbei werden unterschieden:

- **Personenschäden**

  Verletzungen des Geschädigten, Todesfall, Schmerzensgeld, Kosten für Rehabilitationsmaßnahmen, Arztkosten

- **Sachschäden**

  Reparaturkosten am verunfallten Fahrzeug, Schäden an Gegenständen im Fahrzeug (Handy, Koffer), Kleidungsstücke des Geschädigten, Brille des Geschädigten, Schäden an einem Zaun, Straßenschild usw.

- **Vermögensschäden**

  Verdienstausfall des Geschädigten

6. Aufgabe

Lösung: 1, 4, 5

Die Teilkaskoversicherung ist eine freiwillige Versicherung. Sie ergänzt in ihren Leistungen die Haftpflichtversicherung. Der Versicherungsnehmer kann sich zwischen folgenden Versicherungskonstellationen entscheiden:

1. Nur Haftpflichtversicherung
2. Haftpflichtversicherung
   + Vollkasko inklusive Teilkaskoversicherung
3. Haftpflichtversicherung
   + Teilkaskoversicherung

Die Variante 3 wird gewählt, wenn das Fahrzeug bereits etwas älter ist und der Kunde auf eine Vollkaskoversicherung verzichten möchte.

Folgende Schäden sind in der Teilkaskoversicherung versichert:

- Wildschäden
- Glasbruchschäden
- Brand, Explosion
- Diebstahl

- Sturmschäden ab Windstärke 8
- Hagel
- Überschwemmung
- Marderbiss (nicht bei allen Versicherern)

7. Aufgabe

Lösung: 4, 5

Die Vollkaskoversicherung versichert das Fahrzeug vor eigenen Schäden oder Vandalismus.

8. Aufgabe

Lösung: 4

Da die Schuldfrage eindeutig geklärt ist und Herr Kreuzer den Schaden verursacht hat, muss seine Kfz-Haftpflichtversicherung die Schäden am Fahrzeug von Frau Kaiser tragen.

Zusammenhang der Kfz-Versicherungen

> **Haftpflichtversicherung = Pflichtversicherung**
> Sie deckt Personenschäden, Vermögensschäden und Sachschäden gegenüber Dritten ab.

> **Kaskoversicherung = Freiwillige Versicherung für jeden Fahrzeughalter**

Vollkaskoversicherung	Teilkaskoversicherung

© Westermann Gruppe

Prüfungsgebiet Werkstattprozesse　　　　　　　　　　　　　　　　　　　　　　　　　　　Einen Unfallschaden abwickeln

Fortführung der Situation für die 9. Aufgabe
Für die Erstellung eines Gutachtens wird ein Gutachter eingeschaltet. Dieser soll die Reparaturkosten ermitteln.

9. Aufgabe

Welche Aussage zum Gutachten im Falle eins Haftpflichtschadens ist richtig?

Tragen Sie die Ziffer der richtigen Aussage in das Kästchen ein.

1　Die Kosten des Gutachtens muss der Geschädigte selbst bezahlen. Sie sind gesetzlich vorgeschrieben.
2　Nur bei einem Kaskoschaden ist ein Gutachter notwendig.
3　Ein Gutachter wird erst bei einer Schadenshöhe von 10.000,00 € notwendig.
4　Der Geschädigte hat bei einem Haftpflichtschaden keine freie Gutachterwahl, sondern muss den Gutachter der Versicherung nehmen.
5　Die Geschädigte hat bei einem Haftpflichtschaden Anspruch auf freie Gutachterwahl. Die Kosten für den Gutachter werden von der Versicherung des Schädigers übernommen.

Fortführung der Situation für die 10. Aufgabe
Nora Kaiser überlegt, den Schaden fiktiv abzurechnen.

10. Aufgabe

Welche Aussage zur fiktiven Schadensabrechnung ist korrekt?

Tragen Sie die Ziffer der richtigen Aussage in das Kästchen ein.

1　Frau Kaiser erhält von der Versicherung die Nettoreparaturkosten laut Gutachten erstattet. Eine Reparatur des Fahrzeugs ist nicht notwendig.
2　Fiktive Abrechnungen sind nur bei einem Totalschaden möglich.
3　Frau Kaiser erhält von der Versicherung die Bruttoreparaturkosten, da sie kein Unternehmer ist und somit nicht vorsteuerabzugsberechtigt.
4　Bei der fiktiven Abrechnung werden nur die Kosten für die Ersatzteile von der Versicherung bezahlt. Die Arbeitszeit bleibt unberücksichtigt.
5　Die gegnerische Versicherung muss einer fiktiven Abrechnung zustimmen.

Fortführung der Situation für die 11. Aufgabe
Frau Kaiser bittet Sie, ihr wichtige Begriffe aus Ihrem Gutachten zu erklären.

11. Aufgabe

Ordnen Sie den folgenden Situationen den richtigen Begriff zu.

Situation		Zuordnung
a) Eine Reparatur des Fahrzeugs ist aus wirtschaftlicher Sicht nicht mehr sinnvoll. Die kalkulierten Reparaturkosten übersteigen den Wiederbeschaffungswert des Fahrzeugs.		1　Wertminderung
b) Ausgleichszahlung an den Geschädigten im Haftpflichtschadensfall aufgrund der Tatsache, dass das Fahrzeug beim Verkauf als Unfallfahrzeug gilt.		2　Totalschaden
c) Wert des verunfallten Fahrzeugs zum Zeitpunkt des Gutachtens.		3　Wiederbeschaffungswert
d) Wert des Fahrzeugs, um ein gleichwertiges Fahrzeug (Modell, km-Laufleistung, Ausstattung) als Ersatz zu beschaffen.		4　Restwert
e) Der Kunde verzichtet auf einen Leihwagen und erhält stattdessen eine Ausfallentschädigung.		5　Leihwagen
f) Der Kunde erhält ein Ersatzfahrzeug, meist in einer niedrigeren Kategorie.		6　Nutzungsausfall

Prüfungsgebiet Werkstattprozesse   Einen Unfallschaden abwickeln

Erläuterungen und Lösungen

9. Aufgabe

Lösung: 5

Der Geschädigte hat im Falle eines Haftpflichtschadens freie Gutachterwahl.
Die Kosten für den Gutachter muss die gegnerische Versicherung übernehmen.
Liegt ein Kasko vor, muss der Versicherungsnehmer den Gutachter von der
Versicherung nehmen. Hier besteht kein Recht auf freie Gutachterwahl.

10. Aufgabe

Lösung: 1

Die fiktive Abrechnung bedeutet, dass der Geschädigte sein Fahrzeug nicht
reparieren lässt, sondern sich die Reparaturkosten (Materialwert + Arbeitszeit +
eventuelle Wertminderung) von der Versicherung ausbezahlen lässt. Wichtig ist
hier, dass die Umsatzsteuer nicht gezahlt wird. Diese wird dem Kunden nur
erstattet, wenn er das Fahrzeug tatsächlich reparieren lässt und die Umsatzsteuer auch gezahlt worden ist.

11. Aufgabe

Lösung: 2, 1, 4, 3, 6, 5

Bei der Abrechnung eines Haftpflichtschadens spielen unterschiedliche Werte
eine wichtige Rolle:

Begriff	Definition
Reparaturkosten	Kosten, die für die Reparatur des Fahrzeugs anfallen. Hierzu sind die Arbeitszeit und die Materialien zu rechnen. Die Reparaturkosten dürfen den Wiederbeschaffungswert nicht übersteigen. Ausnahme: 130 %-Regel
Wiederbeschaffungs-wert	Unter dem Wiederbeschaffungswert versteht man den Wert eines identischen Fahrzeugs (km-Stand, Ausstattung, Alter usw.) auf dem regionalen Markt. Wichtig ist der Zustand vor dem Unfall.
Wirtschaftlicher Totalschaden	Von einem wirtschaftlichen Totalschaden wird gesprochen, wenn die Reparaturkosten größer sind als der Wiederbeschaffungswert des Fahrzeugs.

Begriff	Definition
Zeitwert	Wert des verunfallten Fahrzeugs nach dem Unfall.
Leihwagen	Für die Dauer der Reparatur steht dem Geschädigten ein Leihwagen zur Verfügung. Dieser sollte eine Wagenklasse tiefer angesiedelt sein.
Nutzungsausfall-entschädigung	Verzichtet der Geschädigte auf einen Leihwagen, steht ihm eine Nutzungsausfallentschädigung zu. Sie beträgt ca. 35 % des Mietwagenpreises für ein Fahrzeug eine Wagenklasse tiefer.

Abwicklung eines Unfallschadens mit der Versicherung

© Westermann Gruppe

Prüfungsgebiet Werkstattprozesse — Einen Unfallschaden abwickeln

Fortführung der Situation für die 12. Aufgabe
Zur Abrechnung des Haftpflichtschadens von Frau Kaiser verwenden Sie das „RKÜ-Formular".

12. Aufgabe

Welche rechtliche Bedeutung hat das Formular?

Tragen Sie die Ziffer der richtigen Aussage in das Kästchen ein.

1. Die Reparaturkostenübernahmebestätigung ist rechtlich ohne Bedeutung und nur für die Akten im Autohaus bestimmt.
2. Mit der RKÜ verpflichtet sich die Versicherung, die Höhe des Schadens direkt an die Geschädigten zu bezahlen.
3. Mit Bestätigung der RKÜ geht die Versicherung keinerlei rechtliche Bestätigung der Übernahme der Kosten ein.
4. Mit der Unterzeichnung der RKÜ erteilt die Versicherung die Freigabe für die Reparatur, bestätigt die Übernahme der Reparaturkosten nach Gutachten oder Kostenvoranschlag und verpflichtet sich, die Schadenszahlungen direkt an das Autohaus zu leisten.
5. Die RKÜ ist nur wichtig, wenn die Schuldfrage bei einem Verkehrsunfall noch nicht geklärt ist.

Fortführung der Situation für die 13. Aufgabe
Das Gutachten von Frau Kaiser hat Reparaturkosten in Höhe von 8.500,00 € ergeben. Aufgrund von schwer einschätzbaren Schäden belaufen sich die tatsächlichen Reparaturkosten auf 9.000,00 €.

13. Aufgabe

Wer hat die Differenz zu bezahlen?

Tragen Sie die Ziffer der richtigen Aussage in das Kästchen ein.

1. Das Autohaus muss die Differenz übernehmen, da es deren Verschulden war.
2. Wenn das Autohaus beweisen kann, dass die Reparaturen erforderlich waren, muss die Versicherung die Mehrkosten übernehmen. Eine vorherige Absprache mit der Versicherung wird empfohlen.
3. Die Geschädigte muss die Differenz selbst bezahlen.
4. Die Haftpflichtversicherung springt in diesem Fall ein, um ihre Versicherungsnehmerin zu schützen.
5. Das Autohaus hat für diese Fälle eine extra Versicherung abgeschlossen, die diese Risiken abdeckt.

Fortführung der Situation für die 14. Aufgabe

Es liegen Ihnen folgende Daten zum Unfall von Frau Kaiser vor.

Unfalldatum:	01.10.20..
Fertigstellung Reparatur:	13.10.20..
Wiederbeschaffungswert:	11.500,00 €
Reparaturkosten:	8.500,00 €
Zeitwert:	3.556,00 €
Wertminderung:	950,00 €
Nutzungsausfallentschädigung:	25,00 € pro Tag

Das Fahrzeug ist nach dem Unfall nicht mehr fahrtüchtig.

14. Aufgabe

Welche Zahlung hat Frau Kaiser nach Gutachten (fiktive Abrechnung) zu erwarten?

€

Prüfungsgebiet Werkstattprozesse

Einen Unfallschaden abwickeln

Erläuterungen und Lösungen

12. Aufgabe

Lösung: 4

Die Reparaturübernahmebestätigung ist ein wichtiges Dokument im Bereich der Unfallschadensabwicklung. Dieses wird vom Geschädigten und der gegnerischen Versicherung unterschrieben. Folgende rechtliche Bedeutungen ergeben sich aus der Reparaturkostenübernahmebestätigung:

- **Reparaturkostenübernahme**

  Die gegnerische Versicherung bestätigt, dass sie die Kosten für den vorliegenden Schadensfall übernehmen wird, und erteilt somit die Reparaturfreigabe. In der Praxis liegt zu diesem Zeitpunkt bereits ein Kostenvoranschlag oder ein Gutachten vor. So ist die Höhe des Schadens bekannt.

- **Zahlungsanweisung**

  Der Geschädigte weist mit seiner Unterschrift die Versicherung an, die angefallenen Reparaturkosten direkt an das Autohaus zu bezahlen. Der Geschädigte hat somit keinen Einfluss auf die Zahlungen.

- **Forderungsabtretung**

  Grundsätzlich hat der Geschädigte einen Forderungsanspruch an die gegnerische Versicherung. Dieser Forderungsanspruch wird durch die RKÜ an das Autohaus übertragen. Das Autohaus erhält aufgrund der Zahlungsanweisung die Reparaturkosten direkt von der Versicherung.

13. Aufgabe

Lösung: 2

Bei einer Abweichung der Reparaturkosten muss das Autohaus beweisen, dass die Schäden durch den Unfall kommen, und die Mehrkosten belegen.

14. Aufgabe

Lösung: 9.775,00 €

Rechenweg:

Reparaturkosten + Wertminderung + Nutzungsausfallentschädigung = Entschädigungsleistung 8.500,00 € + 950,00 € + 13 Tage x 25,00 € = 9.775,00 €

Quelle: Reparatur-Übernahmebestätigung, Springer Automotive Media, München © 2020 Springer Fachmedien, München. Part of Springer Nature.

© Westermann Gruppe

Bildquellenverzeichnis

Alamy Stock Photo, Abingdon/Oxfordshire: Bachtub, Dmitrii 80.2; lightandshadow 29.1; philipus 80.1.

BC GmbH Verlags- und Medien-, Forschungs- und Beratungsgesellschaft, Ingelheim: 27.4, 27.5, 27.6, 27.7, 28.4, 28.5, 28.6, 30.1, 30.3, 30.4, 30.5, 30.6, 30.7, 30.8, 30.9.

DC Bank AG, Wien: 100.3.

deckermedia GbR, Rostock: 64.1, 64.2, 64.3, 64.4, 72.2, 72.4, 72.5, 72.6, 72.7, 72.8.

dreamstime.com, Brentwood: 1971yes 63.1; Cornishman 66.1; Dashadima 73.1; Delyk, Oleksandr 74.1; Leonello Calvetti 68.2; Pavel Chagochkin 68.1; Simonenko, Andrey 72.1; Spongecake 74.2; Stockernumber2 72.3.

fotolia.com, New York: Annas, Karin & Uwe 93.2, 93.3; DeWe 76.2; Frank Wagner 27.2, 28.3; iconimage 79.2; LaCatrina 27.3, 28.2; markus_marb 27.1, 28.1; Minerva Studio 97.1; wladi 30.2.

iStockphoto.com, Calgary: Rawpixel 94.1.

Kraftfahrt-Bundesamt KBA, Flensburg: 70.1, 86.1.

© Mastercard Europe SA, Frankfurt am Main: 2020, Maestro ist ein eingetragenes Markenzeichen und das Kreisdesign ist ein Markenzeichen von Mastercard International Incorporated. 100.4; 2020, Mastercard ist ein eingetragenes Markenzeichen und das Kreisdesign ist ein Markenzeichen von Mastercard International Incorporated. 100.1.

PantherMedia GmbH (panthermedia.net), München: Arsgera 57.1; Landshoeft, Heinz-Jürgen 93.1; Popov, Andriy 47.1.

Picture-Alliance GmbH, Frankfurt/M.: www.picturedesk.com/FOLTIN Jindrich 76.1.

Shutterstock.com, New York: AlexLMX 5.1; Bartolomiej Pietryk 91.1, 92.1; damiangretka 95.2; Migren art 107.1; Smile Fight 70.2.

stock.adobe.com, Dublin: AboutLife 89.1; chesky 80.3; corepics 95.1; fotohansel 95.3; kotoyamagami 69.1; pikselstock 76.3; Suwin 79.1; Syda Productions Titel.

VG WORT, München: 116.1.

© Visa: 2020 100.2.

Zeichnungen

Hild, Claudia, Angelburg: 62.1.

Sachwortverzeichnis

A

ABC-Analyse 45
Abfall 108
Abfallentsorgung 107
Abgasuntersuchung 95
Abkürzung, technische 75
AGB 87
Allgemeinen
   Betriebserlaubnis 97
Anfrage 9, 15
Angebot 15, 18
Angebot, verbindliches 15
Annahme 16
Anpreisung 15
Antrag 16
Austauschteile 33
autonomes Fahren 79

B

Barverkaufspreis 19
Batterie 73
Baugruppen 63
Bedarfsermittlung 55
Beitragsmerkmale,
   objektive 109, 110
Beitragsmerkmale,
   subjektive 109, 110
Beleuchtungsanlage 71
Beratungsgespräch 53
Beschaffungsanbahnung 15
Beschaffungsplanung 5
Bestellbestätigung 17
Bestellkosten 8
Bestellmenge 8
Bestellmenge, optimale 7
Bestellpunktverfahren 7
Bestellrhythmusverfahren 7
Bestellung 15
Bezugspreis 19
Bezugsquellenermittlung 6, 9
Bindungsfristen 16
Bonus 11

Bremsanlage 67
Bremse 68
Bruttoverkaufspreis 19

C

COC-Papiere 69

D

Dialogannahme 89
Disponent 5

E

Einwandbehandlung 59
Elektrik 73
Elektrik/Elektronik 63, 73
Elektromobilität 79
Elektronik, Elektrik und 64
Erfüllungsgeschäft 17
Ersatzteile 5

F

Fahrwerk 63, 64
Fahrzeugschein 85
Fahrzeugsicherheit 78
Festplatzsystem 35
Freizeichnungsklausel 16
Freizeichnungsklauseln 18
Funktionen 63
Funktionen
   eines Fahrzeugs 63

G

Garantie 104
Gebotszeichen 25
Gebrauchtteile 33
Geschlossene Frage 55, 56
Gewährleistung 104
Gewinnzuschlag 19

Globale Artikelidentifikationsnummer 26
Gutachten 113

H

Haftpflichtversicherung 109
Handelsspanne 21
Hauptuntersuchung 91
Höchstbestand 42
Hybridfahrzeug 66

I

Identteile 33
Informationsfragen 56
Inspektion 85

K

Kalkulationsabschlag 21
Kalkulationsfaktor 19, 21
Kalkulationszuschlag 19, 21
Karosserie 63, 64
Karosserieform 71
Karosserie-Form 72
Kaufmotiv 57
Kaufmotive 53
Kaufvertrag 15, 16, 17
Kernsortiment 31
Kommunikationsregeln 56
Kontrollfragen 56
Kraftfahrt-Bundesamt 97
Kraftübertragung 63, 64
Kreditkarte 99
Kulanz 104
Kupplung 67

L

Lagerdauer 38
Lagerdauer,
   durchschnittliche 44

Lagerhaltung, chaotische 35
Lagerhaltung, dezentrale 25
Lagerhaltung, zentrale 25
Lagerkosten 8, 38
Lagerplatzordnung 35
Lagerzinsen 44
Lagerzinssatz 44
Leihwagen 113
Lieferantenkredit 14
Lieferungsbedingung 13

M

Mängelarten 23
Mängelklassen 93, 94
Mängel, offene 23
Mangel, versteckten 23
Meldebestand 40, 42
Mengenplanung 6
Mindestbestand 40
Motor 63

N

Nachbauteile 33
Nettoverkaufspreis 19
Nutzungsausfall 113

O

Offene Frage 55, 56

P

Preisnennung 59
Prüfpunkte bei der HU 94
Prüftermin HU 91

R

Rabatt 11
Randsortiment 32
Rechtsmangel 23

Regalzone 61
Regionalklasse 110
Reifen 69
Reparaturbedingungen 87
Reparaturkostenübernahme-
   bestätigung 115
Restwert 113
Rettungszeichen 25

S

Sachmangel 23
Schadensabrechnung,
   fiktive 113
Schadenfreiheitsklasse 109
Selbstkosten 19
Sicherheit, aktive 77
Sicherheit, passive 77
Skonto 11
Sortiment 31
Sortimentsplanung 6, 34

T

Teilkaskoversicherung 112
Terminplanung 82
Totalschaden 113
Typklasse 110

U

Umschlagshäufigkeit 38
Umweltschutz 107

V

Verbotszeichen 25
Verbrauchsfolge-
   verfahren 36
Verbrennungsmotor 65
Verkaufsargumentation 57
Verpflichtungsgeschäft 17
Versandkosten 13

Viertakt 64
Vollkaskoversicherung 112

W

Warenannahme 23
Wareneinsatz 42
Warenkontrolle 24
Warenpräsentation 58
Warnzeichen 25
Werkstattauftrag 83
Werkvertrag 83
Wertminderung 113
Wiederbeschaffungs-
   wert 113

Z

Zahlungsbedingung 13
Zeitplanung 6
Zielverkaufspreis 19
Zonen, verkaufsstarke und
   verkaufsschwache 61
Zulassungs-
   bescheinigung 70, 86